骨干院校建设项目成果教材

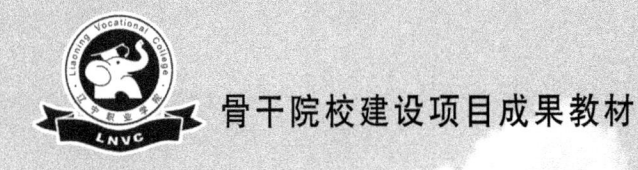

高尔夫运动导论

吴亚初　魏忠发　主编

人民体育出版社

辽宁职业学院国家骨干高职院校项目教材建设委员会

主　任　　王丽桥　　张立华

副主任　　潘国才　　苏允平　　左广成　　李卉敏

委　员　　（以姓氏笔画为序）

　　　　　　卜春华　　于　伟　　马国良　　马爱民　　王业刚
　　　　　　王晓俊　　王铁成　　井大军　　卢洪军　　曲长龙
　　　　　　曲明江　　刘士新　　刘志刚　　刘晓峰　　池秋萍
　　　　　　许　静　　孙　智　　孙佳妮　　李　刚　　李　颖
　　　　　　李凤光　　李东波　　杨　明　　吴会昌　　张　玲
　　　　　　张　博　　张义斌　　林晓峰　　赵学玮　　高仁松
　　　　　　高洪一　　黄文峰　　魏劲男　　魏忠发

《高尔夫运动导论》编写组

主　　编　　吴亚初（上海视觉艺术学院）
　　　　　　魏忠发（辽宁职业学院）

副 主 编　　肖相霍（辽宁职业学院）

参编人员
　　　　　　王晓俊（辽宁职业学院）
　　　　　　李　康（上海视觉艺术学院）
　　　　　　梁景春（辽宁职业学院）
　　　　　　舒建平（成都体育学院）
　　　　　　许　军（四川旅游学院）
　　　　　　金克林（四川旅游学院）
　　　　　　姚　远（北京体育大学）
　　　　　　蔡　林（四川旅游学院）

序

《国务院关于加快发展现代职业教育的决定》（国发〔2014〕19号）中提出加快构建现代职业教育体系，随后下发的国家现代职业教育体系建设规划（2014—2020年）明确提出建立产业技术进步驱动课程改革机制，按照科技发展水平和职业资格标准设计课程结构和内容，通过用人单位直接参与课程设计、评价和国际先进课程的引进，提高职业教育对技术进步的反应速度，到2020年，基本形成对接紧密、特色鲜明、动态调整的职业教育课程体系；建立真实应用驱动教学改革机制，推动教学内容改革，按照企业真实的技术和装备水平设计理论、技术和实训课程；推动教学流程改革，依据生产服务的真实业务流程设计教学空间和课程模块；推动教学方法改革，通过真实案例、真实项目激发学习者的学习兴趣、探究兴趣和职业兴趣，这为国家骨干高职院校课程建设提供了指针。

辽宁职业学院经过近十年来高职教育改革、建设与发展，特别是近三年国家骨干校建设，创新"校企共育，德技双馨"的人才培养模式，提升了教师教育教学能力，在课程建设尤其是教材建设方面成效显著。学院本着"专业设置与产业需求对接、课程内容与职业标准对接、教学过程与生产过程对接"的原则，以学生职业能力和职业素质培养为主线，以工作过程为导向，以典型工作任务和生产项目为载体，立足岗位工作实际，在认真总结、吸取国内外经验的基础上开发优质核心课程特色系列教材，体现出如下特点：

1. 教材开发多元合作。发挥辽西北职教联盟政、行、企、校、研五方联动优势，聘请联盟内专家、一线技术人员参与，组织学术水平较高、教学经验丰富的教师在广泛调研的基础上共同开发教材。

2. 教材内容先进实用。涵盖各专业最新理念和最新企业案例，融合最新课程建设研究成果，且注重体现课程标准要求，使教材内容在突出培养学生岗位能力方面具有很强的实用性。

3．教材体例新颖活泼。在版式设计、内容表现等方面，针对高职学生特点做了精心灵活的设计，力求激发学生多样化学习兴趣，且本系列教材不仅适用于高职教学，也适用于各类相关专业培训，通用性强。

国家骨干高职院校建设成果——优质核心课程系列特色教材现已全部编印并投入使用，其中凝聚了行企校开发人员的智慧与心血，凝聚了出版界的关心关爱，希望该系列教材的出版能发挥示范引领作用，辐射、带动同类高职院校的课程改革、建设。

由于在有限的时间内处理海量的相关资源，教材开发过程中难免存在不尽如人意之处，真诚希望同行与教材的使用者多提宝贵意见。

2014 年 7 月于辽宁职业学院

前　言

我国高等职业院校的高尔夫专业教育，是推进高尔夫运动社会化发展的重要力量。辽宁职业学院作为全国最早开设高尔夫服务管理专业的学院，通过数年教学探索与实践，逐步确立了在全国高职院校高尔夫服务管理专业领域的学术地位。在校、院两级领导的重视与全国兄弟院校的积极参与和帮助下，作为骨干院校建设项目成果的高尔夫运动系列教材，已经完成了十一部教材的编写工作，并已陆续出版。

《高尔夫运动导论》是高等职业院校高尔夫专业教育的基础理论课，旨在通过本课程的学习使学生对高尔夫运动的起源与社会发展有一个通观的理论认识，为其他相关专业课程学习奠定基础。来自辽宁职业学院、四川旅游学院、广东体育职业学院、上海视觉艺术学院、四川体育学院等十余位具有丰富高尔夫专业教育经验的一线老师，参加了《高尔夫运动导论》的教材编写工作。各位参编老师本着认真负责、科学敬业的态度，坚持理论联系实际，以唯物主义的认识方法，从通观整体认识与实践相结合的角度，完成了《高尔夫运动导论》的编写工作。《高尔夫运动导论》编写提纲由吴亚初、魏忠发设计，各章的作者如下：

绪　　论　吴亚初（上海视觉艺术学院）、魏忠发（辽宁职业学院）；

第一章　王晓俊（辽宁职业学院）；

第二章　李康（上海视觉艺术学院）；

第三章　梁景春（辽宁职业学院）；

第四章　李康；

第五章　舒建平（四川体育学院）、许军（四川旅游学院）；

第六章　金克林（四川体育学院）、吴亚初；

第七章　姚远（北京体育大学在读博士）、吴亚初；

第八章　李康、吴亚初；

第九章　蔡林（四川体育学院）、许军；

最后由吴亚初完成了教材的统稿。

《高尔夫运动导论》在编写过程中，得到了诸多方面的大力支持，借教材出版之际表示深深感谢。也借此机会，感谢各位参编老师所在单位对我们编写工作的大力支持。

《高尔夫运动导论》编写组

2015 年 7 月 15 日

目 录

绪论 ·· (1)

　　一、高尔夫运动相关定义与特点 ··································· (2)
　　　　(一) 高尔夫运动相关定义 ····································· (2)
　　　　(二) 高尔夫运动的特点 ······································· (5)
　　二、高尔夫运动的社会属性 ·· (7)
　　　　(一) 高尔夫运动的文化属性 ··································· (8)
　　　　(二) 高尔夫运动的经济属性 ·································· (10)
　　三、学习《高尔夫运动导论》的目的 ······························· (12)
　　　　(一) 建立正确的专业学习基础 ································ (12)
　　　　(二) 拓展专业知识视野 ······································ (12)
　　　　(三) 促进专业能力全面发展 ·································· (13)

第一章　高尔夫运动的起源与发展 ··································· (15)

　第一节　高尔夫运动的起源 ·· (16)
　　一、现代高尔夫运动起源于苏格兰 ································· (16)
　　　　(一) 牧羊人"自娱自乐"的游戏 ······························· (17)
　　　　(二) 史料记载中的佐证 ······································ (18)
　　二、西方人眼中的"东方高尔夫" ·································· (19)
　　　　(一) 源自"马球"游戏的文化延伸 ···························· (20)
　　　　(二) 导致"捶丸"游戏衰亡的社会动因 ······················· (21)
　第二节　高尔夫运动的发展 ·· (23)
　　一、早期高尔夫运动的启蒙 ······································· (24)
　　　　(一) 早期高尔夫游戏的雏形 ·································· (24)

1

（二）早期高尔夫游戏的特点 …………………………………… (24)
二、中世纪高尔夫运动的发展 ………………………………………… (25)
　　（一）参与高尔夫运动社会群体的变化 ………………………… (25)
　　（二）"牧羊人的游戏"向"贵族田园社交"的演进
　　　　…………………………………………………………………… (25)
　　（三）俱乐部的出现进一步强化了高尔夫运动的特殊
　　　　社会地位 ………………………………………………………… (26)
三、职业高尔夫运动的发展 …………………………………………… (27)
　　（一）职业高尔夫运动最初的发展 ……………………………… (27)
　　（二）职业高尔夫运动的不断完善时期 ………………………… (28)
　　（三）职业高尔夫运动的快速发展时期 ………………………… (29)
四、职业竞技与休闲娱乐并进的社会发展 …………………………… (30)
　　（一）观众是职业竞技社会发展的重要基础 …………………… (30)
　　（二）高尔夫运动是当代休闲体育的重要方式 ………………… (31)

第二章　高尔夫球场与器具概述 ……………………………………… (33)

第一节　高尔夫球场结构与类型 …………………………………… (34)
一、高尔夫球场的构成 ………………………………………………… (34)
　　（一）发球台 ………………………………………………………… (35)
　　（二）球洞区通道（球道） ………………………………………… (36)
　　（三）障碍区 ………………………………………………………… (38)
　　（四）球洞区（果岭） ……………………………………………… (39)
二、高尔夫球场的类型 ………………………………………………… (40)
　　（一）按球场的地形分类 …………………………………………… (41)
　　（二）按球场的功能分类 …………………………………………… (43)
　　（三）按球场经营的性质分类 ……………………………………… (44)

第二节　高尔夫运动器具简介 ……………………………………… (54)
一、球杆 ………………………………………………………………… (54)
　　（一）高尔夫球杆结构 ……………………………………………… (54)
　　（二）高尔夫球杆种类 ……………………………………………… (56)

二、高尔夫球 ……………………………………………… (63)
　　（一）单层球 ………………………………………… (64)
　　（二）双层球 ………………………………………… (64)
　　（三）三层球 ………………………………………… (65)
　　（四）多壳球 ………………………………………… (65)
三、高尔夫运动的其他用品 ……………………………… (66)
　　（一）高尔夫运动服装 ……………………………… (66)
　　（二）高尔夫球包 …………………………………… (66)
　　（三）高尔夫球手套 ………………………………… (67)
　　（四）高尔夫球杆保护套 …………………………… (68)
　　（五）高尔夫球鞋、袜 ……………………………… (68)
　　（六）高尔夫球帽子和护目镜 ……………………… (69)
　　（七）高尔夫球雨伞 ………………………………… (69)
　　（八）高尔夫球座 …………………………………… (70)
　　（九）草痕修补器 …………………………………… (70)
　　（十）球位标记 ……………………………………… (71)
　　（十一）记分卡 ……………………………………… (71)

第三章　高尔夫运动竞赛方法简介 ……………………… (75)

第一节　高尔夫运动比赛方法 ……………………………… (76)
一、高尔夫比洞赛 ………………………………………… (76)
　　（一）个人比洞赛（或称二人比洞赛） …………… (77)
　　（二）四人二球比洞赛 ……………………………… (77)
　　（三）四球比洞赛 …………………………………… (77)
　　（四）三人两球比洞赛 ……………………………… (77)
　　（五）三人三球比洞赛 ……………………………… (78)
　　（六）标准杆或波基比洞赛 ………………………… (78)
二、高尔夫比杆赛 ………………………………………… (78)
　　（一）个人比杆赛 …………………………………… (79)
　　（二）四人比杆赛 …………………………………… (79)
　　（三）四人最佳球比杆赛 …………………………… (79)

　　　　（四）四人最佳二球比杆赛 …………………………………（80）
　　　　（五）四人二球比杆赛 ……………………………………（80）
　　　　（六）定分式比杆赛 ………………………………………（80）
　　三、业余球员差点比赛 …………………………………………（83）
　　　　（一）业余球员临时差点比赛 ……………………………（83）
　　　　（二）USGA差点系统差点比赛 …………………………（84）
　第二节　高尔夫竞赛组织形式 …………………………………（87）
　　一、高尔夫锦标赛 ………………………………………………（88）
　　　　（一）高尔夫锦标赛的定义 ………………………………（88）
　　　　（二）高尔夫锦标赛的特点 ………………………………（88）
　　二、高尔夫公开赛 ………………………………………………（90）
　　　　（一）高尔夫公开赛的定义 ………………………………（90）
　　　　（二）高尔夫公开赛的特点 ………………………………（90）
　　三、高尔夫邀请赛 ………………………………………………（91）
　　　　（一）高尔夫邀请赛的定义 ………………………………（91）
　　　　（二）高尔夫邀请赛的特点 ………………………………（92）
　　四、高尔夫巡回赛 ………………………………………………（93）
　　　　（一）高尔夫巡回赛的定义 ………………………………（93）
　　　　（二）高尔夫巡回赛的特点 ………………………………（93）

第四章　职业高尔夫运动概述 ……………………………………（97）
　第一节　职业高尔夫运动的定义及构成要素 …………………（98）
　　一、职业高尔夫运动的定义与特点 ……………………………（98）
　　　　（一）职业高尔夫运动的定义 ……………………………（98）
　　　　（二）职业高尔夫运动的特点 ……………………………（100）
　　二、职业高尔夫运动的构成要素 ………………………………（102）
　　　　（一）高水平的职业球员 …………………………………（103）
　　　　（二）专业化的赛事组织 …………………………………（103）
　　　　（三）观众的积极参与 ……………………………………（103）
　　　　（四）企业的商业赞助或投资 ……………………………（105）
　　　　（五）社会媒体的宣传 ……………………………………（105）

第二节　职业高尔夫运动的组织与管理 …………………………（106）
　　　一、世界主要职业高尔夫巡回赛组织 ………………………………（107）
　　　　（一）美国高尔夫巡回赛组织 ………………………………（107）
　　　　（二）欧洲高尔夫巡回赛组织 ………………………………（109）
　　　　（三）日本高尔夫巡回赛组织 ………………………………（110）
　　　　（四）澳大利亚高尔夫巡回赛组织 …………………………（111）
　　　　（五）亚洲高尔夫巡回赛组织 ………………………………（112）
　　　　（六）南非高尔夫巡回赛组织 ………………………………（112）
　　　二、职业高尔夫巡回赛球员的积分排名 ……………………………（113）
　　　　（一）球员成绩积分的计算方法 ……………………………（114）
　　　　（二）球员成绩计算等级 ……………………………………（114）
　　　三、世界主要高尔夫运动管理组织 …………………………………（115）
　　　　（一）国际高尔夫联合会（IGF） ……………………………（115）
　　　　（二）美国高尔夫球协会（USGA） …………………………（116）
　　　　（三）苏格兰圣·安德鲁斯皇家古老高尔夫俱乐部（R&A）
　　　　　　……………………………………………………………（117）
　　　四、我国职业高尔夫运动的发展 ……………………………………（118）
　　　　（一）职业高尔夫运动的管理组织 …………………………（118）
　　　　（二）我国职业高尔夫运动的主要赛事 ……………………（119）
　　　五、职业高尔夫运动与现代奥运会 …………………………………（123）
　　　　（一）高尔夫的奥运历程 ……………………………………（124）
　　　　（二）高尔夫重返奥运的历史意义 …………………………（125）

第五章　高尔夫运动员竞技能力概述 ……………………………………（129）
　　第一节　高尔夫运动员竞技能力定义与特点 …………………（130）
　　　一、高尔夫运动员竞技能力的定义与特点 …………………………（130）
　　　　（一）竞技能力的定义 ………………………………………（130）
　　　　（二）对高尔夫运动员竞技能力的认识 ……………………（130）
　　　二、高尔夫运动员竞技能力的特点 …………………………………（131）
　　　　（一）体能特点 ………………………………………………（131）
　　　　（二）技术特点 ………………………………………………（132）

（三）战术特点 …………………………………………………… (133)
　　　（四）心理特点 …………………………………………………… (135)
　第二节　高尔夫运动员竞技能力训练 ……………………………… (138)
　　一、技术训练 ………………………………………………………… (139)
　　　（一）握杆 ………………………………………………………… (139)
　　　（二）球位与脚位 ………………………………………………… (140)
　　　（三）准备击球姿势 ……………………………………………… (141)
　　　（四）瞄球姿势 …………………………………………………… (142)
　　　（五）击球技术动作要领 ………………………………………… (144)
　　二、攻击策略（战术）训练 ………………………………………… (149)
　　　（一）击出远距离球的主要技法 ………………………………… (149)
　　　（二）击出中距离球的主要技法 ………………………………… (151)
　　　（三）击出近距离球的主要技法 ………………………………… (152)
　　　（四）特殊球的打法 ……………………………………………… (153)
　　三、体能训练 ………………………………………………………… (155)
　　四、心智训练 ………………………………………………………… (156)
　　　（一）专项感知觉培养 …………………………………………… (157)
　　　（二）比赛前的心理准备和心理调节 …………………………… (165)

第六章　高尔夫运动的功能与价值 ……………………………… (169)
　第一节　高尔夫运动的功能 ………………………………………… (171)
　　一、高尔夫运动的竞技功能 ………………………………………… (171)
　　　（一）具有严谨的竞赛规则 ……………………………………… (171)
　　　（二）具有体现运动员竞技能力的比赛方法 …………………… (172)
　　　（三）具有符合竞技运动社会发展的管理机制 ………………… (175)
　　二、高尔夫运动的健身功能 ………………………………………… (175)
　　　（一）对人体神经系统的影响 …………………………………… (175)
　　　（二）对人体循环系统的影响 …………………………………… (176)
　　　（三）对人的心理活动的影响 …………………………………… (176)
　　　（四）对机体适应能力的影响 …………………………………… (176)
　　三、高尔夫运动的休闲娱乐功能 …………………………………… (177)

（一）参与体验高尔夫运动过程的娱乐功能 …………………（177）
　　（二）现场观摩或收看高水平比赛的娱乐功能 ………………（178）
　四、高尔夫运动的其他功能 …………………………………………（178）
　　（一）为政治外交服务 …………………………………………（179）
　　（二）现代商务活动的"调节剂" ……………………………（181）
第二节　高尔夫运动的价值 ……………………………………………（182）
　一、高尔夫运动的文化价值 …………………………………………（182）
　　（一）物质文化 …………………………………………………（182）
　　（二）精神文化 …………………………………………………（183）
　　（三）社会延伸 …………………………………………………（183）
　二、高尔夫运动的经济价值 …………………………………………（185）
　　（一）促进了市场经济形式多元化的社会发展 ………………（186）
　　（二）带动社会消费，繁荣了市场经济 ………………………（186）
　　（三）完善市场投资环境，带动区域性经济发展 ……………（187）

第七章　高尔夫产业概述 …………………………………………………（189）
第一节　高尔夫产业定义与发展特征 …………………………………（190）
　一、关于高尔夫产业定义的认识 ……………………………………（190）
　　（一）体育产业 …………………………………………………（190）
　　（二）高尔夫产业 ………………………………………………（191）
　二、高尔夫产业的特征 ………………………………………………（191）
　　（一）体验和感受高尔夫运动过程是消费的基本对象
　　　　………………………………………………………………（192）
　　（二）服务性产品的开发与设计是高尔夫产业经济发展
　　　　的核心 ………………………………………………………（192）
　　（三）市场组织形态多元化 ……………………………………（192）
　　（四）市场投资成本高、风险大，受政策影响比较大
　　　　………………………………………………………………（193）
　　（五）国际化程度高 ……………………………………………（193）
第二节　高尔夫产业市场形态概述 ……………………………………（194）
　一、高尔夫产业主体市场 ……………………………………………（195）

（一）高尔夫消费市场 …………………………………………（195）
　　（二）高尔夫产品研发与生产市场 ……………………………（195）
　　（三）高尔夫产品经营与服务市场 ……………………………（196）
　二、高尔夫产业边际市场 …………………………………………（196）
　　（一）职业高尔夫竞赛市场 ……………………………………（196）
　　（二）高尔夫旅游市场 …………………………………………（199）
　　（三）高尔夫房地产市场 ………………………………………（200）
　三、高尔夫产业衍生服务市场 ……………………………………（201）
　　（一）竞技经营型 ………………………………………………（202）
　　（二）产品营销型 ………………………………………………（203）
　　（三）综合开发型 ………………………………………………（203）

第八章　高尔夫俱乐部概述 …………………………………………（205）
　第一节　高尔夫俱乐部的定义、性质与功能 ……………………（206）
　一、高尔夫俱乐部的定义 …………………………………………（206）
　　（一）对俱乐部定义的认识 ……………………………………（206）
　　（二）对高尔夫俱乐部定义的认识 ……………………………（207）
　二、高尔夫俱乐部的特征 …………………………………………（208）
　　（一）普遍性 ……………………………………………………（208）
　　（二）特殊性 ……………………………………………………（210）
　三、高尔夫俱乐部的功能 …………………………………………（211）
　　（一）社交功能 …………………………………………………（211）
　　（二）休闲与娱乐功能 …………………………………………（212）
　　（三）投资增值功能 ……………………………………………（212）
　　（四）实现自我功能 ……………………………………………（212）
　第二节　高尔夫俱乐部经营与管理概述 …………………………（214）
　一、高尔夫俱乐部经营定义与类型 ………………………………（214）
　　（一）高尔夫俱乐部经营定义 …………………………………（214）
　　（二）高尔夫俱乐部经营类型 …………………………………（215）
　二、高尔夫俱乐部经营内容 ………………………………………（217）
　　（一）会籍产品 …………………………………………………（217）

（二）非会籍产品 …………………………………………… (218)
　　　（三）团体产品 ……………………………………………… (219)
　三、高尔夫俱乐部管理定义与特征 …………………………………… (220)
　　　（一）高尔夫俱乐部管理定义 ……………………………… (220)
　　　（二）高尔夫俱乐部管理特点 ……………………………… (221)
　四、高尔夫俱乐部管理组织类型 ……………………………………… (222)
　　　（一）直线型的组织结构 …………………………………… (222)
　　　（二）直线职能型的组织结构 ……………………………… (223)
　　　（三）集团职能型的组织结构 ……………………………… (224)

第九章　我国高尔夫运动发展现状与趋势 …………………………… (227)

　第一节　我国高尔夫运动管理组织 …………………………………… (228)
　　一、国家体育总局 ……………………………………………………… (228)
　　二、中国高尔夫球协会 ………………………………………………… (229)
　　三、各省市高尔夫球协会 ……………………………………………… (231)
　第二节　我国高尔夫运动竞赛组织与裁判管理 ……………………… (234)
　　一、竞赛组织管理 ……………………………………………………… (234)
　　　（一）职业赛事管理体系 …………………………………… (234)
　　　（二）业余赛事管理体系 …………………………………… (235)
　　二、裁判员的组织管理与晋级考试方法 …………………………… (238)
　　　（一）裁判员的组织管理 …………………………………… (238)
　　　（二）裁判员的晋级考试方法 ……………………………… (239)
　第三节　我国高尔夫运动发展趋势 …………………………………… (241)
　　一、职业高尔夫运动 …………………………………………………… (241)
　　　（一）打造明星球员 ………………………………………… (242)
　　　（二）注重品牌效应 ………………………………………… (242)
　　　（三）职业球员赛教结合 …………………………………… (242)
　　　（四）本土市场化发展加强 ………………………………… (243)
　　　（五）协会职能得到增强 …………………………………… (243)
　　二、业余高尔夫运动 …………………………………………………… (244)
　　　（一）业余高尔夫运动向大众化方向发展 ………………… (245)

（二）业余赛事体系的建立进一步完善 …………………（245）
三、青少年高尔夫运动 ……………………………………（245）
　　（一）高尔夫课程将进入学校课堂 ………………………（246）
　　（二）青少年训练基地将受到社会各界的重视 …………（246）
　　（三）完善培养体系，推进社会普及 ……………………（247）

参考文献 ………………………………………………………（249）

绪论

本章提要：高尔夫运动是当代竞技体育运动的重要组成部分，也是风靡世界深受广大户外运动爱好者喜欢的休闲运动。本章着重介绍高尔夫运动的定义与特点、高尔夫运动的社会属性，以及学习《高尔夫运动导论》的目的与意义。

重要概念：高尔夫运动；特点；社会属性；学习目的。

高尔夫运动是当今风靡世界的体育运动，也是一项讲究礼仪、尊重传统、恪守诚信与自律的户外运动。2009年10月9日，在丹麦首都哥本哈根举行的国际奥委会第121次全会上，全体委员投票通过了高尔夫和七人制橄榄球为2016年里约热内卢奥运会正式比赛项目。这意味着这项具有悠久历史的体育运动，在离别现代奥运会百年之后，又重新回归现代奥运会大家庭。

> 今天全球有来自120个国家或地区6000万高尔夫人口，而这一数字还在急剧地增长。无论老人还是小孩，每个群体都会有人正在接受和学习这一项运动。我相信，现在已经是让高尔夫重返奥运的最好时机。
> ——摘自国际高尔夫联合会执行主席泰·沃陶在"入奥"之前的最后一次陈述

一、高尔夫运动相关定义与特点

（一）高尔夫运动相关定义

关于对高尔夫运动的解释，可以说是"众说纷纭"。有人从高尔夫的英文字母组合方式（GOLF），概括了高尔夫运动的基本内涵：

G（green）代表绿色。绿色是大自然的主色，在绿意盎然的环境中打高尔夫是回归自然，享受自然的表现，而Green除了有绿色之意以外，在高尔夫术语中又表示"果岭"，意为"绿中之绿的地方"。

O（Oxygen）代表氧气。氧气是生命中不可缺少的元素，有绿色植物的地方氧气充足，生命也因此生机蓬勃。

L（light）代表阳光。阳光是生命的象征，享受阳光就是享受生命。

F（Foot）代表步履。意指轻松自在呼吸着清新空气，健步迈向目标。也有人把F释义为Friendship，代表友谊，意为高尔夫运动是一项文明高雅的运动，尊重他人，遵守高尔夫的规则和礼仪，建立起高尚的人际关系。以上的认识也许是一种文字表述的巧合，但高尔夫是一项很好的户外体育运动，则是人们普遍的认识与评价。

1. 高尔夫运动

高尔夫运动，是指人们在户外自然环境并通过人工设计和建造的场地中，使用高尔夫器具（球杆），按照规则的规定，在每半场为9洞、全场为18洞的场地上，将一个白色（或黄色）的球，依次击入指定的每一个洞内，以完成9洞或18洞击球次数（杆数）少者为优胜的基本过程。

2. 职业高尔夫运动

职业高尔夫运动，是指以职业球员为核心，在专业管理机构的组织下，通过商业化运作实现以商业牟利为目的的社会现象。

职业高尔夫比赛是通过职业高尔夫赛事管理机构的运作，以商业运行的基本方法为融资手段，为参赛球员所取得的成绩颁发奖金或出场费的竞技过程。因此，职业高尔夫球员是以获取比赛奖金和比赛出场费为目的的人员。通常情况下，职业高尔夫比赛不仅有专业的竞赛管理组织，而且比赛资金雄厚，对球员参赛标准有严格的要求、严格的规则，比赛水平高，具有一定的社会轰动效益。

相关知识：

职业高尔夫球员

职业高尔夫球员，是指以从事打高尔夫球而获取报酬或以营利为目的，接受他人（或企业）的赞助，以及以其职业球员的专业身份，向他人教授高尔夫球技术而获得报酬的高尔夫球员。

3. 业余高尔夫运动

业余高尔夫运动，是指参与者（球员）依据高尔夫运动精神和高尔夫规则的要求，通过一定的组织形式（或个人）体验与感受高尔夫运动竞技性与娱乐性的社会现象。

业余高尔夫比赛，是依据赛事组织者所确定的赛事目标，通过不同的比赛组织形式和比赛方法，以达到预期目标的一种没有比赛奖金和比赛出场费的竞技过程。业余高尔夫比赛的参赛球员资格是依据竞赛组织者的规定和要求而定，通常情况下参赛球员水平是按照竞赛规程的要求来反映球员的水平。因此，竞赛规程制定较为灵活。

> **相关知识：**
>
> **业余高尔夫球员**
>
> 业余高尔夫球员，是指不以报酬或营利为目的，只是单纯作为运动打球的人。除高尔夫规则规定的情况之外，业余高尔夫球员不因为其高尔夫球技能或声望教授高尔夫球或参加其他活动而接受报酬。

根据《高尔夫球规则》规定，业余身份是业余高尔夫球员参加高尔夫比赛资格的基本条件。如果违反了此规则的规定，可能要被剥夺作为业余高尔夫球员的身份，不再有参加业余高尔夫球比赛的资格。《高尔夫球规则》之所以要明确业余高尔夫球球员的身份，其目的和精神是要保持业余高尔夫球员和职业高尔夫球员之间的区别，尽量避免在高尔夫运动中无控制地赞助和金钱刺激的泛滥，保护业余高尔夫运动使其能够主要通过高尔夫规则和高尔夫球"差点"来自我管理，从而使所有业余高尔夫球员都能充分享受高尔夫运动的乐趣。

《高尔夫球规则》还规定，业余高尔夫球员不得申请参加职业巡回赛的决赛或单一的资格赛。如果一名业余高尔夫球员必须先参加一个或更多的预选赛才能取得职业巡回赛的会员资格，则他可以参加预选赛而不被剥夺业余身份，但是他必须事先以文字形式声明他将放弃比赛中的任何奖金。在业余高尔夫比赛中，球员获胜的奖励应是象征性的奖品，而不得颁发比赛奖金。但业余高尔夫球员可以报名参加高尔夫公开赛，只要球员的成绩符合报名参赛的条件。

(二) 高尔夫运动的特点

从现代运动训练的项群分类来讲，高尔夫运动属于技能主导类的户外体育运动。因此，球员的技术能力是体现竞技水平的主导因素。然而，由于高尔夫比赛场地的特殊性，以及运动过程持续时间长等因素的客观存在，对球员的身体机能和心理水平也同样具有一定的要求。

1. 高尔夫运动是表现个人竞技能力的球类运动

高尔夫比赛无论是采取什么方式，也无论竞赛规程如何变化和调整，高尔夫运动始终是依靠球员个人竞技能力的发挥来创造成绩和超越自我。即便是进行团体队际对抗的比赛，球员个人竞技能力的表现，仍然是团队取得优异成绩的重要基础。所以，运动员个人的竞技能力，是体现运动员技术水平的重要指标。而高尔夫运动员的个人竞技能力，则是运动员的身体机能、身体素质、专项技术和心理素质等方面的综合体现。

2. 高尔夫运动是运动员以挑战球场为目标，不断超越自我的运动

高尔夫运动作为一种古老但又充满现代气息的体育运动项目，其本质也同样体现了通过不同的比赛方法，来表现球员的技术水平和竞技能力的全过程。然而，高尔夫运动比赛的基本过程，并非球员与球员之间的身体、力量和速度的较量，更不是球员挑战身体极限的角逐。而是球员以不同难度的高尔夫球场为挑战目标，通过稳定的技术动作和心理调整，力争超越球员自己以往的成绩创造新成绩，实现新目标的运动过程。由于高尔夫球场在设计与建造方面的特殊性（世界上没有两个完全相同的球场），因此，高尔夫比赛实际上反映的是运动员以球场为挑战目标，以超越自己以往成绩为目的，创造新成绩的运动过程。

3. 球员的比赛成绩受主观因素调控和抗干扰能力的影响与制约

球员在比赛中，各种外界因素的影响和干扰，都必须通过球员自身的

调控和有针对性的技术发挥，排除各种不利的影响和干扰，才能取得优异的成绩。由于高尔夫比赛的特殊环境，在比赛中各种障碍的设置、球场地形、气象条件、球道和果岭草坪对球的滚动速度的影响、观众和其他球员的技术水平发挥等等，这些客观存在的各种干扰因素，对球员的技术水平的发挥都会产生直接的影响。因此，球员必须通过准确的判断，不断调整自己的技术动作，稳定合理地处理好每一个技术细节，变不利因素为有利因素，变被动为主动，才能减少失误，争取创造好的成绩。

4. 良好的技术与身体素质和心理水平，是球员技术水平发挥的基本保证

高尔夫运动，是球员挑战高尔夫球场，实现自我超越，不断创造新成绩的竞技体育运动。而实现超越自我，不断创造新成绩，则取决于球员良好的心理素质、良好的专项技术以及全面发展的身体素质。球员良好的心理素质表现，体现在比赛的前、中、后期面对各种情况的发生能及时做出准确的判断，对可能出现的情况能有足够的预见性，以及对所出现的各种干扰因素，能够通过自我的心理调节，排除干扰，稳定情绪；而良好的专项技术，则反映了球员对不同情况下处理问题的技术运用能力，它是球员在比赛中竞技能力发挥的核心体现；全面发展的身体素质，是高尔夫球员不断提高专项技术和竞技能力水平的基础和根本保障，它集中体现了高尔夫球员身体的柔韧性、协调性、爆发力以及耐久性等身体素质各方面的训练水平。

5. 高尔夫运动具有很强的可参与性和休闲健身价值

高尔夫运动作为现代竞技体育运动的一种表现形式，其运动的基本目的是通过比赛来表现球员的技术水平和竞技能力。因此，高尔夫比赛也经常会出现紧张激烈，甚至是残酷的比赛场面和比赛结果。但是，高尔夫运动又具有休闲体育的显著特征，从其运动方式到运动强度，都不受年龄、性别、身体素质以及机体的运动能力等主观条件的限制和约束。无论采取何种比赛方法，人们都可以尽情挥杆，享受快乐。我国已故体育界元老荣高棠先生曾精辟地总结说："打高尔夫球多一杆有利于健康，少一杆趣味无穷。"因此可以说，高尔夫运动是常青的运动，它具有很强的可参与性和休闲健身的运动特点。

人物介绍：

荣高棠：坚毅的拓荒者

第一个获得奥林匹克勋章的中国人、第一位全国体育总会筹备会秘书长、第一位带领中国奥运代表团出征的团长……几十年来，"荣高棠"一直是中国体育界最响亮的名字，与那些耀目的运动明星不同，是他站在幕后为中国体育，尤其是体育职业化发展做出的贡献，为他赢得了显赫的生前身后名望。在中国高尔夫运动领域里，人们则公认荣高棠为"拓荒者"，甚至欧巡赛执行总监奥格雷迪也说："每一个和欧巡赛有关系的人都获益于荣高棠先生的远见卓识和高瞻远瞩，他为中国高尔夫的发展奠定了基础。"

1984年8月，新中国第一家高尔夫球场——中山温泉高尔夫球会开业，荣老在霍英东的邀请下，挥出了中国高尔夫第一杆，这也是他第一次在球场上接触这项运动。没过多久，荣老便提出了以高尔夫发展吸引外资促进中国经济的想法。许多年后，人们常用这件事佐证他的先见之明和魄力。

——摘自2007-01-07《经济观察报》

二、高尔夫运动的社会属性

高尔夫运动是当代体育运动的组成部分，随着现代经济与文化的社会发展，高尔夫运动无论是它的社会组织形式，还是它本身的功能体现，已经远远超越了作为一项体育运动原有的社会范畴。其社会属性也表现出在社会文化与经济领域的不同发展特征。

(一) 高尔夫运动的文化属性

高尔夫运动的文化属性，是不同历史时期的社会发展，以及社会人文环境所体现出的社会意识与价值取向，赋予了高尔夫运动不同的文化内涵，进而形成了人们在思想认识与行为方式上的文化特征。

1. 高尔夫运动具有一般体育运动的文化特征

从体育运动的基本规律和功能特征来讲，任何一种体育运动都是以生物运动的基本方法来表现人的体能、技能与智能，并通过运动条件、运动特征、运动规则等功能和作用，使参与体育运动的人们达到增强体质、愉悦身心的目的。高尔夫运动作为现代体育运动的组成部分，具有体育运动的基本属性，也就是说，高尔夫作为一项体育运动具有一般体育运动的基本性质与特征。

网络链接：

现代高尔夫文化
http://wenku.baidu.com

2. 高尔夫运动具有西方传统文化的社会发展基础

无论是高尔夫运动过程中的行为方式，还是高尔夫规则对参与者的行为要求；无论是高尔夫运动礼仪与礼貌规范，还是高尔夫运动参与者的"约定俗成"，人们都会把高尔夫运动视为"绅士运动"。无论高尔夫运动器具与运动方式如何演变，"尊重他

早期的女子高尔夫运动

人""保护环境"和"恪守自律与诚信"的高尔夫运动精神，则始终没有改变。高尔夫运动所追求的精神实质，与西方中世纪的社会发展的价值取向是一脉相承的。这种受西方早期社会文化发展影响而形成的高尔夫文化底蕴，是高尔夫运动文化价值的核心体现。

3. 高尔夫运动体现了人类价值需求的社会发展基础

人作为具有社会化功能的生物个体，从生理本能的安全需要，到社会交往、受人尊重和自我实现，这种逐级发展的价值需求，体现了人类进化与演变过程的基本规律。无论是早期高尔夫游戏的"启蒙"，还是中世纪人们社交活动延伸出来的"田园社交"的基本方式；无论是西方工业革命时期社会分工加剧，推进了职业高尔夫竞技的产生，还是现代休闲经济给人们的生活方式所带来的诸多影响与变化，不同时期的人们总是能够在高尔夫运动的社会发展实践中，找到社会交往、受人尊重、彰显自我实现的不同价值

早期高尔夫运动者的着装

体验。因此，从高尔夫运动的社会属性来讲，它的社会发展实践，体现了人类价值需求的社会发展基础与社会人文特征。

4. 高尔夫运动的精神实质符合当代人们休闲生活方式的价值取向

高尔夫运动素以"高雅、文明、健康、时尚"的称谓被人们所认识，被人们所接受。高尔夫运动所具有的文化品质，既是人们体验与感受高尔夫文化的基本目标，也是现代人们享受休闲生活的消费对象。高尔夫运动所追求的精神实质，以及外在的文化表现方式，形成了现代人们生活方式与消费价值取向的"文化坐标"。因此，高尔夫运动作为一种特殊文化现象，反映出现代人对向往自然，以休闲性、娱乐性和趣味性的运动方式，感受人在自然环境中生物体验的社会动因，以及个体机能健康水平发展的心理诉求。因此，高尔夫运动精神所表现出的文化品质，不仅是现代休闲生活方式的"文化坐标"，也体现了人们对休闲文化消费价值认识的社会

9

发展趋势。

(二) 高尔夫运动的经济属性

高尔夫运动作为现代体育运动的组成部分，在现代市场经济大潮的冲击下，包括高尔夫运动在内的各种社会文化现象，都体现出一种以经济价值来体验与感受文化价值的社会发展趋势。高尔夫运动的经济属性，也正是在这种社会发展趋势下，逐渐形成了符合市场经济规律的社会经济特征。

> 网络链接：
> 　　现代高尔夫经济
> 　　http://baike.baidu.com/

1. 体验和感受高尔夫运动过程是消费的基本对象

作为现代体育的组成部分，高尔夫既包含了竞技运动、休闲娱乐、健康文明、高雅时尚等文化元素，又折射出社会个体的生活方式与生活态度在心理与生理方面的个体情感驱动。随着社会文明的进步与经济发展，高尔夫又进一步延伸成为人们社会交往、商务洽谈、情感联谊，以及人的社会化发展需求和实现自我价值的社会平台。无论高尔夫所承载的文化元素怎样丰富，作为一种消费价值取向，体验和感受高尔夫运动的基本过程，始终是消费的基本对象。当人们把高尔夫运动所承载的文化元素作为一种消费价值的基本指向时，就必然促使为满足不同消费者需

北京国际高尔夫博览会场景

求的社会生产与服务的各种经济形式的社会发展。因此，体验和感受高尔夫运动的基本过程是消费的基本对象。

2. 服务性产品的开发与设计是高尔夫产业经济发展的核心

在现代市场经济环境下，高尔夫消费者是通过企业所提供的各种服务性产品，来体验和感受高尔夫运动的基本过程。因此，高尔夫俱乐部作为服务性产品开发与设计的市场主体，其产品设计与开发，既包括为满足消费需求的物质形态产品（如高尔夫球场和各种服务硬件设施），又包括各种非物质形态的服务产品（如各种高尔夫俱乐部会籍等）。企业（高尔夫俱乐部）为获取利润最大化，是把企业资源以不同服务档次的消费价格，作为产品设计与开发的基本策略，进而形成了围绕服务产品设计与开发的不同产品和产品价格。因此，作为一种新兴产业，高尔夫产业是以高尔夫俱乐部服务性产品开发与设计成为产业经济发展的核心。

高尔夫服装的休闲性与时尚性是众多消费者的首选

3. 市场组织形态多元化

高尔夫产品的生产与消费既是一种经济过程，也是一种文化。从高尔夫产品的研发生产，到高尔夫产品的营销与服务；从凝结观众、球员、大众传媒、企业和商家赞助为一体的职业高尔夫竞赛，到以满足高尔夫旅游爱好者的服务产品设计；从以改善人们生活居住环境和提高生活质量为高端消费价值取向的高尔夫房地产开发，到突破传统服务模式利用高科技手段和跨领域技术运用的高尔夫衍生服务市场的发展，高尔夫产业充分体现了以文化发展为核心，以各种经济手段为杠杆，以不断延伸与拓展市场发展领域为目标的产业发展态势。因此，高尔夫产业是一种多元化的市场组织形态。

4. 市场投资成本高、风险大，受政策影响比较大

从高尔夫产业的经济链的整体发展来讲，高尔夫球场的开发与建设是高尔夫产业经济的发展源头。而围绕高尔夫球场建设所需要的土地资源，属于非再生性资源。对于非再生性资源的利用与开发，不同的政治体制反映在土地开发和使用所有权的法律规制与政策制约，存在着很大差异性。当前中国高尔夫球场的开发建设，不仅受到国家土地政策的严格限制，而且高额的投资建设成本、不可预测的市场风险，以及高尔夫产业内部所存在的产品差别和非价格因素的竞争等，都会形成对投资者市场进入的壁垒。因此，高尔夫产业的发展，具有市场投资成本高、市场风险大，受政策影响与制约性强的发展特性。

三、学习《高尔夫运动导论》的目的

《高尔夫运动导论》是高职高专院校高尔夫专业学习的基础课，此课程从宏观上将向学生介绍有关高尔夫运动的基础知识，为其他高尔夫专业课程的学习奠定专业认识基础。

（一）建立正确的专业学习基础

《高尔夫运动导论》从高尔夫运动的基本理论认识、场地与器材、竞赛组织与方法、职业高尔夫运动的启蒙与发展、高尔夫产业、高尔夫俱乐部经营与管理等不同专业知识领域，作为专业学习的理论引导，在通观认识上为学生的专业学习奠定理论认识基础。

（二）拓展专业知识视野

《高尔夫运动导论》为高尔夫专业学生的专业学习，从不同的知识认识视角，为学生专业知识结构的拓展与进一步地深入学习，形成了一种课程平台。因此，《高尔夫运动导论》不仅可为学生学习相关专业课程起到知识引导的学习作用，而且也可为学生丰富高尔夫专业知识结构发挥积极的促进作用。

（三）促进专业能力全面发展

《高尔夫运动导论》从专业知识的基本层面上讲，既涉及高尔夫运动基本理论的认识，又包括高尔夫竞赛组织与管理的基础内容，还包括高尔夫俱乐部的经营与管理的知识内容。因此，通过本课程的学习，不仅对学生专业知识的学习与掌握具有知识引导的学习作用，更重要的是可以促进学生专业基础知识学习与专业能力培养的全面提升。

《绪论》小结：本章通过对高尔夫运动相关定义与特点，以及高尔夫运动的社会属性的介绍，使我们不仅对高尔夫运动的基本定义有了正确的认识，也对职业高尔夫与业余高尔夫的区别有了一定的了解。同时，也使我们对当代高尔夫运动的社会属性，从社会文化属性与经济属性两大领域的基本特征有了正确的认识与评价，并且也帮助学生对《高尔夫运动导论》的学习目的进行了分析，对今后相关知识的学习奠定认识基础。

思考题：

1. 高尔夫运动的相关定义：
（1）高尔夫运动；
（2）职业高尔夫运动；
（3）业余高尔夫运动。
2. 从社会文化与经济两大领域陈述高尔夫运动的社会属性基本特征。

《绪论》作者：吴亚初

第一章
高尔夫运动的起源与发展

本章提要：高尔夫运动是一项历史悠久的户外体育运动，是生活在14世纪中叶的苏格兰牧羊人，在劳动之余所启蒙的一项户外游戏。本章将着重介绍早期高尔夫运动的启蒙，以及随着社会的发展，早期的高尔夫游戏逐渐演变成一种户外休闲运动的历史过程。

重要概念：高尔夫运动；苏格兰；起源；发展。

从人类文化创造及社会发展实践来讲，高尔夫运动是人类在认识世界、创造"人的世界"的社会实践中，反映人的属性与人的物种本能的一种文化创造。有关高尔夫运动产生的具体时间，我们很难做出准确考证。但从现有史料记载中，可以发现高尔夫运动产生于14世纪，甚至更早的欧洲。关于这一点目前国际上的认识是基本一致的。

第一节　高尔夫运动的起源

关于现代高尔夫的起源，表现在学术研究上有各种不同的观点，有人认为：中国唐朝的宫中游戏"步打球"和盛行于元朝的"捶丸"，是现代高尔夫的雏形。因此，认为高尔夫最早起源于中国。也有人认为：早期生活在北欧地区的荷兰人，在冰面上玩的一种用棒打球的游戏，这种游戏被当地人称为"KOLVEN"或"KOLF"，于是，学术上又有了高尔夫起源于荷兰的说法。但是，从人们早已习惯的认识观点，以及今天我们所能窥视到的高尔夫历史遗风或人文特点来看，现代高尔夫起源于大西洋东海岸的苏格兰，似乎成为了人们不辩的共识。

一、现代高尔夫运动起源于苏格兰

马克思主义认为：人类文化的创造与发展，与人类的社会生产劳动存在着内在的一致性与必然性。"当人们自己开始生产他们所必需的生产资料的时候（这一步是由他们的肉体组织所决定的），他们就开始把自己和动物区别开来。人们生产他们所必需的生活资料，同时也就间接地生产着他们的物质生活（方式）本身。"也就是说，当我们把社会生产劳动看作

高尔夫——源自苏格兰牧羊人自娱自乐的游戏

人类文化原创动力的时候，就预示着对文化创造与生产劳动关系的肯定意义。而高尔夫运动的起源，也正是与中世纪苏格兰牧羊人在劳动之中自娱自乐的游戏有关。

（一）牧羊人"自娱自乐"的游戏

苏格兰，地处欧洲大不列颠岛的北部，包括周围许多小的岛屿，面积约7.8万平方公里。中部为低凹的盆地，西部多为湖泊、海湾，其余多为山丘地带。其地理位置属于海洋性气候，全年温和湿润，多雨雾，秋冬两季尤甚，年降水量600~1500毫米。丘陵起伏的地理特征和雨量充足的气候条件，极适合植被和牧草的生长。因此，畜牧业成为苏格兰早期的主要经济资源。

相传早在中世纪之前，生活在苏格兰东海岸地区的牧羊人，在放牧时用牧鞭击打石子，并把石子击入前方的兔子洞里作为自娱自乐的游戏。这种游戏给牧羊人在放牧中的生活带来了极大的乐趣。由于苏格兰地区冬季阴冷潮湿，人们在放牧中总是带上1瓶烈酒，当游戏时为了对将石子打入兔子洞内的人表示庆贺，就喝1酒瓶盖酒，接着再寻找下一个"目标"。牧羊人携带在身上的酒瓶容量通常是18盎司，当人们把1瓶酒喝完时，正好打了18个洞穴。久而久之，当后来人们改变用木棒击打用羊皮缝制成的球时，这种打18洞穴的"约定俗成"，就成了游戏的基本规则。

（二）史料记载中的佐证

在14世纪中叶，这种被人们后来称之为"Golf"的游戏，在苏格兰的东海岸地区流行甚广，而且喜欢打高尔夫的牧羊人们的这种娱乐活动，也影响到了东海岸以捕鱼为生的渔夫。这期间，苏格兰东部的圣·安德鲁斯，不仅是一个繁华的港口城市，而且是当地主要的基督教中心和商贸集散地。这种趣味性极强的游戏，也影响到了南来北往的商人，成为当地人们谈论最多并且人皆喜欢的游戏。

虽然这些传说我们无法找到详实的历史记载，但是，1457年3月，当时的苏格兰国王詹姆斯二世曾颁布了一项"停止并取缔人们打高尔夫游戏"的法令。由此我们可以判断，在1457年之前的苏格兰，高尔夫游戏已经非常流行，人们打高尔夫的热情已达到了使得君王与国会要干预的程度。究其原因，是因为"这项娱乐性和趣味性极强的游戏，严重影响和妨碍了苏格兰正常的军事训练，进而无法保卫苏格兰疆土抗击英格兰人"[2]。从这些历史史料的记载中，我们有充分的理由相信，早期的苏格兰牧羊人根据本国特殊的地理气候与人文习俗，创造并不断完善了这项户外游戏。而且，英国《大不列颠百科全书》也已明确地记载了"现代高尔夫运动起源于14世纪中叶的苏格兰"。

早期的高尔夫运动就是在这种被称为林克斯（Links）的球场上进行的

知识窗——苏格兰地理与人文

苏格兰是英国本土中位置最北的部分。位于大不列颠岛北部，南连英格兰，西、北临大西洋，东临北海。面积7.88万平方千米。划分为9个行政区和3个地区，人口约502万，主要为苏格兰人，首府爱丁堡。西岸峡湾众多，北面有奥克尼群岛和设得兰群岛，东海岸岛屿稀少。海岸线长3700千米。多高地，北部高地山势平缓，具有高原特点，海拔600~1000米；中部地势较低、土壤肥沃、煤铁丰富，为苏格兰人口和城镇集中区；南部为破碎山地；东南部特威德河流域，地势平坦，为肥沃的农业地区。属温带海洋性气候，但气温年变率小于英格兰南部。古代居住克尔特人，11世纪建立苏格兰王国，1654年并入英国。经济发展比较迟缓，落后于英国其他地区。主要农作物有小麦、大麦、燕麦、马铃薯等。畜牧业以牛、羊、猪为主。海洋渔业发达。主要工业有造船、纺织、重型机械和酿酒业。威士忌酒在国际上享有盛誉。北海油田是英国主要的原油来源。格拉斯哥为苏格兰最大的工业中心和港口，阿伯丁为北海石油的开发基地。

苏格兰地区山多，气候湿润、多雾，极适合牧放羊群。这里在工业文明以前是绵亘的牧场。早在西方工业文明之前，苏格兰就有连绵不断的牧场。无论是在东部的山峦还是西部的海湾和中部的盆地，土地肥沃、牧草茂盛，随处可见"风吹草低见牛羊"的景象。

风笛、格子裙、高尔夫和威士忌，早已是苏格兰人的标志。苏格兰是高雅的休闲运动——高尔夫的发源地。在圣·安德鲁斯有距今600年的最古老的高尔夫球场，今天，它已经成为高尔夫爱好者的朝圣之地。在苏格兰还遍布着高规格的高尔夫球场，从2005年的八国高峰会地点Gleneagles到Muirfield，这里从来不缺乏美景、激情和精彩。

二、西方人眼中的"东方高尔夫"

绵绵五千年的华夏文明，为人类的文明进步与社会发展做出了卓越的贡献。早在唐朝——中国历史上少有的经济发达、文化繁荣的盛世时期，即西方称之为"中国历史上的文艺复兴"时期所产生的一种宫廷游戏——"步打球"，以及在此基础上所形成的将人们的道德修养与行为规范融为一体的"捶丸"游戏，与现代高尔夫运动"同出一辙"，因此，西方人将中国历史上的"捶丸"称之为"东方高尔夫"。

(一) 源自"马球"游戏的文化延伸

中国历史上曾经出现过的"步打球"（后称"捶丸"），与汉唐时期所出现的"马球"（击鞠）游戏有着深层的社会联系，"步打球"（捶丸）是"马球"（击鞠）游戏的文化延伸。

中国汉唐时期的"马球"游戏，通常是在宫殿前所铺设的球场中进行的，这种上至达官贵人下至庶民百姓人皆喜爱的娱乐活动，自然也得到了侍奉皇亲国戚的仆人和宫女们的偏爱。但由于长期生活在宫廷中的仆人和宫女不擅长骑马，于是他们便萌生了徒步持杖打球的新的

源自中国汉朝的"马球"也叫"击鞠"

游戏方法，而这种方法深得皇帝的赏识，于是他们就经常为皇帝表演。这种有别与"马球"的游戏，就是中国历史上"捶丸"游戏的雏形——"步打球"。在唐代贞观年间，"步打球"作为一种纯粹的娱乐游戏，深受原本不擅长骑马的中原人的喜爱。由于这期间"马球"已经有了广泛的社会基础，人们对这种新的游戏并没有排斥，相反这种充满"宫廷文化"色彩的娱乐游戏，也得到了民间的广泛认同，并迅速在社会上广为流传。相传当时"步打球"还与音乐和舞蹈相结合，产生了一种名为"打球乐"的音乐舞蹈，而后来精通音律的唐玄宗李隆基又将"打球乐"的伴舞音乐改变为"羯鼓曲"。

由此可见，中国历史上的唐朝"步打球"这项趣味性和娱乐性极强的游戏，已经形成一种颇具社会影响力的文化现象。而现存于山西省洪洞县广胜寺、水神庙明应王殿的大型系列壁画《打球图》，以及珍藏于上海博物馆的明朝国画《仕女捶丸图》，作者运用中国绘画艺术的表现手法，不仅生动地描绘了我国元朝和明朝初期盛行于民间的"捶丸"游戏的娱乐场面，而且栩栩如生的人物造型，以及对画中人物使用器械（球杆）物型的勾画，与二百年之后才出现的苏格兰高尔夫游戏，都有着惊人的相似。

到了元朝至元年间（约公元 1282 年），有一位被称为"宁志斋"的老人，编写了一部专门论述"步打球"游戏的著作——《丸经》。《丸经》的出现不仅从"步打球"游戏的形式上结束了长达数百年没有统一游戏规则的历史，而且也使这项绵延了几个朝代的"游戏"，有了正式的"学名"——"捶丸"。这部分上、下卷长达 32 章的著作中，追述了"捶丸"游戏的发展历史，讲述了进行"捶丸"游戏的场地要求、使用的器具，以及游戏者输与赢的评判方法、各种击打球的动作要领和游戏策略（战术）等，而更重要的是强调了游戏过程中对参与者的思想品德与行为规范的要求。是中国历史上有关"捶丸"游戏演变与发展进程中不可多得的珍贵史料。

元朝"打球图"

（二）导致"捶丸"游戏衰亡的社会动因

中国历史上的"捶丸"，从游戏启蒙到形成社会规模，其发展过程经历了长达几个朝代数百年的历史岁月。到了明朝的中期之后，乃至在整个清朝上下四百多年的历史长河中，"捶丸"游戏却一步一步地从历史发展的足迹中消失，遗留下来的只能是历史文献史料中的记忆。

"捶丸"从唐朝"马球"游

明朝"仕女捶丸图"

戏的延伸与启蒙，到元朝的鼎盛发展，再从明末开始而逐步从中国历史文化的长河中消失，理性主义的思想回潮是导致中国历史上"捶丸"游戏覆亡的社会根源。我们虽然无法从现存的史料中查寻到有关来自明、清两朝官方对"捶丸"游戏的禁令，但是，在理性主义重新占据中国文化主导潮流的社会，形式上的一文禁令已显得无足轻重。因为，来自于社会文化层面的思想禁锢，将是对"捶丸"游戏的一种长期的、无法抗拒的"禁行令"。明、清两朝代表中国传统文化的理性主义，由于得到了统治者空前的加强，使得自盛唐直到宋、元时代的文化发展产生了转轨，那些代表"文化盛世"的"娱乐文化""竞技文化"，如"蹴鞠""捶丸"也因此退出了中国历史的文化舞台。有学者研究称现代高尔夫运动起源于中国，也许在学术研究中有待于人们的证实。但在"高尔夫"与"捶丸"两种游戏出现的时空之间，是无法找到必然的因果关系的。

知识连接——几种有关高尔夫运动起源的说法

1. 高尔夫源自 Paganica 游戏

有些人认为，高尔夫运动发源于古罗马的一种叫做 Paganica 的游戏。这种游戏是古罗马农民在罗马帝国时期常玩的，这种游戏所用的球是用动物毛发制成，球杆弯曲，游戏方法与现代高尔夫有一些相似之处。古罗马恺撒大帝（公元前102或前100—前44）时代，古罗马征服苏格兰，士兵们在野营时的空闲时间里，以末端弯曲的短杖击打皮制羽绒球，当时被称为"帕格尼卡（Pila Paganica）"运动。大约在公元前80年，凶悍的罗马人征服了整个欧洲，并跨过英吉利海峡占领了英格兰和苏格兰，将"帕格尼卡"运动带到整个欧洲，后来逐渐发展成了类似今天的高尔夫球运动。

2. Je de Mall/Pall Mall 游戏

这种游戏产生于意大利，是用长柄木锥（Mall）和木球，所用杆弹性好，将球击打到很远的地点，一个人打一个球，采用记分法。17世纪后传到英格兰和法国北部，英格兰詹姆斯国王非常迷恋这项运动，在皇宫中建立了1000米长的区域玩这种游戏。到1863年，法国用黄杨木做球杆，其杆头里装有弹簧。

3. Chole 游戏

这种游戏盛行于 14 世纪比利时，于 1421 年传到苏格兰。所用木杆为长条形，球是由羽毛制的皮球，第一杆在开球台，游戏者随身携带多球，常于秋季集体在户外进行，其杆数固定，主要是将球推到一定距离的固定点。

4. Kolven 游戏

14 世纪到 16 世纪荷兰流行这种冰面上打球的游戏，球杆及球的形状、击球方法以及用语都与高尔夫非常相似，目标是击中立柱。有一种民间传说，早在 1297 年前后，荷兰乡村盛行一种在冰上进行的棒打球的游戏，不同的是"KOLF"是在冰上进行的，其基本的方法是面向一个标杆或在草地上的空洞内放置一个靶子，用木棒击打一个木质或皮质的球。久而久之，他们就经常比谁击得远、击得准。它应该算作是高尔夫运动的雏形。荷兰史学家史蒂文·范汉戈在他的研究中，曾经描述中世纪的荷兰每年有许多的木质球或皮质的球通过远洋运输到苏格兰。从 16 世纪初荷兰艺术家温得尼尔在他的油画《冬季里打高尔夫的人们》（《Winter Scene With Picture Playing KOLF》）中也可以捕捉到荷兰人打 KOLF 的情景。

有关这些说法恰恰说明高尔夫运动有着悠远的历史和丰富的文化底蕴。也许高尔夫运动的真正起源地对今天的高尔夫运动社会发展并没有太直接的社会意义。但是，任何一种文化的传承与发展，总是在人们自觉与不自觉的各种社会活动实践中形成了一种文化延伸与发展的时空链条。

第二节　高尔夫运动的发展

现代高尔夫运动，是由中世纪苏格兰牧羊人在劳动之余所启蒙的一种户外游戏。从启蒙高尔夫运动社会群体的基本特征来讲，与当今社会所普遍认为的高尔夫属于"绅士运动"的文化特质相差甚远。而早期代表统治阶层利益的"君王"与"国会"，所颁布的相关禁止高尔夫游戏的法令，也能说明现代高尔夫既不是"贵族集团"的原创，也不是"绅士文化"的翻版。从牧羊人自娱自乐的"田园游戏",发展成为具有中世纪"绅士文化"行为特征的户外运动,高尔夫运动同人类其他文化的社会发展一样,社会环境或者文化创造背景,是高尔夫演化的社会基础。

一、早期高尔夫运动的启蒙

从时间上推论,早期高尔夫运动的萌芽,应该是在14世纪上半叶到14世纪末。由于这一时期有关高尔夫的文字记载很少,它的产生及启蒙就只能根据历史中的传说加以判定。

(一) 早期高尔夫游戏的雏形

早期高尔夫游戏启蒙的说法很多,无论哪种传说真实,可以肯定地说,早期的高尔夫是在劳动或娱乐中启蒙和发展起来的一种趣味游戏。而在中世纪的苏格兰,由于生产力的发展水平还不很高,以表现娱乐为主体的文化活动还很少,当这种在劳动过程中启蒙和发展起来的游戏被人们接受时,很快得到了大家的认同。人们对这种趣味性的乡间游戏情有独钟,以至于到了1457年3月,苏格兰国王詹姆士二世不得不颁发法令,"完全禁止并且取缔高尔夫游戏",就其原因而言,是这项由民间发起的田园游戏严重地影响了苏格兰正常的军事训练,因为此时正是苏格兰与英格兰的交战时期。由国王签发法令禁止民众玩高尔夫游戏,可见此时高尔夫这种消遣性极强的田园游戏,在当时的苏格兰风行的程度以至于后来人们在评价苏格兰与英格兰这场旷日持久的战争时,戏称为是"高尔夫打败了苏格兰"。

(二) 早期高尔夫游戏的特点

早期高尔夫游戏的特点主要表现在如下方面:
第一,游戏的参与者主要来自于社会的"草根阶层";
第二,粗糙的游戏器具替代了劳动工具;
第三,游戏场地条件是以自然形态为主,游戏方式简单;
第四,羊皮缝制外壳填满羽毛或木制的球成为最早的高尔夫球;
第五,游戏规则随意性强,游戏的文化底蕴尚未形成。

二、中世纪高尔夫运动的发展

中世纪欧洲社会发展的基本特征，为早期高尔夫运动的社会发展打下了深深的"文化烙印"，也使得这项原启蒙于牧羊人自娱自乐的游戏，逐渐形成了彰显"绅士文化"行为特征的运动方式。

(一) 参与高尔夫运动社会群体的变化

早期高尔夫运动的启蒙和牧羊人特殊的劳动方式与生活习惯有关，但随着社会的发展，参与这项运动的社会群体开始发生变化。15 世纪初，当高尔夫游戏的参与群体拓展到"贵族集团"的王室成员及贵族们时，已预示着一种"田园游戏"出现了顺应社会主流文化发展需要的文化转轨。因为，王室成员和贵族们对高尔夫游戏的参与不仅仅是一种行动上的体验，更是一种社会"强势文化"对一种来自田园游戏娱乐方式的"文化渗透"。

在中世纪的欧洲，贵族们无论是出席上院议会还是涉足社交的公共场所，无论是骑马打仗还是狩猎于荒郊野外，都可以看到他们衣冠楚楚、西装革履，其行为都表现出因受绅士文化教育和熏陶的"贵族精神"气质。即使是从他们所钟爱的户外运动高尔夫的游戏中，也可以看到他们在着装、运动行为乃至游戏规则中所显示出的"贵族精神"和"绅士文化"特有的文化气质。在中世纪的欧洲，当社会文化的发展是以贵族集团所标榜的"绅士文化"作为社会主体文化发展的时候，无论是反映社会不同阶层的文化现象或是文化内涵，都沾染了这种来自官方文化参照系的基本色彩。这也正是高尔夫运动为什么从普通牧羊人的游戏逐渐演变成为代表"贵族集团"文化特征的"绅士运动"的主要社会动因。

(二) "牧羊人的游戏"向"贵族田园社交"的演进

当贵族们以主观的无意识把自身特有的文化特质（绅士文化）体现在高尔夫"游戏"之中，并且把这项"乡村游戏"演绎成"田园社交"活动时，作为中世纪欧洲文化主体的传承者——"贵族集团"，也就顺理成章地把高尔夫"游戏"作为贵族群体"绅士文化"的一部分而加以渲染和潜意识地影响着高尔夫运动整体发展。在这种社会背景下，高尔夫也就逐渐脱离了原有的充满乡村泥土气息的游戏方式，成为在"绅士文化"强力制导下的反映贵族集团文化价值取向的"田园社交"。人们开始把"绅士文化"的各种行为表现自觉地融入到高尔夫游戏之中，并不断加以维护和强化，使其成为具有"社会时尚"的社交方式和消遣娱乐手段。

（三）俱乐部的出现进一步强化了高尔夫运动的特殊社会地位

俱乐部是指有相同特质的人自愿组成或加入、共担成本、具有一定私密性质、小规模、非营利性的会员制组织。这里指的相同特质包括相同或相类似的社会地位、收入、兴趣爱好、职业、居住地址等。

随着17世纪中后期俱乐部这一社会现象在西方的出现，以及高尔夫运动在上层社会的进一步发展，松散型的聚集方式已经不能适应人们对参与高尔夫运动的需求，各种以"球友会"的组织方式开始出现。这些"球友会"无论组织形式还是管理方法，都已经超越了那些松散型的既无组织也无管理的聚集方式。1735年苏格兰爱丁堡"伯吉斯高尔夫球友会"成立，成为了一种时代标志，高尔夫运动开始走向新的历史发展阶段。1744年"利斯绅士高尔夫球友会"成立，结束了早期高尔夫运动在纯自然的状态下自发的无人管理的运动方式。在17世纪中后期，苏格兰地区的各种形式的"球友会"的成立，使高尔夫俱乐部成为西方俱乐部行业社会发展进程中最具代表性的一种文化现象。1754年苏格兰圣·安德鲁斯高尔夫球友会宣告成立，由于这个高尔夫球友会得到了皇家贵族的认同，威廉四世期间被国王御名为"圣·安德鲁斯皇家古老高尔夫俱乐部"，使得该俱乐部的社会地位与影响剧增，成为早期苏格兰地区，乃至当今世界范围内最具影响力的高尔夫俱乐部。

由于这期间参与高尔夫运动的社会群体中的"贵族阶层"，不仅有着至高无上的社会地位和雄厚的财富，而

圣·安德鲁斯皇家高尔夫俱乐部早期会员

且还有着对高尔夫运动的"情有独钟"。那些有着共同高尔夫兴趣与爱好的贵族们，通过自愿出资的方式，购买了原本属于社会的大片草地与海滩，并进行了符合高尔夫运动的设计与建造、维护与管理。为了保证高尔夫球场的基本维护需要，他们采取每个加盟者（会员）支付年费的方式，以保证俱乐部的正常运作。但是，作为早期的高尔夫俱乐部具有典型的非营利的性质，俱乐部都是由会员自己管理，俱乐部的规模较小，而且属于纯私人的会员制组织形式，因此，俱乐部的私密性也体现了早期高尔夫俱乐部的基本特点。

三、职业高尔夫运动的发展

18世纪末至19世纪初，由于产业革命的发展，西方世界的社会组织形态发生了巨大的变革，社会分化进一步加剧。也正是在这种社会发展背景下，职业高尔夫运动有了最初的发展萌芽。职业高尔夫运动伴随着社会劳动生产关系的不断变革与发展，以及经济利益的刺激，使人们对以休闲娱乐和社交为目的的高尔夫运动，开始出现休闲与社交、职业竞技与经济利益并重发展的社会时期。

（一）职业高尔夫运动最初的发展

早期的高尔夫职业球员，并没有严格的身份界定，大都是通过打球赌博而获取利润的一些球员。而这些以打高尔夫球为主要谋生手段的人，最初并没有得到社会的认同。通常他们被认为是缺乏正规教育，且涉世不深，因此，经常会遭到社会上一些高尔夫爱好者们的白眼。这种情况在当时具有了广泛的社会代表性。

1902年，英国伦敦成立了世界上第一个职业高尔夫球员联合会。1916年，一些商界的高尔夫球手在美国纽约成立了"美国职业高尔夫球协会"（简称PGA），创始人是罗德曼·沃那梅克（当今PGA锦标赛的奖杯就是以他的名字命名的）。此后，职业高尔夫运动在竞技体育职业化发展的大潮中，有了自己的"旗舰"。自19世纪中叶开始，随着社会劳动生产关系的不断变革和发展，人们对打高尔夫有了更深层次的要求，即经济利益刺激了人们原有的淳朴的运动方式。在此基础上，一批批职业球手诞生，而一些高尔夫俱乐部在经营方式上也开始发生变化，使原来非营利的高尔夫俱乐部，向以经济实体和多种经营的方向发展的转变。在社会大环境的影响下，职业高尔夫球手不断涌现，逐渐形成了以职业和业余两种不同性质的发展格局。

（二）职业高尔夫运动的不断完善时期

随着欧美地区职业高尔夫运动管理组织的成立，职业高尔夫比赛更趋规范和严谨，尤其是对职业球员参赛资格、获取利润的条件和职业高尔夫球员的培训与身份界定等各个方面，都有了严格的管理制度，社会各界也开始逐渐转变了对职业高尔夫球员的看法。美国PGA不仅在职业球员竞赛组织方面发挥着社会的主导作用，而且还在许多大学里开设培养职业高尔夫球员的专业教育课程，以培养职业高尔夫球员和高尔夫球场专业管理人员所必需的专业知识，帮助学生掌握有关教学指导、营销管理和球场草坪管理与护养等方面的专业技能。同时，美国PGA还举办各类短期培训和继续教育活动，有力地促进了职业高尔夫运动的正规化发展。这一系列的做法，更是令世人对职业高尔夫球员的身份有了重新的评价。

> 网络链接：
> 美国职业高尔夫球协会
> www.pga.com

职业高尔夫运动的社会发展，以及高尔夫竞赛规则的统一，不仅促进了高尔夫运动的广泛开展，而且也大大促进了高尔夫俱乐部竞赛与场地管理的商业化进程。一些高尔夫俱乐部开始雇用一些职业高尔夫球员管理俱乐部。这种情况，一方面是职业高尔夫球员具有良好的高尔夫球技术，可以随时指导别人；另一方面由于他们经历过不同球场的高尔夫比赛，对高尔夫球场的管理和球场设计建造具有一定的认识和权威性。也正是从这一时期开始，高尔夫俱乐部的经营不仅向着营利性的方向发展，而且在高尔夫俱乐部的管理上，也逐渐脱离了以往靠俱乐部会员管理俱乐部的模式，开始雇用职业球员参与俱乐部的管理。

(三) 职业高尔夫运动的快速发展时期

进入 20 世纪之后，职业高尔夫运动作为职业竞技的重要组成部分，伴随着新兴职业竞技市场化程度的深化，职业高尔夫运动开始运用最具有商业技巧的市场方式来发展职业高尔夫运动。尤其是 20 世纪中叶美国经济在战后迅猛地到恢复与发展，经济的发展极大地刺激了职业竞技的整体发展，使许多美国人都积极参与到体育活动中来。这期间，美国电视机的市场普及率大幅度提高，为职业高尔夫运动的发展奠定了坚实的市场基础与发展契机。有关资料统计，1946 年是 1.5 万户，1950 年达到约 400 万户，1953 年猛增到 3000 万户，1960 年达到 4600 万户，拥有电视机的家庭已经超过了拥有自来水和室内盥洗设备的家庭[4]。而此时，正逢美国高尔夫"球王"帕尔玛运动技术的鼎盛时期，并且帕尔玛良好的社会公众形象得到了美国公众的普遍认同。与此同时，美国高尔夫球职业协会（PGA）想利用电视机普及的社会基础，借助于帕尔玛良好的公众形象向社会推广 PGA 巡回赛。当深深喜爱高尔夫运动的时任总统艾森豪威尔得知这一想法时，大为赞赏，亲自利用自己当总统的影响力，邀请帕尔玛来白宫草坪做客，并在白宫草坪上与帕尔玛进行了推杆技术的切磋，帕尔玛成为美国历史上第一个将高尔夫运动带进白宫的职业球员。此后，通过各方面的协调，美国 PGA 巡回赛借助于帕尔玛的公众形象和电视机的传媒技术，在总统的大力支持下，美国高尔夫运动开始提速发展。于是，就有人将上世纪 50 年代美国职业高尔夫运动的快速发展视为艾森豪威尔—帕尔玛—TV"铁三角"组合的结果。后来，人们为了纪念这位五星上将总统对美国高尔夫运动发展所做出的贡献，把 1958 年世界男子高尔夫队际锦标赛的冠军杯命名为"艾森豪威尔杯"。据说德国出版的《高尔夫球知识大全》中，也将"Eisenhower"（艾森豪威尔）列为一个重要的

美国时任总统艾森豪威尔与球王帕尔玛

词条。

四、职业竞技与休闲娱乐并进的社会发展

随着世界各国经济的发展和人们生活水平的不断提高，体育的社会价值和地位也日益提高。职业竞技的社会化和商业化功能更加突出，并已形成对社会经济与文化的总体发展的影响。与此同时，以休闲经济为新兴产业的社会发展趋势，使人们面临着一个休闲时代的来临。高尔夫运动作为现代体育运动的组成部分，不仅具有竞技运动的基本功能，而且更有休闲娱乐与增进身体健康的功能。

（一）观众是职业竞技社会发展的重要基础

职业高尔夫运动的发展，是以高水平的职业球员和热情观众的参与、企业与社会团体的经济赞助、社会媒体的报道等为一体，进而构成了职业高尔夫运动社会发展的重要基础。

职业高尔夫运动是当代竞技文化的重要组成部分。从社会环境对个体的作用来讲，当人们目睹职业球员高超的个人技术时，对人的个性倾向具有很强的感染性和模仿性。而当人的个体处于一定社会群体的社会实践活动中时（比如观看职业高尔夫比赛），其社会群体的行为表现，必然对个体的个性倾向产生一定的驱动力。于是人的个性倾向也就会自觉或不自觉地模仿一定社会群体的行为特点，使个体的个性特征受到社会群体行为的情感感染。对于职业高尔夫比赛来讲，有了观众的参与，职业球员才有了临场发挥的激情；有了企业的赞助，球员也就有了参赛的动力；而有了球员高水平的技术发挥，也才能吸引更多的观众参与其中，进而也才使企业与社会团体的经济赞助有了一定市

有观众的职业竞技才有生命力

场回报，这是一个有机的整体。

（二）高尔夫运动是当代休闲体育的重要方式

高尔夫运动是一种具有西方传统文化底蕴与现代多元文化表现方式为一体的特殊文化现象。从现代休闲体育的整体社会发展来讲，无论是高尔夫运动的基本方式，还是高尔夫运动所具有的文化内涵，休闲娱乐是高尔夫运动重要的文化表现方式。从4岁孩童到古稀老人，都可以根据自身的兴趣和身体条件，漫步于天地人合一的大自然中，既可结伴对抗，又可单人休闲；既能男女配对参加比赛，又能老少同组，无论采取何种比赛方法，人们都可以尽情挥杆，体验休闲高尔夫给人们的身心所带来的快乐。我国已故体育界元老、中国高尔夫球协会第一任主席荣高棠先生，对高尔夫运动曾精辟地总结说："多一杆有利于健康，少一杆趣味无穷。"因此，人们常说，高尔夫运动是常青的运动，这是高尔夫休闲健身的运动特点所决定的。

课后阅读材料——"高尔夫与绅士文化"

高尔夫究竟是什么，高尔夫首先是文化，其次才是运动。

起源于苏格兰的高尔夫运动经过近600年的发展，形成"自律、自尊、礼让、宽容"的绅士文化。在那里，高尔夫被称为"绅士运动"。什么叫绅士（gentleman），在英国等欧美国家，绅士是一个有特定意义的群体，或是一个阶层，这个阶层除了经济上的富裕外，最重要的是具备良好的文化素养和高尚的道德情操。他们推崇"绅士风度"，即作为人们塑造自我形象的一种理想模式。在美国，人们求职时往往一开始就会被问及"你会打高尔夫吗？"如果你的回答是不会，就会马上终止对你的谈话。在日本，球场就是商场，很多业务的商谈是在打球的过程中完成的，一场球打完，生意是否谈成就已经有了结果。这些现象说明了什么？说明了你可以不会打高尔夫，但你却不能不懂高尔夫。公共关系专家 Miller Bonner 说："在高尔夫球场4到5个小时的时间里，你就能了解到你的高尔夫球伙伴的性格，类似诚实、处理成功和失败的问题的能力、冒险精神、幽默感等，而你要做的是，将这些良好品性转移到建立的业务关系当中去。"从这里可以看出，高尔夫已经超越了作为一种运动项目存在的价值，上升到了一种大家所认同的文化形态。

如今参与高尔夫运动的人群可以说是这个社会的精英阶层，他们支配着比常人多的资源，也相应地承担着更多的社会责任。这也是以绅士文化为核心的高尔夫运动的魅力。挥杆者在运动中不仅要提高球技，更要提高个人修养，成为名副其实、受社会尊重的绅士。我们要大力普及高尔夫文化，让参与高尔夫运动的每个人都能修养身心、陶冶情操，个人素质日渐提高。

本章小结：现代高尔夫运动起源于中世纪的苏格兰，是由牧羊人在放牧之余所启蒙的一种游戏。虽然关于高尔夫运动起源有多种说法，但是，目前世界范围内对高尔夫起源于苏格兰的认识比较统一。高尔夫运动在漫长的历史发展进程中经历了早期牧羊人的启蒙、中世纪"贵族集团"强势文化的填充、职业竞技的发展、职业竞技与休闲娱乐并重的发展，以及世界范围内经济文化一体化社会趋势下的发展等，绵绵近600年的不同历史时期的发展，进而形成高尔夫运动丰富的文化底蕴与现代多元文化表现方式为一体的特殊文化现象。

思考题：
1. 现代高尔夫运动的起源。
2. 高尔夫是如何从牧羊人的游戏演变为"绅士运动"的？
3. 简述高尔夫运动的历史发展。
4. 职业高尔夫运动兴起的社会动因。

本章作者：王晓俊

第二章
高尔夫球场与器具概述

本章提要：世界上没有两个完全相同的高尔夫球场，因为高尔夫球场是在保留自然环境的前提下，结合人工设计与建造，构成了可供高尔夫比赛的场地条件。本章着重介绍高尔夫球场的结构、类型与特点，以及高尔夫运动所使用的器具。

重要概念：高尔夫球场；结构；类型；高尔夫球具。

第一节 高尔夫球场结构与类型

高尔夫球场，是在保留自然环境的基础上，经过设计者巧妙的设计与建造，进而形成了符合高尔夫运动所需要的运动场地。通常情况下，高尔夫球场是建在丘陵地带开阔的缓坡草坪上，既保留自然植被又有人工绿化的独具匠心的点缀，形成了自然景物与人工设计浑然一体。由于高尔夫球场是依据自然的地形与地貌而设计建造的，因此世界上没有两个完全相同的高尔夫球场。高尔夫球场的设计和建造不仅是一门技术，而且也是一门艺术。许多建筑师在高尔夫球场上标新立异，大做文章。有人把球场建在高山上，也有人把球场建在低谷里，还有人把球场建在海岛上等。

一、高尔夫球场的构成

一般来讲，高尔夫球场占地面积为50~80公顷，由18个洞组成（每半场9洞），这18个洞按距离长短来分，可分为长洞4个、中洞10个、短洞4个三种类型的球道。这三种类型的球道又是根据"标准杆"设定的。所谓标准杆就是球员根据设计应当完成的杆数。一般情况下，长洞需要打5杆，中洞需要4杆，而短洞则需要3杆（表2-1）。长洞、中洞和短洞作为高尔夫球场建设的基本形态，并不是其他相关设计和建造的元素就"无关紧要"。高尔夫球场建设不仅需要局部的"精雕细琢"，更需要整体功能的"和谐统一"。通常情况下，一个高尔夫球场由发球台、球洞区通道、球洞区、障碍区（水障碍、沙坑）等组成。

表 2-1　高尔夫球场一般长度与标准杆

类型	长度规格（码）	标准杆数
长洞	471 以上	5
中洞	231～470	4
短洞	90～230	3

注：1 码 =0.9144 米

（一）发球台

发球台（图 2-1）是在每个球洞打球时的起始点。当球员开球时，将一支球座（Tee）插在发球台上"发球区"内的地面，然后把高尔夫球放在球座上，用球杆将球向着球道方向击出。

发球台的形状和造型各异，主要有长方形、半圆形、S 形、U 形、L 形、台阶式以及其他一些不规则的自由式等，其面积一般在 100~400 平方米不等。

图 2-1　发球台

一个标准的 18 洞高尔夫球场，每一条球道（图 2-2）的发球台大都有 3 个，即用红色发球台标志所标示的女子业余球员发球台、用白色发球台标志所标示的业余男子球员或较高水平的业余女子球员发球台和用蓝色发球台标志所标示的较高水平业余男子球员发球台。如果是锦标赛型高尔夫球场，通常在蓝色标记的

图 2-2　球道示意

发球台后面，还增设一个可供职业球员开球使用的发球台，通常称为金Tee或黑Tee。

在每个发球台附近设有一块发球台标志牌，该标志牌的材质或形状各异，上面一般写有如下内容：

1. 球洞序号；
2. 球洞标准杆；
3. 球道长度码数；
4. 球道形态与攻击策略示意图；
5. 球道难度值；
6. 球道坡度难度值。

（二）球洞区通道（球道）

球洞区通道（图2-3）是发球台连接球洞区（果岭）的基本路径，也是高尔夫球场面积最大、形态变化多端、包含内容丰富的区域。

球洞区通道为不规则性的路径，两侧既保留了原有自然起伏的地形和各种植被，也包括通过人工设计与建造所形成的各种护坡和缓冲植被，如花卉、沙棘、景观树木等。此外，还有用于球道障碍的沙坑、水塘等。无论是球洞区通道之上还是球道两侧，每条球道不仅与高尔夫球场整体设计风格相协调，而且体现不同球道的特色以求既富有挑战性又有合理性。

图2-3 球洞区通道（球道）

从发球台到球洞区的长度为该球道的距离，通常以码为单位。一般长度在230码以内的球道称为短距离球道，标准杆数为3杆；长度在231~470码之内的球道称为中距离球道，标准杆数为4杆；长度在471码以上的球道称为长球道，标准杆数为5杆。球道的宽度通常为40~120码不等，比较普遍的是 50 码。一个 18 洞球场的球道总面积变化较大，一般为 12 万~24 万平方米，这取决于球道总长度和平均宽度，也与球道前缘距离发球台的远近有关。我们通常所说的标准高尔夫球场为 18 洞 72 杆，即 18 条球道中有 4 个短球道、10 个中距离和 4 个长球道标准杆数为：（4×3）+（10×4）+（4×5）=72 杆（见表 2-1）。

表 2-2 和表 2-3 是球场标准杆数等级范围和球场标准杆数的举例。

表 2-2　美国高尔夫球协会（USGA）球场标准杆数等级范围

标准杆数	球道长度（码）	
	男	女
3	≤230	≤210
4	231~470	211~400
5	>471	401~575
6		>576

表 2-3　某高尔夫球场标准杆数

洞号	距离（码）				标准杆数
	黑 Tee	蓝 Tee	白 Tee	红 Tee	
1	435	395	352	302	4
2	545	522	510	441	5
3	197	175	152	117	3
4	375	337	290	230	4
5	453	400	360	282	4
6	441	400	360	282	4
7	548	525	498	408	5
8	227	206	182	137	3
9	460	412	367	315	4
10	451	400	363	327	4
11	530	512	490	412	5
12	435	395	349	290	4

续表 2-3

洞号	距离（码）				标准杆数
	黑 Tee	蓝 Tee	白 Tee	红 Tee	
13	120	104	87	74	3
14	563	538	522	396	5
15	320	303	280	224	4
16	407	363	324	270	4
17	200	174	153	129	3
18	455	410	361	314	4
小计	7162	3372	3059	2436	72

（三）障碍区

障碍区，包括水障碍区与沙坑，设置目的是为了增强球洞区通道（球道）的攻击难度。通常水障碍区或保留原有的自然水塘、湖泊，或人工设计建造而成；而沙坑则是通过人工设计与建造而成。

1. 水障碍

高尔夫球场中的湖面、池塘、河流、小溪、沼泽地，或其他开阔水面等影响打球的水面，不管其中是否有水，都被称为水障碍（图 2-4）。水障碍是构成球道战略性和挑战性的主要要素之一。根据水障碍在球道中所处的位置，位于球道两侧的水障碍被称为侧面水障碍，用黄色线和黄色桩标识；处于球道正面的水障碍则以红色线和红色桩标识。根据《高尔夫球规则》规定，标示水面障碍的桩和线均属于障碍区。

图 2-4 水障碍

2. 沙坑

沙坑（图2-5），是四周被草坪围绕、中间被沙子覆盖的凹陷地。一般沙坑的面积为150~400平方米，沙坑的形状变化较多，没有一个固定的形式，大体可分为锅底形、线虫形、自由形等。沙坑的形状取决于球道周边的造型和沙坑的位置，以及设计师的设计风格等。一个18洞高尔夫球场的沙坑设计数量没有严格的规定，主要取决于设计师的设计意图、球场投入的建造费用和管理费用等，一般为40~80个不等。

图2-5 沙坑

沙坑的主要功能：

（1）作为球道障碍物，构成每个洞设计骨架和击球战略性的一个部分。

（2）惩罚球员的过失击球，并收集过失击球防止球沿错误路线滚动得太远而出界或进入水塘内。

（3）作为指示球员打球方向的参照，并作为给球员提供感觉球道高差变化的标志物。

（4）作为球道安全缓冲区，增加球道安全性。尤其在前一洞果岭与下一洞发球台相距很近时，果岭后边的沙坑可以防止打到果岭的球弹击到发球台上而伤及球手。

（5）作为两个平行球洞的分隔带，可增加球场的景观视觉效果。

（四）球洞区（果岭）

球洞区（图2-6），是指每条球道攻击的目标区域，英文称Green，故译音为"果岭"。球洞区是一块特殊的草坪区域，是经过人工精心雕琢的短草草坪，球能在略有起伏的球洞区草坪上无阻碍地滚动。球洞区（果岭）的形态与大小没有统一规格。球洞区面积从200~300平方米到1200平方米不等。一般来讲，球场中的果岭面积是和球场的设计风格与特点相

图 2-6　球洞区（果岭）

吻合。设计者往往把球洞区的设计看成是功能与造型、难度与合理等相关因素融为一体，以便创造出富于变化的球洞区（果岭）形态，给球员增加难度与趣味。

球洞区（果岭）的形状多种多样，一般可分为以下几种：

1. 岛型果岭：果岭四周被水或沙坑所围绕，使果岭犹如处于岛上，故名"岛型果岭"。

2. 炮台果岭：果岭高出四周地面，位于高台之上，形成了与球道和周围环境的高度落差，故名"炮台果岭"。

3. 梯田果岭：果岭表面明显分为两层，形状如同梯田，故名"梯田果岭"。

4. 椅状果岭：果岭三面被土丘或山体环绕，只有一端面向球道，果岭就如同一把座椅，故名"椅状果岭"。

5. 邮票状果岭：果岭很小，很平，四周设置大量沙坑，故名"邮票状果岭"。

另外，球洞区上的球洞，是一种非固定位置的设计。无论是比赛日还是高尔夫俱乐部的日常运营日，球洞的位置是根据不同的目的进行相应的位置调整，以增强球道攻击策略的难度与趣味性。

二、高尔夫球场的类型

高尔夫球场是融自然景观与人文设计为一体，进而构成了可供人们竞技与娱乐的户外运动场地。因此，世界上没有两个完全相同的高尔夫球场，每个高尔夫球场都有其不同的地形与地貌特点，也就形成了每个高尔夫球场的不同特色与球场品质。

（一）按球场的地形分类

1. 山地球场

山地高尔夫球场（图2-7），即以山地环境为主体特征的球场。山地高尔夫球场能显示山地环境特有的阳刚之美，同时因起伏大且突兀，击球的落点会随时改变，对击球的准确性要求很高。

山地高尔夫球场一般球道跌宕起伏，变化丰富，高低落差大，球道坡度大。同时球场的季节性山风、山体的视觉差容易造成判断距离的失误，还有造型多变的果岭，差异性大等特点，对球员开球落点的精准度有很高的要。因此，山地高尔夫使比赛更加具有挑战，同时，也给高尔夫球友带来非常的体验与乐趣。

图2-7 山地球场

2. 树林球场

树林球场（图2-8），多是以茂密的树林为依托，将自然树木与球场建造融为一体。球道两侧的树木既是一种自然景观，也是一种天然的屏障与球道障碍，树林密布的球道造成了攻击的难度，因此，树林球场的球道难度大是一个突出的特点。

图2-8 树林球场

3. 海滨球场（林克斯球场）

海滨球场（图2-9），也称林克斯球场。林克斯是英文单词"links"的音译。追根溯源，林克斯原指苏格兰海边的区域，即从大海向农田过渡的区域。林克斯土质属于沙质土壤，不适合种植庄稼。后来，林克斯的意思逐渐转化为建设在这种土地上的高尔夫球场。

图2-9 海边球场（林克斯球场）

"林克斯"的概念在现代高尔夫运动中得到了延伸。人们已将其含义拓展到无论处于海边还是内陆，只要球场是设计与建造在沙地上，并且常年多风、少植被的球场，都可以称作林克斯球场。当然，林克斯球场应该长有相当高而密的草丛，基本没有树木。

一般来讲，林克斯球场除了毗邻海边，常年风大多变之外，没有树木与景观植被，只有适合海滩沙地生长的灌木与沙棘，这是林克斯球场突出的特点。

4. 河川球场

河川球场（图2-10），通常是指地处湖泊、河岸地域的高尔夫球场。在我国，尤其江南地区，由于河流众多、河滩广阔，球场设计与建造多以这种地形为依托。河川球场的突出特点，就是自然的河流、湖泊与人工的池塘构成了球场一大景观，水系面积大是这类球员场的基本特点。当然，水系既是球场的景观特色，也是打球过程中球

图2-10 河川球场

员攻击策略运用的一大障碍。

5. 丘陵球场

丘陵球场（图2-11），是指以坡度较缓的丘陵和水塘为球场依托，将球场设计融入自然环境之中。丘陵球场依山傍水，地形起伏自然多变，既可表现河川球场平坦轻松的风格，又能尽情描绘山陵林间的起伏跌宕。

图2-11 丘陵球场

一般来讲，丘陵球场不像山地球场那样倾斜度陡峭、落差大。当球员打球时，既能感受到强烈的挑战，又能体验轻松、平缓与安全舒适的打球感受。

（二）按球场的功能分类

1. 锦标赛型球场

锦标赛型的高尔夫球场，首先体现的是能够满足职业比赛所需要的球道长度，以及符合职业比赛需求的球场难度，球道长度一般在6800码以上。经营这类球场的俱乐部，通常以承办大型高尔夫职业赛事或其他赛事活动而著名，俱乐部的其他服务设施，以及俱乐部管理人员都具有良好的高尔夫专业知识与赛事运作和管理能力。

2. 都市休闲型球场

都市休闲型高尔夫球场，通常位于城市开发区或城乡结合部。由于地处城市与城郊位置，其设计风格是根据有限的土地资源而"量身定做"。球场造型、景观造型、植被与障碍（水塘）等，均体现出人文设计理念。经营此类球场的俱乐部，其服务设施通常按照五星级酒店的标准设计，以满足消费者商务往来，以及休闲娱乐的基本消费需求。

3. 乡村度假型球场

乡村度假型高尔夫球场，也称乡村旅游度假型球场，通常位于旅游胜地或远离城区的位置。球场风景秀丽，景观怡人是这类球场的最大特点。经营这类球场的俱乐部通常配置较为齐备的酒店服务设施，供会员与一般消费者使用。同时，按照休闲度假旅游的服务标准，为高尔夫旅游爱好者和商务往来的高尔夫社交活动，以及各种类型的高尔夫旅游团队和个人，提供有针对性的服务。这类球场由于远离城市，或者具有鲜明的地理与气象条件的优势，因此，着重高尔夫旅游的产品设计与市场开发，是这类球场经营的基本策略。

4. "迷你型"球场

所谓"迷你型"高尔夫球场，是指由于球场面积与球道长度不能达到标准高尔夫球场基本建设的要求，而在有限的土地范围内所设计与建造的非标准型的高尔夫球场。

这类高尔夫球场由于可利用土地资源的限制，或者受到用地性质的制约，球场大小只有标准球场的一半，甚至更小。比如9洞或球杆特殊限制使用的3杆洞等。因此，这类球场是一种纯娱乐性的高尔夫球场。而经营这类球场的俱乐部也往往是一种非会员制，或者面向社会公众开放的体育公园。

（三）按球场经营的性质分类

1. 私人会员制俱乐部

这种俱乐部是把传统高尔夫俱乐部的经营理念，作为企业经营的基本目标，坚持会员制、私密性、小规模的经营模式。俱乐部从服务设施到服务标准与流程，都在于使会员充分享受高档、至尊、豪华、优雅的服务品质。这类俱乐部所经营的高尔夫球场，不完全是以消费者的财富作为申请加入俱乐部的条件与"门槛"，很多情况下申请加入俱乐部者的身份与地位更显重要。比如，世界著名的美国奥古斯塔国家俱乐部，就是典型的私人会员俱乐部。由于这类俱乐部只针对会员服务，加之发展俱乐部会员的数量受到企业经营目标与经营规模的限制，因此，俱乐部会员的会籍销售成为企业的限量产品，使得这类俱乐部的会籍价格成为典型的高端产品。

2. 商业性会员制俱乐部

商业性会员制俱乐部，也叫作开放性会员制高尔夫俱乐部。这类球场不仅继承了传统俱乐部的经营理念，也体现出为满足现代市场多元化消费需求的经营策略。这类俱乐部不仅以个人会籍销售来发展俱乐部的高端客户（会员），而且也进行非会员的普通消费者和不同消费层面的产品设计与经营。

3. 公众性俱乐部或球场

公众性高尔夫俱乐部（或球场），通常情况下没有俱乐部"会籍"产品，一般也不发展会员，而是面向社会公众开放的休闲娱乐的体育设施。这类企业的消费价格也远远低于其他类型的高尔夫俱乐部的消费价格，企业通过"薄利多销"来维持经营成本。从某种意义上讲，公众性高尔夫俱乐部（或球场）是真正实现高尔夫球运动社会化发展的基本保障，这类球场在欧美地区比较普遍，但目前国内的数量还很少。

4. 其他

（1）高尔夫练习场

高尔夫练习场，是一种为球员专门提供练习挥杆击球的场所。其场地的大小，以及练习场地设施条件，完全根据环境条件的实际情况而定。比如：有的高尔夫练习场的练习打位多达几十个甚至上百个，可以达到300码以上的距离。而有的只有十几个甚至几个练习打位，距离也需要安装安全拦击网等设施。一个城市高尔夫练习场数量的多少，往往与该城市高尔夫运动的社会化程度相关。

（2）高尔夫电子模拟练习器

高尔夫电子模拟练习器（图2-12），是利用电脑模拟高尔夫运动的特殊器材。球手在使用高尔夫电子模拟练习器时，仿佛置身于高尔夫球场环境中，享受现代空间与视觉的乐趣。通常情况下，这种电子模拟练习器常见于休闲俱乐部、高级宾馆、度假村、住宅小区、私人会所及游乐场所。此种设备便于移动，易于安装，并可带给室内以田园景色，增强室内环境的空间感、自然感和美感。同时，高尔夫电子模拟系统采用计算机软件控制，是高尔夫运动训练的基本手段，经常被球员作为辅助性的训练方法。

图2-12 利用高尔夫电子模拟练习器，在狭小的室内空间也能体验高尔夫运动的魅力

相关知识——世界十大著名高尔夫球场

1. 美国新泽西松树谷球场（图2-13）

松树谷球场是美国费城一位酒店老板乔治-克伦普的梦想。但是在球场最终完成前，克伦普就去世了。他留下的这个遗产，被全世界公认为高尔夫球场的经典作品。

难以想象的是，至今为止依然被公认为世界最顶级的高尔夫球场却是由业余球员设计建造的。1913年，费城乡村高尔夫俱乐部的一群业余爱好者合资买下新泽西州南面的一块沙质土壤的

图2-13 美国新泽西松树谷高尔夫球场

松树林地，决定打造属于自己的梦想球场。身为酒店企业家和主要投资人之一的乔治-亚瑟克-朗普被大家推选为球场首席设计师。在整个设计过程中，乔治咨询了近20位设计名家或建筑大师，同时也融合了他独特的创新想法。

松树谷总占地2.5万平方公里，每一个球洞的设计，无论是球道还是沙坑，都充分利用了得天独厚的自然环境。其中7号洞的沙坑利用了一块面积达半英亩的天然荒地，被昵称为"地狱半英亩"。而著名的最后一洞18洞的设计更是不吝运用最多元素，将趣味和难度提至最高，堪称完美一笔！高难度、多样性的设计是松树谷的最大亮点。打完一个18洞全程，哪怕对职业选手也是个不轻松的挑战。乔治倾注了全部心血，后期甚至不惜转让费城的大酒店将全部资金投给球场。虽然他没能亲眼看到松树谷18洞的全部竣工，但是他的名字从此与松树谷一起名垂历史。多年来这里严格的私人会员制给松树谷蒙上了一层神秘色彩，想要一睹芳容，必须有松树谷的会员邀请和陪同才行。

2. 美国柏树点俱乐部球场（图2-14）

柏树点俱乐部球场位于加利福尼亚美丽的大瑟尔（Big Sur）乡下的圆石滩南部。在一片地势起伏的地带，建有俱乐部的18洞球场，这里是一个名副其实的私人高尔夫球会。

俱乐部明文规定，只有获得会员陪同下场，才能来此打球，从古至今，俱乐部的会员总数从未超过250人。通常，球会接纳新会员的比率为每年7~9人。

图2-14 美国柏树点高尔夫俱乐部球场

柏树点球场最具特色的球洞是第15—17洞，这几个分布在太平洋沿岸的球洞绝对是对所有高尔夫球手的一大挑战。而标志性的一洞是第16洞，该洞称得上是世界上最有名的3杆洞之一，总长218码，从发球台到果岭要跨越一道海沟。这个大名鼎鼎的第16洞在很多年前的PGA赛场上被认为是最"凶恶"的一洞。没有球道的此洞开球就需要200码的距离，从发球台到果岭要穿过波涛汹涌的太平洋和海边的悬崖峭壁才能攻上果岭，堪称高尔夫运动中最惊心动魄的Par3洞，每一次开球都是对勇气的挑战。忽然吹来的一阵海风，常常令你措手不及，糟糕地改变了球的方向，所以在这里没有一个绝对正确的方法可以运用，因为大自然给予的这个难题实在无法预料。也正是由于变化无常的天气，球场的状况随时都可能发生变化，造成了你几乎不可能有两次同样境遇的打球经历。

3. 英国缪尔菲尔德乡村高尔夫俱乐部球场（图2-15）

创办于1744年的缪尔菲尔德俱乐部是世界上最古老的高尔夫社团，而谬菲尔德高尔夫球场被称作爱丁堡高尔夫选手之家，在球场大门的背后记录着1744位会员的名字，同时还有十三条会员规则，这十三条规则是高尔夫历史上最早的规则，而对于球会来说这些都是球场的荣誉所在。球场是由传奇人

图2-15　英国缪尔菲尔德乡村高尔夫俱乐部球场

物老汤姆莫里斯设计，它处处凝结了老汤姆的心血。这个坐落在爱丁堡的一个海滨沙丘的球场，它的最大特点是球道狭长，而且果岭以及球道都是起伏不定，它的长草以及沙坑，到处"暗藏着杀机"，许多打高尔夫球的人都认为缪尔菲尔德是一个真正考验你能力的地方。

作为英国高尔夫球协会主席和建筑师的唐纳德斯蒂尔曾经这样描述谬菲尔德高尔夫球场："当你问完打高尔夫选手哪个球场是最经典的球场时，他们可能会有许多奇特的答案，但是只有谬菲尔德是永恒的，他们会毫不犹豫地选择这个球场，这就是这个球场最有趣的地方，每次来打球，你都会有不同的感受。虽然个人的喜好不同，决定他们喜好的因素也有许多，但是毫无异议地说，谬菲尔德球场具备了一个真正经典球场的许多优点。"

4. 苏格兰圣·安德鲁斯老球场（图2-16）

圣·安德鲁斯，是高尔夫运动的故乡。圣·安德鲁斯老球场，是世界上最著名的高尔夫球场。圣·安德鲁斯皇家古老俱乐部，是全球高尔夫运动的领导者、仲裁者，英国公开赛的拥有者。单是这些头衔就足以吸引每一位高尔夫爱好者前往膜拜。想进

图2-16 苏格兰圣·安德鲁斯老球场

入皇家古老俱乐部的会所，你可以领带歪斜，高尔夫球裤上沾着泥点，但上身一定要是西服。因为，这是传统。时至今日，圣·安德鲁斯镇都骄傲地以"世界高尔夫之乡"自居。他们相信，早在1400年，苏格兰人就开始在圣·安德鲁斯镇海边一块贫瘠的土地上，用果树枝制成的木杆，击打一个以皮革包裹羽毛制成的小球至一个一定距离以外、预先指定好的球洞里。而这块因为贫瘠而被农夫废弃的土地，最终成为全世界最著名的高尔夫球场——圣·安德鲁斯老球场。

圣·安德鲁斯老球场从一开始就不属于任何私人或商业机构，它属于每一个圣安德鲁斯人，所以它是一个被赋予法律认可的公众球场。1974年以前，它由圣·安德鲁斯镇政府所拥有，并授权给联合球场委员会管理。一项于1974年通过的国会法案授权成立了圣·安德鲁斯球场信托委员会，由它来负责老球场的经营、管理和维护。

5. 美国圆石滩高尔夫球场（图2-17）

有人说圆石滩球场是高尔夫爱好者的天堂，你只需

图2-17 美国圆石滩高尔夫球场

要付 400 美元的"果岭费",就可以体验这个充满浪漫与刺激的"林克斯"球场。

在这里,如果你能无视球场的景色,专注于自己的击球,那么你也许会打出一个好成绩,但相信任何人都无法抗拒这个美丽海滩的"林克斯"球场美景。在这里每一次呼吸都会是一次享受。这里被称为"世界上海洋和陆地的最佳连接处",能看到最多的娱乐明星在高尔夫球星的指导下如学生般毕恭毕敬地挥杆。这里是地处北加州,是美国人心目中最美丽的球场。据伍兹、沃森和尼克劳斯等曾在此夺冠的球员说,圆石滩有着"与英国公开赛场地一般的高贵气质"。

6. 澳大利亚皇家墨尔本高尔夫俱乐部球场(图 2-18)

图 2-18 澳大利亚皇家墨尔本高尔夫俱乐部球场

建于 1891 年的墨尔本皇家高尔夫俱乐部是澳大利亚最古老的俱乐部,同时也有澳大利亚最好的球场,在高尔夫界都享有尊崇的地位。自从 1820 年南半球第一个高尔夫球场在澳洲的塔斯马尼亚岛建成,高尔夫在澳大利亚已经有近 200 年的历史。深厚的高尔夫传统,让当地人将高尔夫视为生活中不可或缺的部分。皇家墨尔本高尔夫俱乐部也是亚太地区唯一进入全球十大高尔夫球场的俱乐部。

皇家墨尔本高尔夫俱乐部拥有最完善的软硬件设施,是澳大利亚无可争议排名第一的高尔夫俱乐部。球场内遍布橡树和茶树,将自然和高尔夫融合得极其完美。保持特色及挑战性是皇家墨尔本球场坚持的目标。

7. 美国辛尼克山高尔夫俱乐部球场（图2-19）

辛尼克山高尔夫球会（Shinnecock Hills Golf Course）是USGA的5个俱乐部之一，也是第一个接纳女性会员的球会。在美国，它拥有第一个也是最古老的俱乐部会所的称号，于1892年建成开放，设计师为Stanford White。这个狭长的、林克斯风格的球场设计在波澜起伏的地表上面，等待你用实力去检测它的方方面面。

图 2-19　美国辛尼克山高尔夫俱乐部球场

这里是私人球会，会费是不对外公开的。球会被USGA列为美国的前100名球场之一，也是《高尔夫》杂志公认的。

辛尼克山高尔夫俱乐部球场举办过美国历史上许多著名的赛事，如1896年的美国公开赛在这里举办，冠军是James Foulis，后来，Ray Floyd在1986年的公开赛中摘得桂冠。1995年，美国公开赛的百年巡回赛再一次返回这里举办，Corey Pavin为自己赢得了第一个大型巡回赛的冠军奖杯。2004年，辛尼克又一次主办了美国公开赛。球场在1931年由William Flynn进行重新设计改造，《高尔夫》杂志始终如一地将它列为全美乃至全球最好的前10名球场之一。

8. 美国奥古斯塔国家高尔夫俱乐部球场（图2-20）

奥古斯塔国家高尔夫球俱乐部（Augusta）堪称球场

图 2-20　美国奥古斯塔国家高尔夫俱乐部球场

51

中的极品，是一座在全世界享有盛誉的高尔夫球场，可谓"经典之作"。同时也是高坛最精彩的四大赛事之一"美国名人赛"的固定比赛地。它位于南卡罗来纳边境附近的一个山谷内，占地365公顷。

奥古斯塔国家球场的创始人是鲍比·琼斯（Bob Jones），职业及业余冠军得主。1930年，他拿下四大赛——英国公开赛、英国业余赛、美国公开赛、美国业余赛的4个大满贯，创下高球史上一个傲视群雄的纪录后，在年仅28岁时宣布封杆隐退了，退休后创建了之后声名卓著的奥古斯塔国家高尔夫球场。琼斯一直有着很强烈的圣·安德鲁斯情结，是"圣·安德鲁斯老球场的狂热爱慕者"，也一直憧憬着建造如圣·安德鲁斯般传奇的球场。他第一眼看到奥古斯塔国家球场原址就知道这里将会成为世界上最漂亮的球场，而此想法与当时世界上最好的球场设计师艾利斯特·麦肯兹博士不谋而合。

奥古斯塔国家高尔夫俱乐部球场，作为美国名人赛永久性的比赛场地，是当今世界四大赛事中唯一没有改变过赛址的球场，传统比赛时间是每年4月的第二周。

奥古斯塔俱乐部是私人化管理的俱乐部，其果岭费和会员名单都是对外保密的。据说奥古斯塔现有会员300人，都是美国最顶尖的政治、经济界的精英。要想入会只有经过会员推荐，才能申请获得会员资格；只有现有会员退出或去世后，申请者的资格才能转正。到目前为止，泰格·伍兹也只是该俱乐部的荣誉会员。

9. 美国松林赫斯乡村俱乐部球场（图2-21）

美国松林赫斯乡村俱乐部成立于1894年，位于北卡罗来纳州的沙丘区（Sand Hills）。这里拥有8个一流的球场，与其他任何普通俱乐部球场相比，其中"第一球场"设计得诗情画意、景色优美。然而，这里所有球场

图2-21 美国松林赫斯乡村俱乐部球场

的球道都有成排的灌木和无数个沙坑。美国著名球员佩恩·斯图尔特（Payne Stewart）就是在这里的第 18 洞，从 15 英尺外绝妙的一记推杆赢取了 1999 年美国公开赛。遗憾的是，这次比赛却成为他最后的一个重大比赛，那年秋天，他死于一场空难。

10. 英国皇家乡村高尔夫俱乐部球场（图 2-22）

英国皇家乡村高尔夫俱乐部位于北爱尔兰邓恩郡，这个球场是 19 世纪末至 20 世纪初三大高尔夫巨头之二老汤姆-莫里斯（Old Tom Morris）和哈里-沃尔登（Hary Valdon）的手笔。皇家邓恩郡位于北爱的旅游小镇纽卡斯尔，坐落在雄伟的默恩山脉脚下，背靠爱尔兰海邓德拉湾，是一个经典的林克斯球场。

图 2-22 英国皇家乡村高尔夫俱乐部球场

1889 年，球场正式开业，1908 年国王爱德华七世给予球场皇家头衔。作为球场的一个传统，至今仍旧有穿着古装的球手，在周六加入到分组中（夏天打四人四球，冬天打四人两球）。

设计这个球场，老汤姆-莫里斯遵循的是很淳朴的理念。这里的沙丘崎岖不平，也很粗糙，但在紫色的灌木丛和金黄的荆豆覆盖下却显得异常美丽。球道保留着时间雕琢的天然痕迹。球场最长的 tee 台超过了 7000 码，经常会显现出它的残酷。球场的第四洞和第九洞都入选了《世界上最伟大的 500 个高尔夫球洞》一书，其中 4 号洞更绝对是世界上最具观赏性的长三杆洞之一。"在这里你可以看到难以计数的灌木丛，10 个沙坑，还有 3 座山峰，英国高尔夫球场里最神奇的景观。"而在长四杆洞 9 号洞，则或许是世界上被摄影师留下最多照片的球洞之一。发球台在高处，正好直面多纳德山顶峰，球道在你脚下 80 英尺，有魔幻一般的感觉。

第二节　高尔夫运动器具简介

高尔夫运动的相关器具主要包括高尔夫球杆与球，以及高尔夫配套辅助性器具高尔夫球包、高尔夫手套、高尔夫球鞋、高尔夫球服装、高尔夫球帽、高尔夫球座、果岭修复叉等。下面详细介绍各种器材。

一、球杆

(一) 高尔夫球杆结构

高尔夫球杆是由杆头、杆身、握把三部分组成，其长度为 0.91~1.29 米之间。

> **知识窗：**
>
> **杆面倾角**
>
> 杆面倾角是球杆杆面与垂直面之间的夹角，杆面倾角越大，击出的球抛物线越高，距离越短越容易停球。相反，杆面倾角越小，击出的球抛物线越低，球的飞行距离和滚动距离越远。

1. 杆头（图 2-23）

高尔夫球杆杆头是实际击球的部分，也是球杆的主要构成部分。根据球杆种类的不同而各有差异。杆头主要由杆面、杆颈、沟线、杆头趾部、上缘等构成，无论是哪种

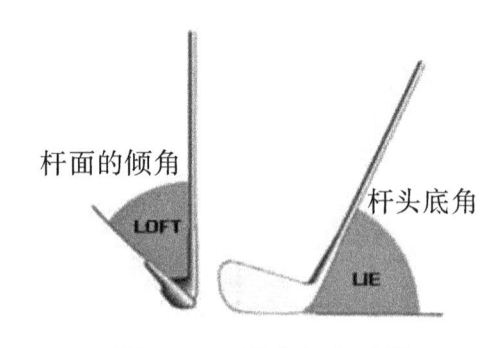

图 2-23　杆头角度示意

品牌或用哪种材质制成的球杆杆头，通常都是针对特定目的而设计的，如强调击球距离或误差容许度等。

2. 杆身

连接杆头和握把的部分为杆身。高尔夫球杆杆身经过了木制、铁制、铝制、石墨等一系列变迁，目前高尔夫球杆杆身材质主要有碳素纤维管、不锈钢管、来福管三种。

> **专家建议：**
>
> 挥杆速度越快者，选择的杆身硬度应越大；挥杆速度越慢者，选择的杆身硬度越小。球杆越硬通常吸震越小，也就需要更大的力量和技巧来控制挥杆。因此，选择合适的球杆硬度是选手打出又远又准的高球的不可或缺的条件。

碳素纤维管质量较轻，便于挥动，适合初学者和挥杆速度较慢的人使用，特点是击球距离远，击球球杆柔软，但稳定性较差。

不锈钢管的稳定性与操控性较佳，但是由于较重，挥杆速度较快及肌肉力量较强的选手才能使用，职业选手和球技较佳者较适合使用。

来福管介于碳素纤维管与不锈钢管之间，兼具不锈钢管的稳定性与碳纤维管的距离优势。除了杆身材质，杆身硬度也是选择杆身时最重要的考虑因素。

球杆的硬度，一般可以分为特硬度（X）、硬型（S）、普通型（R）、软型（A）和特软型（L）5种（表2-4）。在挑选和使用球杆时，要根据自己的身体条件、技术水平和习惯去挑选。

表 2-4　球杆硬度标示一览表

球杆硬度	适用对象
X	职业男选手使用
S	力量极大的男选手使用
R	一般男选手或职业女选手使用
A	较有力女选手或年纪较大之男选手使用
L	一般女选手使用

3. 握把

高尔夫球杆握把是球杆与身体唯一接触的部位，其材质通常有橡胶、棉纱与半棉纱、合成皮或真皮等。

橡胶握把价格低廉，但容易老化和褪色，手感欠佳。棉纱与真皮握把手感较好，吸震且不易滑动，但不耐磨，市场比较多见。

选购时要注意握把的粗细是否适合自己的手掌大小，简单的方法是看是否能让左手 4 个手指正好触碰左手大拇指根部。此外，握把的粘手度也是考虑因素，因为下雨或天气酷热时，握把容易潮湿变滑，棉纱握把能吸收更多的水分而保持干燥，耐用性也是要素之一。

(二) 高尔夫球杆种类

根据击球远近不同的需要和规则的规定，每位选手最多可带 14 根各种类型的球杆进场。这 14 根球杆以如下配置为宜：4 根木杆（1 号、3 号、5 号、铁木杆）、9 根铁杆（3 号、4 号、5 号、6 号、7 号、8 号、9 号、劈起杆、沙坑杆）和 1 根推杆。一般球员只需 13 支球杆就可以了，也可根据自身的需要进行配置。对初学者而言，只要取其中的奇数杆就足够了。各种球杆的击球距离可参考表 2-5。

表 2-5　各种球杆的击球距离可参考数据

种类	木杆				长铁杆		
	1号	3号	5号	7号	1号	2号	3号
距离(yd)	240	200	200	180	210	200	190
（米）	219	201	183	165	192	183	174
斜度(°)	8~12	13~16	18~21	23~26	3~15	15~21	21~25
种类	中铁杆			短铁杆		
	4号	5号	6号	7号	8号	9号
距离(yd)	170	160	150	140	130	120
（米）	155	146	137	128	119	110
斜度(°)	24~28	27~32	31~37	36~41	40~45	44~48

1. 木杆

木杆可分为开球木杆（图 2-24）、球道木杆（图 2-25）和铁木杆（图 2-26）。

图 2-24　开球木杆

图 2-25　球道木杆

图 2-26　铁木杆

不同木杆击球弹道如图 2-27 所示。

图 2-27　不同木杆击球弹道

（1）发球木杆

1 号木杆又称发球杆（Driver），杆面倾角为 6.5°~12°，杆身长度介于 109~116 厘米之间。1 号木杆的击球距离是所有球杆中最远的，但因杆面倾角小与杆身长度长而较难操控。

> 知识窗：
>
> ## 杆头容量
>
> 杆头容量就是球杆杆头的体积，杆头体积大小对击球的距离、方向、准确度影响很大。

近 30 年来高尔夫球杆的材质有着革命性的改变，而且从有高尔夫球这项运动开始一直到 1970 年末期，木制木杆都是球杆的制造主导，大约在 1980 年初，木制木杆头已经慢慢被铁制杆头取代。木制木杆头如今已不多见，现代的杆头材质多为不锈钢、麻钢、钛合金、碳纤维、精密陶瓷等，形状各有不同。随着科技的越来越发达，木杆杆头容量从几年前的200毫升演变到今日的460毫升，距离也有较大的提高。

现在的1号木杆头虽比20年前的大了许多，但却轻了很多，原因是杆头材料的改变和石墨杆身的使用。大的杆头能使击球甜蜜点（sweet spot）增大，重心降低，可增加失误球的误差容许度。

按照长度、杆面倾斜角度，木杆可分成1号至14号，但大多数的球员只带1号、3号和5号，其中水平较高的球员只带1号和3号，而长铁杆代替5号木。

知识窗：

甜蜜点

每一支球杆上都有最佳的击球点，击球时如果每一个球都能打在这个点上，就能使杆面与球碰撞出最为"甜蜜"的美好感受，所以该点又被叫作"甜蜜点"。甜蜜点一般处于球杆杆头下三分之一的位置，它的面积大小因杆而异。用这个点击球，可以把球准确地击打出去，并能使球飞行最远的距离。若拿一支优秀球员的球杆看，你可以发现，杆面上磨损得最为厉害的那一块就是球杆的甜蜜点。

"甜蜜点"是杆面击球的中心点

(2) 球道木杆

球道木杆依面倾角可分为3号木杆（15°）、4号木杆（18°）、5号木杆（21°）等，多在球道击球时使用。3号木杆除了在球道上使用外，也适用于短的4杆洞和长的3杆洞。因为杆面倾角和杆身长度较1号木杆大和短，距离上也有一定的标准，但对于许多高差点球手而言，球道木杆会比长铁杆容易上手，但稳定性较差。而 4 号木或 5 号木是在球道区更好的选择。在长草区，这类木杆较长铁杆更易使用，因为其杆面较易滑行，且其低重心杆头较易将球击起。

（3）铁木杆

结合铁杆杆面与木杆杆头设计的铁木杆，是当前球杆设计领域的新产品。铁木杆具有木杆的长距离攻击目标的优势，也有铁杆易控制目标的特点。但在个别的艰难球位，这类球杆的使用会因其近似木杆的外型而受到限制。总体讲，铁木杆比一般铁杆打得远，容错性和准确度比球道木杆和长铁杆明显提高。

> **专家建议：**
>
> 选择木杆没有必要用同一牌子同一材料的一整套木杆。重点是按照球员自己的需要和适合自己的球路，根据球杆不同的性能去选择。

2. 铁杆

铁杆按照杆身长度可分为长铁杆（2、3、4 号）、中铁杆（5、6、7 号）和短铁杆（7、8、9 号），数字越大的铁杆，杆面倾角越大，杆身越短，相对击球距离也会越近。与木杆相比，铁杆击出的球比较精准，穿透力较强且带有反旋，落地后容易停球，是进攻果岭时不可以缺少的利器。铁杆杆头根据制造方式可分为锻造（整块金属锤打成型）与铸造（滚热的金属灌进模具）两种。锻造铁杆经过锤炼，已将金属内杂质与气泡完全排除，因此和浇灌的铸造铁杆相比，击球感会略胜一等，不过价格偏高。

杆头款式可分为刀背式（图 2-28）和凹背式（图 2-29）。刀背式球杆击球准确性与控球性较好，但甜蜜点较小且难以操控，通常是职业选手或低差点者的首选。凹背式杆头由于周围配重，可增大甜蜜点与误差容许度，因此容易上手，比较适合高差点球员使用。此外，现代的铁杆头的金属嵌入物与配重转移、杆面后移等设计，也很容易击出好球。

图 2-28　刀背式铁杆杆头　　　图 2-29　凹背式铁杆杆头

知识窗：

码是英制长度单位

高尔夫球场的长度和球飞出的距离通常都用码来表示，1 码等于 0.9144 米。

3. 挖起杆

挖起杆（图 2-30）的种类很多，杆面倾角从 46°~64°不等，可依不同距离与情况选择，常见有劈起杆、沙坑杆和高吊挖起杆。不同挖起杆（P 杆、S 杆和高吊挖起杆）击球效果如图 2-31 所示。

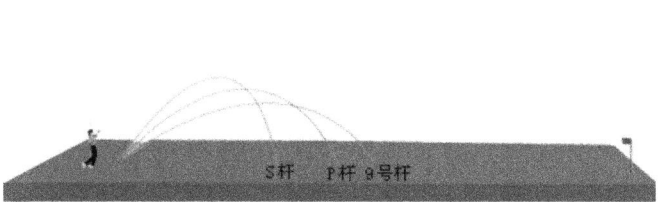

图 2-30　挖起杆　　　图 2-31　不同挖起杆击球效果

挖起杆（也称 P 杆）的杆面斜度为 46°~50°，击球距离为 100~110 码，通常购买整组铁杆时已包含在内。

沙坑杆（也称 S 杆）主要用于沙坑中击球，杆面倾角约 56°，与挖起杆不同之处在于杆底。因为沙坑杆的杆底有反弹角设计（即杆面垂直目标线时杆面与地面的夹角），能平顺地切过沙坑，避免将杆头切入沙中太深。因此面对果岭旁的沙坑时，杆头切入沙中后，可借着飞溅的沙子将球弹出，而非直接触球。

高吊挖起杆是近几年的新产品，杆面倾角在 56°~64°之间，处理果岭周围的短击球特别有用。如高达 64°的杆面倾角，可让球高高飞起再笔直落下，而且落地后能立刻停住。

4. 推杆

推杆是下场击球中使用最多的球杆，主要用来在果岭上推球入洞。推杆的杆头也是由软铁制成，其款式和形状也是多种多样，主要有刀背式、锤头形、重量分布型、扫把形等，杆面平直是它们共有的特色，但推杆也有杆面倾角，一般在 4°左右。握把上方正面会设计成平面，与杆面垂直。推杆是球杆中最短的，也是唯一不将球向空中击起的球杆。

图 2-32　刀背式推杆

刀背式（图 2-32）：此类型推杆属于经典设计，由平坦的杆面与背部加阔设计而成，是传统的杆头设计，线条简洁利落，深受一些推杆好手的喜欢。

锤头形（图 2-33）：这种大且圆的特别设计的主要优点在于其杆头质量的分布与杆柄的位置相结合从而提供了一个平衡感较好的杆面。锤形推杆的代表品牌是 Ray Cook 和 Odyssey。

图 2-33　锤头形推杆

重量分布型（图 2-34）：是将重量分布于趾部和跟部的设计，使击球时杆头更稳固且能增大甜蜜点。近年来，美国职业高尔夫比赛中使用此种推杆的选手比使用其他类型的都多，且是世界上赢取冠军最多的推杆。如今，刀背形和锤头形的推杆也加入重量分布的设计。

扫把形（Broom handie）：这是一个颇有争议的设计，曾被高尔夫机构禁止使用。这种有着特长杆柄和两个握把的推杆，专为对推杆容易产生紧张而使双手颤动的球手而设，Bernhard Langer 是其中的代表。

图 2-34　重量分布型推杆

推杆的材质同其他铁杆一样，以不锈钢和碳为主。有两种材质上的改进值得一提：一是磨光杆面令击球更稳定、平坦；二是杆面击球位置嵌入较软的材料如钛、铝，甚至合成橡胶等增加击球感觉，令击球距离更易控制。推杆的角度并不是大家所认为的 0°倾角（loft），而是大概在 4°左右。从原理上来讲，稍大的倾角适合草皮较矮的果岭，稍小的倾角适合草皮较高的果岭，不过这种区别是很微小的。

二、高尔夫球

图 2-35　高尔夫球结构

高尔夫球（图 2-35）为质地坚硬、富有弹性的实心小白球。最早的高尔夫球是木质圆球，后来发展成为羽毛皮革制球，现在使用的高尔夫球则是用橡胶材料作为球心，经过多种工艺制成的弹性更好、飞行距离更远的球。

高尔夫球从苏格兰年代到现代，发生了很大的变化。最初的高尔夫球

63

是用羽毛做心，皮革做外壳缝制而成，不仅工艺难度大，而且正品率低。19世纪初，高尔夫球制造工匠每天最多能做出四五个"好"球。但羽毛式高尔夫球不耐久，特别是遇上雨天，缝纫线容易断，常导致球在飞行中破裂，羽毛漫天飞扬。19世纪50年代末出现了"橡胶球"，这种球是用类似橡胶的杜仲胶制成，初为实心，后以固体物质或液体做心。现代高尔夫球多用液体做心，橡胶做外壳制成。白色的橡胶球表面上有许多排列规则的"酒窝"式凹陷，这些小凹槽可以减少空气的阻力及提供升力，让高尔夫球飞得更远。橡胶高尔夫球主要分为英国式和美国式两种。球的最大重量不得超过50.38克。美式球的最小直径为4.26厘米，供美国国内使用。英式球的最小直径为4.11厘米，供英国、加拿大以及国际团体高尔夫球赛使用。

选择适合的球，是降低杆数的秘诀。以外表而言，高尔夫球看起来都差不多，最大的差别就在软硬之间。以特性来分，高尔夫球大致可分为三种，即强调飞行距离的硬球、强调球感与控制的软球和性能介于两者之间的中性球。

（一）单层球

单层球（One-Piece-Ball），也叫作一体球或一件头球，一般仅用于练习或用于练习场（Driving Range）。球体由硬橡胶压制而成，并且涂漆。

（二）双层球

双层球（Two-Piece-Ball），也叫作双体球或两件头球，是最常用的球。球心外面为硬橡胶或塑料，或者是其混合物（配方通常保密）制成外壳，厚度约为1毫米。由于外壳质地不同、成分不同、坚固性与抵抗力（Durability）不同、硬度不同、颜色以及凹痕不同，就产生不同的特性与效能，表现在击球的高度、远度与滚动性等方面。

从球的结构本身看并不能推断出其功能如何。双层球，即由一个大的球心和一个相对来说较薄的外壳组成的球，过去称之为"远距离球"（Distance Banlls）。球的飞行距离较长，因为它倒回旋较少，速度较快，所以球手击球时有硬实的击球感。运用先进的工艺手段现在已可以制造出这种效能较高的比赛用球。这种球较软，旋转快，因而深受PGA巡回赛选手们的青睐。目前市场上大多数飞行距离远，或者说抗损耗的高尔夫球均采用这一结构。

(三) 三层球

三层球 (Three-Piece-Ball)，也叫作三件头球，只供水平较高的球手使用。在由橡胶、或塑料、或混合物做的外面包围着充满液体的胆，像线团状缠绕薄橡皮条，外壳为橡胶制品"巴拉塔"（树胶）。高水平球手喜欢使用这种胶核液体球心球，因为击球时可以找到感觉，容易控制。如果击球不准，也容易产生裂口和切痕。三层球比较容易产生旋转，是高水平职业球员的首选。

(四) 多壳球

击球越有力，球越容易变形。多层球就是根据这个道理设计和制造的，目的在于使任何击球力度都能产生最佳结果。球心的设计是为了便于使用开球杆能将球打得尽可能远；中间层适应铁杆大力击球；外壳适合获取最佳击球感觉以及半挥杆，切击球和推杆时的回旋球。

> **知识窗：**
>
> **高尔夫球包装上的标识**
>
> 高尔夫球包装盒上通常会注明产品的特性，不过大多以英文书写。如强调距离的硬球会标示成 distant；强调球感与控制性的是 spin 或 profeeional；代表球的结构是 2-piece 或 woud；建议杆头速度 (club head speed) 是 75~90 英里/小时（1 英里=1609.3 米）；转速率用 spin rate 表示；有些产品则会标示出击球感觉 (fell) 与弹道高低 (trajectory)。

最新设计的球在球心和外壳内开始渗进钛、钨和镁等金属粉末，在球体中附加这类金属是为了加强其强度和改变球体内的重量分布。材料学是当代前沿科学之一，其研究成果运用到高尔夫器材上已成为现实。

在不同结构的高尔夫球中,球的颜色多半为白色,落在绿色的草地上较为显眼,也有在夜光球场使用的荧光球和在雪地高尔夫球场使用的红色或黄色球。

三、高尔夫运动的其他用品

(一) 高尔夫运动服装

打高尔夫球时穿着如何,规则中并没有明文规定,但是人们在长期的高尔夫运动实践中,"约定俗成"地形成了一定的着装规范,即穿有领子的T恤衫和运动休闲裤(裙)。因此,高尔夫服装通常分为上衣和裤子两个主件。上衣较多的是以长袖或短袖的马球衫(polo shirt)为主要款式的运动衫;裤子(不论长裤或短裤)是纯棉或纯毛的休闲西裤。

高尔夫服装在款式上并没有什么特别。第一要素是服装不妨碍挥杆和推杆动作;第二要素是穿着合身舒适,衣料质地柔软,吸汗能力强。在天气冷的时候,也可穿鸡心领的毛背心或羊绒衫。如同运动服装时装化的倾向在全球日益明显,高尔夫服装更是首当其冲。高尔夫服饰属精品服饰,注重服装的功能设计与创意。

高尔夫服饰的搭配与选择完全是个人习惯与品味问题,但精心设计的高品质、高价位高尔夫服饰应是首选。因为"人是衣裳马是鞍",精品服饰不仅能加强个人在球场上的信心,不论天气状况怎样,都能在最佳心理状态与技术状态下表现球技,而且也能装点球场色彩,令人赏心悦目,顾盼自豪。

高尔夫服装一般是成衣制品,讲究和挑剔的球手也可度身订做,务求适合自身的体型,裁剪得当。打高尔夫球是在大自然中的一种户外康体活动,因而高尔夫服饰也应不断体现时尚新色,流露出贴近大自然的动人色调和简约纯美的清新气息。

(二) 高尔夫球包

高尔夫球包是球杆袋、球具袋的俗称,用来装载打高尔夫球所需要的物品,主要是球杆、球和球座(Tee),以及手套、毛巾、雨具、个人卫生用品和饮料、小食等。球包一般呈圆筒形状,按直径可以分为三种:全套球杆球包（直径 19~21 厘米），准半套球杆球包（直径 18 厘米左右），半套球杆球包（直径 15~17 厘米）。此外，也可分为男用、女用和儿童用球包。儿童球包适合 6~14 岁儿童使用，一般能放 5~6 支球杆已够用，即 5 号、7 号和 9 号铁杆，3 号木杆，一支推杆，有时还加一支沙坑杆。

球包的面料有皮制的，也有尼龙面料制作的。目前用真皮面料制作的球包产品较少，混合面料或尼龙制的球包较多，这些面料价格相对便宜，也很耐用。选购球包要特别留意检查暗扣、铆钉和拉链（最好是黄铜制的）是否牢靠结实，整个球包立在地上的平衡性如何（图 2-36）。

球包是高尔夫装备中不可或缺的一部分，它显示球手的个人品位和打球风格，有时别人只要看一眼你的球包，就能判断出你是一位高球发烧友，还是一位球场客串者。所以，扮靓自己的球包是球员个性化特征的重要体现。

（三）高尔夫球手套

一双合适的高尔夫球手套（图 2-37）是上场前必备的用品。手套的主要作用是防止握把在手中滑动，材质大多以羊皮、鹿皮或合成皮革制作。

选购时除了型号以外，也要注意手指不能感觉到内侧缝隙。使用后尽量摊平保存，不要揉成一团随便塞进口袋。此外，多买几只手套交替使用，能延长手套的平均使用寿命。

图 2-36　站立式球包

选手戴高尔夫手套是为了在挥杆的时候握紧球杆，同时防止手指和手掌起水泡。右手击球的选手左手戴高尔夫手套，左手击球的选手右手戴手套。

高尔夫手套应该像人的第二层皮肤，即应该选择紧贴皮肤的尺码（戴上之后不久手套会变得略松），否则击球时候会打皱，难以握紧球杆。

图 2-37　高尔夫球手套

大部分职业和非职业选手打推杆球时都喜欢摘下手套，因为这个时候更需要的是手感，而不是力度。

优质高尔夫手套是真皮制作的（一般是羊皮），因为这种材料有助于握紧球杆，舒适性能也好。不过人造革制的高尔夫手套也有其特定的优势，如价格低廉，可以在雨中使用，可以使用洗衣机进行洗涤。

（四）高尔夫球杆保护套

高尔夫球杆保护套，简称杆头套（图2-38、图2-39）。为了避免球杆碰撞刮伤，杆头套是最好的选择，尤其是木杆杆头，极易因碰撞摩擦而留下刮痕。高尔夫球杆一般是木杆，在购买的时候都配有杆头套，而铁杆则不一定。

图 2-38　球杆保护套　　　图 2-39　推杆杆头保护套

（五）高尔夫球鞋、袜

高尔夫运动不是一项剧烈的运动，打球的节奏不会很急促，虽然足部不会每时每刻都要承受很大的冲击，但要完成18洞一般需要走约6公里的路程。在这个过程里，全身的重力都放在了双脚上，所以选择一双舒适的高尔夫球鞋（图2-40），无论对于业余球手或职业

图 2-40　高尔夫球鞋

球手，都是保护双脚的一个好方法，不致令双脚受苦，亦不会令足踝受伤。因此，球手选择一双好球鞋，才能保持脚下站得稳稳当当，才能有利于挥杆力量更有效地传递到球杆上，将球开得又直又远。所以，稳定大于

一切，这应该是一双好球鞋最大的责任。

选择一双适合的球鞋是很重要的，因为穿球鞋不仅是基本的球场礼仪，还能避免打滑及减少击球时的失误。高尔夫球鞋可分为硬钉鞋和软钉鞋两种，硬钉鞋是早期的款式，由于是金属的鞋钉会对球场的草坪和果岭有一定的伤害，现在已经逐渐淡出高坛。软钉鞋的软钉则是以塑胶材质的鞋钉为主，固定于硬橡胶制成的鞋底，由于材质较铁钉柔软，所以可以更好地保护球场，而且功效没有改变。

高尔夫鞋与高尔夫球袜子之间的关系是相互"体贴"的关系。打高尔夫球时，一定要穿透气性能好的厚袜子（图2-41），这有助于脚部做每一个动作时都有良好的缓冲与减震作用。如果球场或某些比赛允许穿短裤出场，那么穿过膝长统袜也很好，一来可以防止被长草和荆棘刮伤小腿，二来可防止阳光暴晒。一句话，鞋和袜同等重要，切莫掉以轻心。

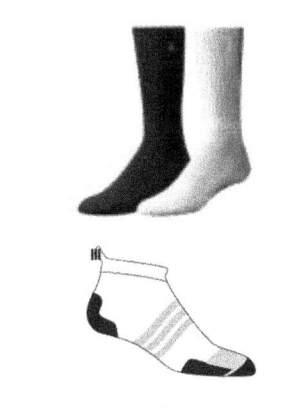

图2-41　高尔夫球鞋袜

（六）高尔夫球帽子和护目镜

从高尔夫运动的基本过程来讲，高尔夫球帽和太阳镜（图2-42）并无严格意义上的规范。打高尔夫球时戴不戴帽子和太阳镜，完全是一个因人而异的习惯问题。但戴太阳镜打球的选手不多。如果戴，要特别注意防止镜子在挥杆时脱落。更重要的是一定要戴用高品质镜片的太阳镜，以便在打高尔夫球时保持完好的视力。

图2-42　高尔夫球帽和太阳镜

（七）高尔夫球雨伞

高尔夫雨伞（图2-43）最常见的

图2-43　高尔夫雨伞

有直杆手开高尔夫雨伞和直杆自动高尔夫雨伞，也有二折自开高尔夫雨伞等。由于伞大比较兜风，一阵大风刮来，力气小的往往拿不稳。人性化的设计是对高尔夫雨伞面做了改良，把它做成双层，下层的顶端透空，上层盖在下层上面上下两层以少量针线缝合，使用时雨水进入不了伞里面，风吹过来时，可顺着下层端的透空刮了出去。

（八）高尔夫球座

高尔夫球座（也称球Tee，图2-44），是在发球台开球时用来把球架高的专用工具，以使球手击球的目标更加明确。

球Tee的材质一般可分成塑料、木质、合成材料（环保型）等。目前塑料材质的球Tee十分风行，原因在于轻巧坚固，并可以重复使用。木质球Tee使用的历史最悠久，它价格便宜，一直受到欢迎。近年来由于环保意识得到前所未有的强调，合成材料的环保型球Tee也浮出水面，但由于价格偏高使用者不多。在高尔夫运动中，大多数职业球手选用木制球Tee，因为这种球Tee相对塑胶球Tee摩擦力小，发球弹道稳定，对球杆的损害也相对较小。木制球Tee使用天然实木制作，对球场环境没有污染。部分球场有使用木制球Tee的规定，因为塑胶球Tee在球场遗失后会给割草机的刀片造成损坏，给球场的维护增加了成本。木制球Tee质感更贴近自然，是每一位职业球手和高尔夫爱好者的最佳选择。

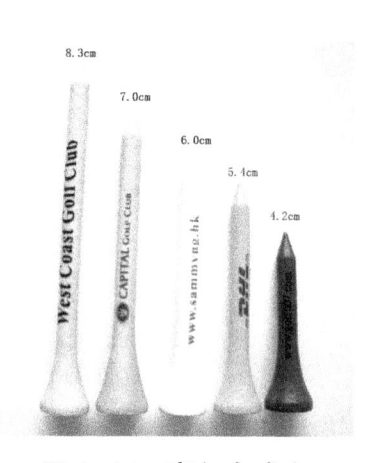

图2-44 高尔夫球座

（九）草痕修补器

草痕修补器又称果岭修叉（图2-45）。球落在果岭上留下凹陷的草痕，果岭叉的作用就是将球印整平，使果岭

图2-45 果岭修叉

平整，不影响其他球员的推击路线。具体方法：右手拿着果岭叉，挺立蹲下，身体弯曲向前倾，左手放在球印边，右膝自然弯曲，左腿屈曲膝轻跪于果岭上，先用果岭叉将球印中间的草轻挑至松散（夏天果岭球印大时要去除死皮，不然草会死掉形成黄斑影响美观和不协调），再将果岭叉延球印边插入，将果岭草向球印内挤，再用脚踏实踩平使果岭面平整。

（十）球位标记

球位标记即所谓的 Mark（图 2-46），当球落在果岭上，挡了别人的推杆路径而要将球拿起时，用来标记球位的记号，也可用小硬币代替。

（十一）记分卡

每个球场都有专门的记分卡（图 2-47），上面记载各洞不同梯台的码数与标准杆数，以及按难易度排序的各洞差点数。球场单行规则（或称当地规则）是下场前必须阅读的，通常也会附上球道简图。

图 2-46 球位标示

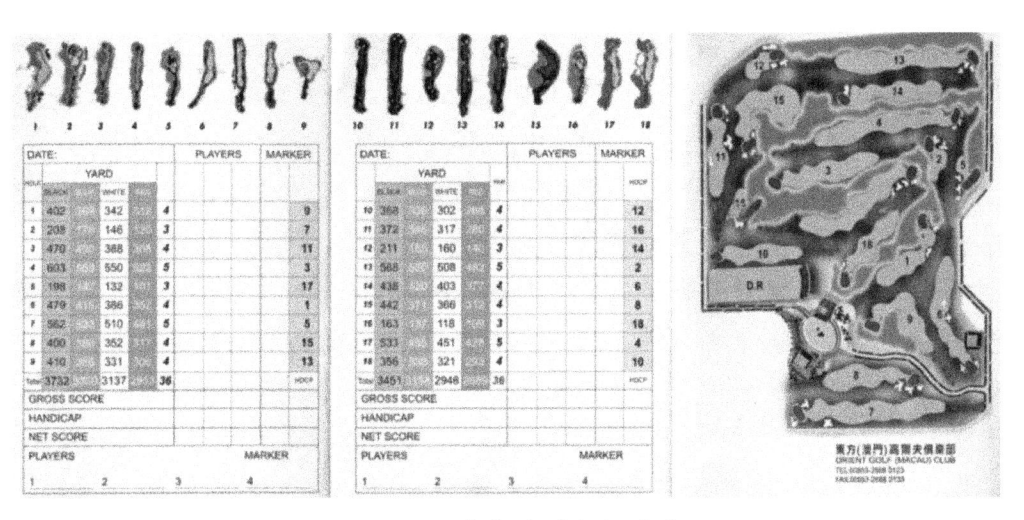

图 2-47 高尔夫球场记分卡

案例与思考——"中国第一个高尔夫球具品牌——百慕"

北京百慕高尔夫集团为北京航空材料研究院下属的独立核算单位，经济类型为国有经济，法人代表为刘伯操。1998年3月成立，总资产1.06亿元，其中固定资产7600万元，房屋面积1.4万平方米，设备685台套。百慕高科公司是国内高尔夫品牌"百慕"牌高尔夫产品制造商，受到中国高尔夫协会推荐。

北京百慕高尔夫集团集开发、生产和销售为一体，北京航空材料研究院百慕进出口公司负责销售，研发和生产由研发中心、精铸中心、必达公司、球杆中心实施。主要产品"百慕"牌高尔夫球杆是由钛合金球头和碳纤维复合材料杆身组成的高科技、高附加值、出口创汇产品，综合利用了军工钛合金精铸技术、先进碳纤维复合材料技术以及航空黏结和涂装技术等科研成果，形成了规模化生产。公司是亚洲最大的钛合金铸件厂，年产钛合金铸件500吨。1997年年产值1.5亿元，销售收入1.35亿元，出口创汇1770万美元。1998年产值1.27亿元，销售收入1.15亿元，出口创汇1465万美元。百慕高尔夫集团的主要产品有钛合金球头和碳纤维复合材料杆身组成的高尔夫球杆，以及球头毛坯、成品球头、碳纤维复合材料高尔夫球杆身碳纤维复合材料弓弩箭杆、滑雪杆、羽毛球杆中管、自行车前叉等钛合金精铸件、精锻件等。集团经营范围为民用和军工钛合金精铸件、各种碳纤维复合材料制件、高尔夫球具、箭杆等高档体育器材与休闲产品等的研究、开发、生产，以及国内外贸易等。

高尔夫球开发项目是在一个科研专业组的基础上发展起来的。1993年前，由于科研任务和生产任务的交叉进行，场地狭小，设备能力有限，高尔夫球头的月产量只有四五百件，远远满足不了市场的需求。当时，常常出现客户慕名而来争相订购，可是由于产量有限出现了无法满足市场需求的局面。市场经济条件下，机遇难得，稍纵即逝。推掉一份订单就意味着失去一个客户，进而丢掉一片市场。为此，他们根据市场需要下定决心，果断决策，加速高尔夫球头的规模化生产建设，主动迎接国际市场的挑战，加入到对手强劲的国际市场竞争中去。

1994、1995 两年中，他们自筹资金对高尔夫球头生产线进行了三期技术改造，共投入资金 3000 余万元，月产量从 2000 件增加到 4 万件，扩大厂房面积 5000 余平方米。1997 年再度完善技改配套，当年形成了年产 100 万件的规模生产能力。不失时机地继续改造，使北京航空材料研究院成为世界上最大的钛合金高尔夫球头生产基地之一，极大地提高了北京航空材料研究院的竞争实力和经济效益，建立了国内独创的、具有自主知识产权的高性能材料体系，树立了民族工业的品牌和形象。

1998 年，"百慕"（BIAM）牌球杆获"中国高尔夫球协会推荐产品"称号，朱镕基总理将"百慕"牌高尔夫球杆作为国礼赠送给来华访问的美国总统克林顿。中国高尔夫球协会正式加入了世界高尔夫球联合会，成为其中一员。

然而，北京航空材料研究院搞产品的规模化、产业化，不同程度地受到机制和体制的制约。由于受到这些因素的影响，北京百慕高尔夫集团一度处于停滞发展状态。要解决体制方面的问题，只有实行彻底的科研生产分线，把那些业已成熟的生产项目从北京航空材料研究院剥离出来，让其按照市场规律去独自发展。要解决机制方面的问题，就必须引进多元化投资主体，构造现代企业的法人治理结构，建立起所有者、决策层和经营管理层之间的制衡机制，以提高决策的科学性，促进管理的专业化。而要解决生产规模的问题，仅仅向银行贷款已不能解决问题，因此必须进入资本市场融资，以实现最大程度的跳跃式发展。

经过一系列的企业重组和改造，"百慕"（BIAM）牌球杆在这一过程中受到了重创，逐渐地淡出了历史的舞台。

"百慕"（BIAM）牌球杆在中国的出现是顺应社会经济发展的潮流，但短暂的辉煌背后有许多值得人们深思的问题，怎么吸取相关经验，促进中国高尔夫相关产品的开发和发展，是我们要思考的问题。

本章小结：本章主要通过对高尔夫球场及高尔夫球具的构成进行归类总结，并针对重要概念进行阐述，使学生了解相关概念。高尔夫球场的构成包括发球台、球洞区通道（球道）、球洞区（果岭）和障碍区（沙坑、水塘）等。从不同的角度对球场的分类又可以分为山地、河川、丘陵、平原、森林、海滨、高原高尔夫球场和公众球场、私人俱乐部、混合型球场等。虽然高尔夫球场是很重要的概念，但是从不同角度加以划分，又存在着不同的特色。我们运用科学的方法对其概念及分类进行统计，在一定程度上较客观地反映了目前高尔夫球具及服装配饰的构成，使得人们较容易理解相关器具的含义及用途。

思考题：
1. 高尔夫球场的构成及其相应的作用。
2. 高尔夫球场的类型。
3. 高尔夫球具的构成及用途。
4. 高尔夫配饰主要包括哪些？
5. 试论述"百慕"高尔夫球具的兴衰发展历程。

本章作者：李康

第三章
高尔夫运动竞赛方法简介

本章提要：高尔夫比赛从组织形式上讲，通常分为高尔夫巡回赛、高尔夫锦标赛、高尔夫公开赛、高尔夫邀请赛等；从比赛的竞技形式上讲，分为队际比赛和个人比赛两种形式；从比赛方法上讲，分为高尔夫比洞赛、高尔夫比杆赛两种方法。USGA 差点系统，是由美国高尔夫球协会针对业余球员专门设立并在世界范围内推广和运用的管理方法。本章着重介绍高尔夫比赛不同的组织形式与组织方法的相关内容。

重要概念：高尔夫比洞赛；高尔夫比杆赛；高尔夫锦标赛；高尔夫巡回赛；高尔夫邀请赛；高尔夫公开赛。

第一节　高尔夫运动比赛方法

高尔夫比赛方法，是赛事组织者为实现赛事目标，所确立的参赛球员相互之间竞技能力和技术水平角逐的基本手段。不同的比赛方法既是体现高尔夫球员技术水平运用与发挥的重要手段，也是高尔夫爱好者体验高尔夫娱乐情趣的基本形式。

一、高尔夫比洞赛

高尔夫比洞赛，是球员以每一洞的成绩进行逐洞角逐的比赛方法。当一轮比赛结束后，获胜洞数多的球员名次列前。比赛中，当球员获胜的洞数已多于待打洞数时，该球员本轮比赛获胜。

高尔夫比洞赛，是高尔夫运动最古老的一种比赛方法。高尔夫运动早期的比赛方法，都是通过比洞赛的方式进行的，而且高尔夫比洞赛仍然是当今世界范围内，各级高尔夫运动比赛中经常使用的方法。高尔夫比洞赛，是球员之间以一轮（18洞）各洞的杆数进行对抗，比赛与其他组的球员无关，只是同组的球员对抗。每一洞实际杆数少的运动员为该洞的胜者，如果比赛双方是以相同的杆数打完一洞，则该洞为双方平分。在比赛中，如果比赛双方中的一方，所胜的洞数多于待打的洞数，则为该方本轮比赛获胜。一轮（18洞）比赛结束后，运动员之间所胜的洞数多的运动员为比赛的优胜者。如果打完一轮（18洞）比赛结束后，双方成绩相同，则竞赛组委会可将规定的一轮的（18洞）比赛再延长数洞，直至决出胜负为止。高尔夫比洞赛主要包括以下基本方法：

（一）个人比洞赛（或称二人比洞赛）

个人比洞赛，是指一人对抗另一人的比赛，是比洞赛中最基本的比赛方法。个人比洞赛通常是一种淘汰制的比赛方法，即一轮比赛结束后，胜者和负者分别晋升一个等级和降一个等级重新编排分组，再进行下一轮的比赛，直到按比赛规程决定出参赛球员的名次。

个人比洞赛，作为一种淘汰制的比赛方法，竞赛组织者在进行比赛编排时，其参赛球员的人数必须是2的乘方，如果不是2的乘方，则必须通过预选赛的方法，使正式参赛的球员人数为2的乘方。

（二）四人二球比洞赛

四人二球比洞赛，是一种队际对抗赛的竞赛形式。是指四名球员中的两人组成一方，比赛中每方各打一个球，同伴球员交替从发球区发球，当球在球洞区通道和球洞区（果岭）上时，也是交替打球和推球，直到击球入洞。一洞比赛结束后，击球杆数少的一方为该洞获胜。而获胜洞数多于待打洞的一方，为本轮比赛的优胜者。

（三）四球比洞赛

四球比洞赛（也称四人四球比洞赛），也是队际对抗赛的一种比赛形式。是指四名球员中的两人组成一方，比赛中四名球员均用自己的球进行比赛，但在每一洞比赛后，以同一方两名球员中击进洞杆数少者作为该方打完此洞的成绩；双方击球进洞杆数少者，为该洞获胜；双方杆数相同则记为平分；获胜洞数多于待打洞的一方，为本轮比赛的优胜者。

（四）三人两球比洞赛

三人两球赛，即一人对抗二人的比洞赛。经常用于配对形式的比洞赛，比如职业球员与业余球员的配对比赛，一名职业球员对抗两名业余球员等。三人两球赛（一人对抗二人比洞赛）是指比赛双方各打一个球，其中两人为一组的一方，交替从发球区发球，当球在球道和球洞区（果岭）上时，也是交替打球和推球，直到击球入洞。比赛记分方法同四人二球赛方法。

（五）三人三球比洞赛

三人三球比洞赛，是指三名球员相互对抗，各打自己的球，每名球员同时进行两个分别的对抗。在每一洞比赛后，三名球员按击球入洞杆数的多少分列该洞的成绩。如果一名球员取胜的洞数多于其他两名球员待打的洞数，则该球员在本轮的比赛成绩列前，其他两名球员则继续打完所剩的球洞，并按获胜的洞数排出本轮比赛的成绩名次。

（六）标准杆或波基比洞赛

标准杆（Par）或波基（Bogey）比洞赛，是一种在赛前每一洞都以一个固定的杆数作为目标的比洞赛的方法，通常是用于业余球员的比赛。所谓固定的杆数，是指以球道的长度和难度限定于以标准杆（Par）或高于标准杆1杆（Bogey）为比赛目标，达到或低于比赛目标为优胜。如果比赛中的各方在某一洞的成绩均未达到比赛目标，则视为平分。

标准杆（Par）或波基（Bogey）比洞赛，通常也有以下几种比赛方法：

个人比洞赛对抗标准杆（Par）或波基（Bogey）；

四人二球比洞赛对抗（Par）或波基（Bogey）；

四球赛（四人四球比洞赛）对抗（Par）或波基（Bogey）；

三人两球赛（一人对抗二人比洞赛）对抗（Par）或波基（Bogey）等。

二、高尔夫比杆赛

高尔夫比杆赛，是指球员在规定的一轮（18洞）比赛结束后，以球员实际完成的总杆数排列成绩和名次的比赛方法。早期的高尔夫比赛一直是沿用比洞赛的方法，后因参与高尔夫比赛的球员越来越多，而比洞赛在一个比赛日又不能合理安排较多球员参加比赛，并且对所有参赛球员也不能客观准确地计算比赛成绩，因此就出现了以球员打完 18 洞的实际杆数来排列成绩的比赛方法。最初比杆赛只是为了满足参赛球员较多，且须一日内完成比赛而专门采用的竞赛方法。随着高尔夫运动的发展，参赛球员的日益增多，以及球员技术水平的不断提高，尤其是职业高尔夫运动的巡回赛制和积分排名出现，使比杆赛成为职业高尔夫比赛和其他业余比赛通常采用的比赛形式。

在当代国际职业高尔夫比赛中，比杆赛不仅是最常用的比赛方法，而且通常情况下，一次比赛是在标准的 18 洞球场进行四轮或数轮比赛（通常是 72 洞比杆赛），以比赛累计的总杆数成绩判定参赛球员的名次。高尔夫比杆赛，通常采用的比赛形式是个人比杆赛和四人比杆赛，而在此基础上，又派生出了许多形式的比杆赛。

（一）个人比杆赛

个人比杆赛，是指参赛球员无论人数多少，每组球员（通常 2~4 人）各打各的球，在所规定的一轮（或数轮）比赛后，将参赛球员每一洞成绩相加之和，决定球员的排名，球员总杆数少者名次列前。

（二）四人比杆赛

四人比杆赛（或称四球比杆赛），是队际对抗赛的竞赛形式，比赛中四人为一组各打各的球，其中两人为一方，在每一洞两人中最低的分数为该洞的成绩，在一轮比赛结束之后，两人每个洞最低分数成绩之和，为两人在该轮比赛中的成绩。四人比杆赛作为一种队际赛的基本方法，在职业比赛和业余比赛中广泛采用。

（三）四人最佳球比杆赛

四人最佳球比杆赛，是一种队际对抗的比杆赛方法，通常情况下是参与比赛的队数较多，采用这种比赛方法可以节省时间，并能相应客观地排列出所有参赛队的成绩。其比赛方法是：在比赛中四人一组结为一方各打各的球，这四名球员在比赛中每一洞的最低分数，为该洞的四人成绩，在一轮比赛结束之后，四人每一洞最低分数之和，为四人该轮比赛的成绩。

(四) 四人最佳二球比杆赛

四人最佳二球比杆赛，也是一种团体队际对抗赛的比赛形式。其比赛方法是，在比赛中四人一组结为一方各打各的球，每一洞两名分数最低球员的成绩之和，为四人在该洞的成绩，在一轮比赛结束之后，每一洞两个最佳成绩相加之和，为四人本轮比赛的最后成绩。

(五) 四人二球比杆赛

四人二球比杆赛，也是一种团体队际对抗赛的比赛形式，是指在一组中有两人结为一方，比赛中每方各打一个球，同伴球员交替从发球区发球，当球在球道和球洞区（果岭）上时，也是交替打球和推球，直到击球入洞。两人在各洞所取得的成绩之和，为两人在一轮比赛中的成绩。

(六) 定分式比杆赛

定分式比杆赛，是指在比赛前，竞赛组委会对各洞制定固定的成绩分数（比如 Par 或 Bogey）并给予相关的分值，球员在各洞所打的成绩，按赛前各洞所规定的分值得分，一轮比赛结束之后，球员各洞所得分值之和，为球员该轮的比赛成绩。

例如：在一次定分式比杆赛之前，竞赛组委会将各洞的固定成绩分数确定为如表3-1所示。

表3-1　定分式比杆赛分值设定表

球员所打的洞	得分
比固定成绩多两杆或未提交成绩	0
比固定成绩多一杆（Bogey）	1
平固定成绩（Par）	2
比固定成绩少一杆（Bird）	3
比固定成绩少两杆（Eagle）	5

知识窗：

世界三大著名职业高尔夫队际赛

1."莱德杯"比赛

"莱德杯"比赛，即欧洲联队与美国联队队际对抗赛。是由英国职业高尔夫球协会、欧洲PGA巡回赛和美国职业高尔夫球协会，共同主办的每两年一度的欧洲职业联队对美国职业联队的队际对抗赛。此项比赛的前身是1926年在英国温特渥斯举行的英国联队对美国联队的比洞赛。翌年，英国商人塞缪尔·莱德（Samuel Ryder）捐献了一座价值为750英镑的奖杯，作为大不列颠及北爱尔兰联合王国队与美国队两年一度的比洞赛的奖杯，于是，第一届"莱德杯"正式开始，1939—1945年因第二次世界大战"莱德杯"比赛不得不中断。从1927—1977年的22次"莱德杯"比赛中，实力强劲的美国队曾先后19次问鼎，而大不列颠及北爱尔兰联合王国队仅3次获胜。后来美国著名职业球员杰克·尼克劳斯第一个提出要把大不列颠及北爱尔兰联合王国队扩展到欧洲联队，以提高比赛的对抗性的建议，得到了大家的支持，于是1979年的"莱德杯"比赛正式改为欧洲联队对美国联队，从此"莱德杯"比赛的竞争程度更加激烈，比赛的社会影响力和观赏性也不断提高。欧美两地区的许多世界顶尖的职业高尔夫球员，都把能入选美国和欧洲联队参加"莱德杯"比赛，看作是至高无上的荣誉。很多职业高手虽然不曾赢过一次四大赛，但有过"莱德杯"比赛的参赛经历也视为终身的目标，并会因此享有极高的社会声望。

"莱德杯"比赛的方法是各队由12名球员组成，第一天采用四人二球赛，第二天为四人四球赛，第三天是由双方12名球员参加的个人比洞赛。

2."世界杯"比赛

"世界杯"比赛，即"世界杯"职业高尔夫队际对抗赛，是职业高尔夫球员的国家代表队之间的队际比赛。"世界杯"最初由美国人约翰·霍普金斯（John Jay Hopkins）于1953年提出创意。从1953至1966年该此项赛事称为"加拿大杯"（Canada Cup）赛，1967年后正式改称"世界杯"（World cup）赛。"世界杯"赛的主办者是国际高尔夫球联合会（InternationalGolf Association），它决定"世界杯"赛如何举办。此项大赛的基本形式是：每个国家或地区出一支代表队，每队两名选手，每年举行一届。1995年第45届"世界杯"第一次在我国广东省深圳观澜湖高尔夫球会举行。

1953年6月2-3日在加拿大蒙特利尔的比肯斯菲尔德举办了第一届加拿大杯赛，当时只赛两轮，有7个队8个国家（英格兰与南非混合组队）参加了比赛。在"世界杯"赛的历史上，亚洲选手（尤其是我国台湾地区球员）有着不俗的表现。1972年在澳大利亚皇家墨尔本球场，台湾地区的谢敏男、吕良焕荣获第二十届世界杯冠军，谢敏男还获个人赛冠军。这次比赛的结果充分表明，中国人在高尔夫运动方面完全具备达到世界顶级水平的技术和能力。

"世界杯"职业高尔夫队际锦标赛，其参赛队在1967年第一次达到40个，1973、1977年两届最多，达到49个。此后，"国际高联"决定自上世纪80年代以来采用新的参赛办法，每届仅允许32队参赛，每队有两名球员，采取四轮四人二球比洞赛的方法（Foursomes）。

3."总统杯"比赛

总统杯比赛（Presidents Cup），是当今世界两年一届的著名团体高尔夫赛事。这项比赛赛制类似于著名的"莱德杯"比赛，因此，世人又称之为"莱德杯"的姊妹赛，不同的是"莱德杯"是欧洲队和美国队的对抗，而"总统杯"是欧洲队以外世界排名最高的其他地区选手所组成的国际队，与美国队之间的对抗。

总统杯赛是在1994年应运而生的，因每届比赛都会邀请一位总统作为荣誉主席而得名。而作为政界要人的名誉主席，也总能够为参赛的选手们带来极大的鼓励。总统杯于双年举行，与莱德

> 杯的年份正好错开，是检验美国与世界高尔夫发展的试金石。是国际队际赛，由美国队与不包括欧洲选手的"国际队"进行队际对抗赛。每届比赛进行3天，每队除队长外另有12位球员，星期五和星期六各打5场四人赛和四球赛，星期日打12场个人赛，共32场比赛。每场比赛获胜得1分，平手各得0.5分。

三、业余球员差点比赛

随着高尔夫运动的社会发展，以及职业与业余两大群体在管理体制与竞赛方法上的分化，业余高尔夫运动在竞赛方法上，如何能使不同水平的业余高尔夫球员在比赛中客观、公正地反映球员的比赛成绩，这就需要在反映球员技术能力方面，有一个公平合理的竞赛标准和竞赛管理办法。于是，围绕用于业余高尔夫比赛的竞赛管理办法和竞赛标准的业余球员"差点系统"也就出现了，这就是我们平常所说的业余球员"差点比赛"。有关差点比赛的雏形最早出现在比洞赛中，是球员之间相互让距离的做法。也就是当两名水平有差异的球员在打球时，较高水平的球员与水平较低的球员在发球距离上做出谦让。而随着比杆赛的产生，人们便将比洞赛中让距离，移植到了比杆赛中的让杆数。目前，在世界范围内所开展的名目繁多的"差点比赛"，按目的和方法的不同可分为两种，即业余球员临时差点比赛和美国高尔夫球协会所推广的"USGA差点系统"的差点比赛。

（一）业余球员临时差点比赛

业余球员临时差点比赛，是指运用一定的计算方式，取得参赛球员的"临时差点"，再用球员所取得的总杆成绩减去"临时差点"而获得比赛"净杆成绩"的比赛方法。这种比赛方法的最大特点是使比赛的趣味性增强，比赛的名次悬念增强，从而也增强了比赛的乐趣。目前临时差点比赛被广泛采用的计分方法是"新贝利亚"计分方法。

1. "新贝利亚"临时差点的计算程序与方法

（1）比赛组织者在比赛前，分别从前9洞和后9洞中各选出3个洞（合计6个洞）忽略不计算成绩，而用于计算成绩的12个洞，它的标准杆必须是48杆。也就是说，从前9洞和后9洞分别抽出一个短洞、一个中洞和一个长洞，其余12个洞的标准杆相加正好是48杆。

（2）将球员提交积分卡上的12个洞的成绩相加之后，乘以1.5（这个数值相当于总杆成绩）。

（3）再用12个洞放大1.5倍的总杆成绩减去标准杆（72杆），然后再乘以0.8，所得数值为球员的"临时差点"。

（4）然后用球员原始18个洞的总杆成绩减去临时差点，就是球员的净杆成绩。

举例：某球员比赛结束后，18洞的总杆成绩是85，而12个洞的成绩为：

（1）上半场4-6-5-5-5-4，合计为29，下半场4-5-4-6-4-5合计为28；

（2）（29+28）×1.5=85.5（扩大后的总杆成绩）；

（3）（85.5-72）×0.8=10.8（临时差点）；

（4）85（18洞的原始成绩）-10.8=74.2（净杆成绩）。

2. "新贝利亚"临时差点计算公式

（1）（上半场成绩+下半场成绩）×1.5=扩大后的总杆成绩；

（2）（总杆成绩-标准杆）×0.8=临时差点；

（3）总杆成绩（18洞）-临时差点=净杆成绩。

（二）USGA差点系统差点比赛

USGA差点系统，是一套完整的涵盖了使用的公平性、组织管理的严谨性、评估方法的科学性的管理体系。在此系统中按照一定的计算方法，业余球员可以取得体现球员潜在打球能力与技术水平的"差点指数"。当球员取得"差点指数"之后，可以在业余比赛（或一次打球）之前，转换成当地球场的"球场差点"。当比赛（或一次打球）结束之后，球员可以用所取得的总杆成绩减去"球场差点",进而就取得了该球员本次比赛的"净杆成绩"。

业余高尔夫球员如何取得 USGA 差点指数

（1）球员（或俱乐部会员）提交有效打球成绩

完成了 18 洞的一轮打球成绩；

一轮中至少完成 13 洞以上的打球成绩；

两次半场的组合成绩（也适用于两次相同的 9 洞）；

球员（或会员）凡是在通过 USGA 球场评估之后的球场打球；

只要是球员（或会员）所提交的打球记分卡上，明确标有所打球场的 USGA 球场难度值和坡度难度值，该记分卡上的打球成绩均有效；球员（或会员）在已通过 USGA 球场评估的球场上所参加的比杆赛、比洞赛，包括队际对抗赛的成绩都可以提交。

（2）球员（俱乐部会员）差点指数的计算方法

计算球员差点指数，首先需球员（或会员）一次提交不少于 5 张平时打球的成绩卡。对球员一次提交的 5 张以上的记分卡，将按照表 3-2 中的选择方式选择记分卡，以此来计算球员的差点指数。

表 3-2 球员（或会员）提交成绩卡的选择范围

球员（或会员）提交记分卡的数量	选用球员（或会员）记分卡的数量
5～6	最少选用 1 张
7～8	最少选用 2 张
9～10	最少选用 3 张
11～12	最少选用 4 张
13～14	最少选用 5 张
15～16	最少选用 6 张
17	最少选用 7 张
18	最少选用 8 张
19	最少选用 9 张
20	最少选用 10 张

其次，计算所选用的每张成绩卡的"差点微分"。

差点微分计算公式：

（调整后的18洞总杆数−球场难度值）×113÷球场坡度难度值=差点微分

举例：某球员在2011年6月8日参加比赛的成绩记分卡上相关数值是：

调整后的总杆数为88杆；

该球场的难度值为70.1；

该球场坡度难度值为116；

带入公式计算：（88−70.1）×113÷116=17.4

"17.4"为该球员2011年6月8日提交的成绩记分卡的差点微分。

然后，再求出所选用的记分卡的差点微分之和以及平均数，再用差点微分之和的平均数乘以0.96，就得出了球员的差点指数。

举例：某球员4张成绩记分卡差点微分之和的平均数是：17.5。该球员的差点指数是：17.5×0.96=16.8（若有小数，保留一位）。该球员的差点指数为16.8。

（3）球员差点指数转换成"球场差点"

差点指数不等于球场差点。球员在打球或比赛时不会直接使用差点指数，而是将球员的差点指数根据当地球场发球台坡度难度值换算成球场差点（整数）来使用。球场差点才是球员打球时真正使用的能获得让杆数的数值。球员在打球或比赛前，将差点指数换算成球场差点的方法有两种：

A. 从高尔夫俱乐部（球会）提供的球场差点换算表中得到自己的球场差点；

B. 球员通过计算公式自己计算球场差点。

计算公式：

球员差点指数×发球台坡度难度值÷113=球场差点

举例：某球员与同伴到一个已进行了USGA球场评估的球场打球，但是球场并没有公布球场差点换算表，两名球员通过自己计算，得出各自的球场差点。

如果球员A的USGA差点指数是20.4，而球员B的USGA差点指数是

21.6，他们确定在该球场的蓝色发球台发球，而该球场的蓝色发球台的坡度难度值是 130，那么，他们的球场差点分别是：

球员 A 的球场差点是：20.4×130÷113=23.46（四舍五入）为 23

球员 B 的球场差点是：21.6×130÷113=24.84（四舍五入）为 25

知识窗：

中国第一个公众高尔夫球场——深圳龙岗公众高尔夫球场

深圳龙岗公众高尔夫球场，是龙岗区政府、深圳市高尔夫球协会和深圳大学高尔夫学院参与投资兴建的国内第一家公益性的公众型高尔夫球场。球场于 1999 年开始兴建，2002 年建成开业。依山而建修的 27 洞高尔夫球场，是典型的山地球场，按照"高标准建设、高效能管理、高质量服务"的指导思想建设管理。球场从确保本区域内生态环境保护与土地资源开发并重出发，采用环保型生物制剂的农药对球场草坪病虫害进行绿色防治，获得了"生态环保球场"的荣誉称号。

深圳龙岗公众高尔夫球场不仅环境优雅，设施布局更是合理精致。与球场融为一体的深圳市龙岗区体育公园，具有国际自行车赛场、游泳池、网球场、篮球场、羽毛球场等体育设施，是一座总面积达 13.4 平方公里，集体育运动、居住、商业文化、旅游休闲为一体的深圳奥林匹克体育新城。

材料来源：http://news.titan24.com/titan/focusnews/golf/09-01-13/164367.html

---

第二节　高尔夫竞赛组织形式

高尔夫竞赛组织形式，是指竞赛组织者为实现确立的比赛目标所制定的比赛组织程序与比赛组织结构。从现代世界范围内高尔夫比赛类别的基本特点来讲，现代高尔夫比赛的组织形式，主要包括高尔夫公开赛、高尔夫邀请赛，以及高尔夫巡回赛（含职业与业余）、高尔夫锦标赛（含职业与业余）等基本形式。

一、高尔夫锦标赛

（一）高尔夫锦标赛的定义

高尔夫锦标赛，是指按照组织者所制定的比赛方法，向比赛获胜的团体或个人授予比赛奖品（奖杯、奖牌、奖金等）的竞赛组织形式。在众多的以锦标赛的组织形式所举办的高尔夫赛事活动中，依据比赛的性质，可以分为职业锦标赛和业余锦标赛两种组织形式：职业高尔夫锦标赛，是竞赛组织者按照职业高尔夫比赛的组织形式，专门为职业高尔夫球员所组织的各种不同方法的高尔夫比赛；而业余高尔夫锦标赛，则是竞赛组织者为非职业球员所组织的各种不同方法的高尔夫比赛。

（二）高尔夫锦标赛的特点

1. 职业高尔夫锦标赛

职业高尔夫锦标赛的参赛球员，必须是取得高尔夫职业球员身份的高尔夫球手。因此，参赛球员的技术水平高，竞争激烈。而且某一高尔夫职业锦标赛，往往又是某一巡回赛的分站赛，球员的比赛成绩又是作为职业球员积分排名的重要基数，所以，高尔夫职业锦标赛往往是职业球员作为参加高尔夫比赛的重点选择。再者，高尔夫职业锦标赛作为高水平的高尔夫职业赛事，社会的关注程度高、影响力大，能够产生轰动性的社会效益。比如："汇丰"世界锦标赛、世界职业比洞锦标赛等，都属于锦标赛的组织形式。

高尔夫职业锦标赛往往是以企业或者社会名人冠名赞助，作为比赛奖金的经济来源。因此，比赛奖金的基本额度（冠军奖金和总奖金），往往对参赛球员的整体水平产生较大的影响。而重奖之下的赛事活动，往往又会对参赛球员有极大的促动作用，使比赛更加激烈，从而产生更大的社会影响力。

高尔夫职业锦标赛通常是以四轮总杆成绩的比杆赛或者逐轮淘汰的比洞赛的方法进行的，而且竞赛组织者依据参赛球员的报名人数，往往还组织正式比赛前的资格赛或入围赛以确定正式的参赛球员，或者竞赛组织者根据其他相关职业比赛的成绩名次来确定参赛球员的报名资格和条件。

2. 业余高尔夫锦标赛

业余高尔夫锦标赛是一种由非职业球员参加的高尔夫赛事活动，由于高尔夫规则对球员的身份有着非常明确的界定，所以业余高尔夫锦标赛也就不允许职业球员参加，除非竞赛组织者在竞赛规程上有特殊的规定，比如职业与业余球员配对赛等。

业余高尔夫锦标赛在高尔夫规则的约定下，竞赛组织者只对比赛中获胜的球员或球队授予奖品（如奖杯、奖牌、奖状、证书等），而没有奖金或出场费。除非竞赛组织者对于组织职业与业余球员配对赛的情况下，对应邀参赛的职业球员颁发出场费。

业余高尔夫锦标赛，从参赛球员的身份和技术水平来讲，受竞赛组织者赛事活动的组织目的的影响。因此，对参赛球员的报名标准和技术水平，往往是根据竞赛的组织目的来确定参赛球员的身份。比如业余球员差点锦标赛，就是根据球员不同差点的技术水平来确定参赛球员的技术等级；而青少年业余高尔夫锦标赛，则往往是依据年龄确立球员参赛的报名条件。所以，业余高尔夫锦标赛，具有参赛球员标准的多样性，完全由竞赛组织者的目的而定。

业余高尔夫锦标赛，从竞赛的组织形式、比赛方法，以及比赛的组织规模来讲，受竞赛组织者的社会影响力，以及比赛冠名的社会认知度的影响，因此，比赛的组织形式、比赛方法、球员的技术水平，以及参赛球员的人数规模也各不相同。比如亚运会的高尔夫比赛，作为业余高尔夫锦标赛的重要赛事，其比赛的组织形式、比赛方法，以及球员的技术水平和社会的影响力等，与国内或某一地区的业余高尔夫锦标赛相比，无论是技术水平还是社会影响力，或是比赛规模等都是大相径庭的。

二、高尔夫公开赛

(一) 高尔夫公开赛的定义

高尔夫公开赛，是指对参赛球员资格开放，采用高尔夫锦标赛的基本方法所进行的竞赛组织形式。根据高尔夫规则，当非职业球员参加高尔夫职业公开赛时，"他可以参加公开赛的预选赛而不必剥夺业余身份，但是他必须事先以文字形式声明他将放弃比赛中的任何奖金"。因此，高尔夫公开赛，从组织形式上讲，包括以职业球员为参赛主体的高尔夫职业公开赛（非职业球员可以参加预选赛），以及只允许非职业球员参加的高尔夫业余公开赛。

(二) 高尔夫公开赛的特点

1. 通常采用赛前淘汰赛确定正式比赛的入围球员

在以职业球员为参赛主体的比赛中，正式比赛之前竞赛组织者通常以外围赛（或称资格赛或预选赛）的方式，对参赛球员（包括报名参赛的非职业球员）进行淘汰。通过外围赛的淘汰，最后确定参加正式比赛的球员。比如：闻名遐迩的英国公开赛，每届比赛报名参赛的球员（包括职业球员和业余球员）多达2000人，而通过正式比赛前的外围淘汰赛，则大多数球员被淘汰，只有技术精湛的少数职业球员进入正式比赛。

2. 根据不同比赛的记分方法确定参赛球员名次

在以职业球员为主体的高尔夫职业公开赛中，比赛通常是按照职业锦标赛的组织形式，设比赛冠军奖金和比赛名次奖金，并且采用4轮72洞总成绩的比杆赛的记分方法，以确定参赛球员的成绩和比赛名次。在目前所有的以职业球员为参赛主体的高尔夫公开赛中，大都采用这种方法。但如果是高尔夫比洞赛公开赛，则按照高尔夫个人比洞赛的方法确定球员的比赛名次。

3. 业余高尔夫公开赛不设比赛奖金与出场费

在非业余球员不能参赛的业余高尔夫公开赛中，比赛不设冠军奖金和名次奖金。而球员报名参赛的条件，是根据竞赛委员会所制定的竞赛规程的规定而确立的。比如：在某一次业余高尔夫公开赛中，竞赛委员会规定凡球场差点在 10 以内（单差点球员）的业余球员，均可报名参赛。或其他相应的报名条件等。

4. 依据比赛的性质和规模确定预选赛的方法

无论是职业公开赛还是业余公开赛，在竞赛委员会所规定的正式比赛前举行外围淘汰赛，是高尔夫公开赛与其他高尔夫竞赛形式相比所不同的竞赛特点。举行正式比赛前的外围淘汰赛，可以使比赛更加公平、公正，从而保证技术水平高的球员靠自身的技术实力赢得胜利，而不是凭着球员的身份决定参赛的资格。但是，在许多职业公开赛中，竞赛委员会对一些参赛球员在此之前在巡回赛的分站比赛取得了较好的名次，或在巡回赛中当前积分排名前列的球员，可以不参加外围赛而直接参加正式比赛。

三、高尔夫邀请赛

（一）高尔夫邀请赛的定义

高尔夫邀请赛，是指以不同名目的联谊形式为目的，由竞赛组织者选择参赛球员的竞赛组织形式。竞赛组织者通常是根据拟订的竞赛目标，并以相应的冠名，通过不同的比赛方法（如：比杆赛、比洞赛或队际对抗赛等），以确定参赛个人或团体成绩及名次。比如：以纪念某知名人士或以企业的庆典以及相关活动为目的而冠名组织的"××杯"名人高尔夫邀请赛；以沟通友谊、切磋球技为目的的"友谊杯"高尔夫邀请赛；以社会慈善和公益事业为目的的"慈善杯"高尔夫邀请赛；以培养青少年为目的的"希望杯"高尔夫邀请赛；以加强两地交流与往来为目的的"海峡杯"高尔夫邀请赛等等。高尔夫邀请赛，实际上是一种形式多样、目标各异、组织灵活、参与者广泛的高尔夫竞赛组织形式，它是高尔夫运动社会化发展的基本动力和社会承载体。

(二) 高尔夫邀请赛的特点

1. 参赛球员由竞赛组织者选定

高尔夫邀请赛，从组织形式讲参赛球员没有严格的职业和业余身份的界定，而是完全取决于竞赛组织者的竞赛目标和拟订的竞赛规程，来确定所邀请参赛的球员的身份或资格。因此，高尔夫邀请赛对球员的参赛资格和条件，是由竞赛组织者的组织意图和竞赛目标所决定的。

2. 比赛方法形式多样，娱乐性和趣味性强

高尔夫邀请赛，从比赛方法讲，形式多样，娱乐性和趣味性强。竞赛组织者往往根据所邀请参赛球员的特点和技术水平确定竞赛的方法。比如：由于应邀参赛的球员均是业余球员，而且技术水平参差不齐。通过采用"临时差点"的计分方法，可以增强比赛过程的趣味性和比赛结果的偶然性。而应邀参赛的球员中既有职业球员也有业余球员，为了加强职业与业余球员之间的沟通和交流学习，采取配对赛的方法可以达到交流学习的目的。而有些邀请赛应邀参赛球员的年龄差距较大，所以又可以划分为不同年龄、不同性别的分组比赛或配对比赛等等。高尔夫邀请赛的比赛方法，既保留了高尔夫规则的基本宗旨和规范，又可以根据参赛球员的具体情况制定相应的比赛方法，增强比赛的娱乐性和趣味性。

3. 比赛规模依据竞赛组织者的赛事目标而定

高尔夫邀请赛，从比赛的组织机构和组织程序来讲，具有组织灵活、形式多样、操作性强和规模可大可小的特点。不同的社会组织或团体个人，都可以根据不同的名目确定竞赛目标，并组织邀请相应的球员参加比赛。比如：一个国家或地区，为了加强某一领域的合作与交流，可以用高尔夫联合会或协会的名义，发起和组织具有较大社会影响力和较大规模的高尔夫邀请赛，通过邀请赛达到在某一领域交流与合作的目的；而一个球会或俱乐部，为了本地区同行业之间的交流与合作，通过组织本地区高尔夫邀请赛，使大家有了相互往来与交流的平台；而一个企业甚至一个球会

的几名会员球友，也都可以以不同的名目组织不同等级、不同规模、不同形式的高尔夫邀请赛。因此，高尔夫邀请赛的组织机构和组织程序，具有因人而异、操作性强、竞赛规模可大可小的竞赛组织特点。

四、高尔夫巡回赛

（一）高尔夫巡回赛的定义

高尔夫巡回赛，是指竞赛组织者按照一定的时间和竞赛顺序，在若干个不同的高尔夫球场按照一定的比赛方法进行高尔夫比赛的组织形式。在当代竞技体育职业化发展进程中，巡回赛是现代职业竞技运动中最基本的竞赛组织形式。无论是反映个人竞技能力的比赛项目，还是反映团队的集体比赛项目，由于巡回赛是以多站"系列赛"的总积分来确定参赛个人或集体的比赛成绩，因此巡回赛便成为了职业竞技体育标志性的比赛组织形式。与其他竞技项目（如网球、台球、乒乓球等）的职业巡回赛一样，高尔夫职业巡回赛，是目前世界范围内职业高尔夫运动中最基本的赛事活动，是职业高尔夫球员的主战场。职业高尔夫球员通过参加巡回赛，并依据各个单站比赛成绩的积分排名，来体现职业球员竞技能力和技术水平的表现。同时，也是职业球员取得参加更高级别职业比赛报名资格的重要依据。

（二）高尔夫巡回赛的特点

1. 组织形式的整体性与分站比赛实施的序列性

高尔夫巡回赛，从组织形式上讲，作为赛事组织者通常是在一个赛季（年度）当中，通过有计划的统一组织，在不同地区或不同球场按照赛前所制定的比赛方法和时间，有顺序地举行分站比赛，并将整体序列赛事中的最后一站作为总决赛。因此，高尔夫巡回赛，每一站虽然相对独立，但各站比赛之间又相互联系、相互影响。球员每一站所取得的比赛成绩，既是球员技术水平的单个较量，也是参赛球员一个赛季的最后积分排名整体实力的竞争。

2. 参赛球员对各分站比赛具有可选择性

高尔夫巡回赛，从比赛方法来讲，职业高尔夫巡回赛通常是采用4轮72洞比杆赛，而业余高尔夫巡回赛，则是根据竞赛组织者所确立的竞赛目标而定。高尔夫巡回赛既是参赛球员技术水平的较量，也是球员体力、毅力、心理和战术素养等各方面综合能力的角逐。作为参加高尔夫巡回赛的球员，尤其是职业球员，不仅要具备良好的技术水平，而且还必须具有充沛的体力、坚定的意志品质，以及处理各种情况的稳定心理素质，同时，还应有对球场的当地规则，以及球场的障碍分布等，具有合理运用战术策略的判断能力。因此，高尔夫巡回赛，参赛球员通常会根据自身的竞技状况的调整情况，有选择地参加一个赛季当中若干个分赛站的比赛，尤其是像美国职业高尔夫巡回赛那样，一个赛季多达四十几站的比赛，球员必须根据自己的竞技状况的调整情况，来选择适合自己的分站比赛。

3. 各分站比赛场地选择的综合性

高尔夫巡回赛，从组织者对分站比赛的选择来讲，除了比赛场（高尔夫球场）应当符合举办锦标赛级的场地设施之外，影响各分站的比赛的相关因素，也是比赛组织者所考虑的重要内容。比如比赛场地的综合设施、球场位置、承办比赛的地区或球场应具备的组织大型比赛（比如国际比赛或国内的重大比赛）的经验与专业能力。此外，对于巡回赛中所新增的分站比赛，除上述因素之外，其已举办比赛的社会关注程度和影响力，以及参赛球员的整体水平等，也是组织者对选择分站比赛的一个重要参考依据。

知识窗：

世界高尔夫"四大顶尖级"赛事

1. 美国公开赛（US OPEN）

美国公开赛的全称是美国公开锦标赛，由美国高尔夫协会（USGA）主办。美国公开赛是四大赛事之一，每年6月在美国的不同球场举行，比赛为4轮72洞比杆赛。1895年10月4日，在罗得岛 Newport 高尔夫乡村俱乐部的 9 洞球场举办第一届美国公开赛。在前 10 年的美国公开赛，它的参赛对象大都为业余选手，还有来自英国移民的多位职业选手。当美国选手开始称霸比赛之后，美国公开赛慢慢演变为一项世界级的高尔夫比赛。

2. 英国公开赛（BRITISH OPEN）

英国公开赛的全称是英国公开锦标赛，由苏格兰圣·安德鲁斯皇家古代高尔夫俱乐部主办。英国公开赛是世界高尔夫史上最古老也是最负声望的大赛，首届比赛于 1860 年 10 月 17 日在 Prestwick 球场举行，当时只有 8 人参加。但如今从规模上来看，它是四大赛中参赛人数最多的一个，1993 年参赛人数达 1827 人。比赛为 4 轮 72 洞比杆赛。

3. 美国 PGA 锦标赛（PGA CHAMPIONSHIP）

美国 PGA 锦标赛创立于 1916 年，每年 8 月在美国本土的不同球场举行，是每年四大赛的最后一项。当美国职业高尔夫协会（USPGA）在 1916 年成立时，他们所做的第一件事就是创办了此次赛事，选拔在巡回赛中的优秀球手参加，并且由纽约商人 Rodman Wanamaker 捐赠了巨大的奖杯。自创办之年起，PGA 锦标赛即以比洞赛（Match Play）的形式进行，至上世纪 50 年代后期电视在美国普及时，因比洞赛的比赛时间过长而未能在电视转播中获得优势，遂在 1958 年由组织者将比洞赛形式改为 4 轮 72 洞比杆赛并一直沿用至今。

4. 美国名人赛（US MASTERS）

美国名人赛可谓是世界高尔夫比赛的第一，此赛事创始人是美国家喻户晓的高尔夫传奇人物巴比·琼斯。美国名人赛具有特殊的参赛规定，是四大比赛中唯一以邀请赛的方式参赛，其总奖金和冠军奖金是四大赛中最高的。它还是四大赛中唯一场地固定的比赛，每年 4 月均在佐治亚州奥古斯塔国家高尔夫俱乐部（Augusta National Golf Club, Augusta, GA）举行。自"名人赛"于 1934 年在奥古斯塔举办第一届的 80 多年以来，它都努力保持其尊贵的形象。

本章小结：本章着重介绍了高尔夫比赛的基本方法，其中包括高尔夫比洞赛的6种方法，即个人比洞赛、四人二球比洞赛、四球比洞赛、三人两球比洞赛、三人三球比洞赛、标准杆或波基比洞赛，以及高尔夫比杆赛的6种方法，分别是个人比杆赛、四人比杆赛、四人最佳球比杆赛、四人最佳二球比杆赛、四人二球比杆赛、定分式比杆赛。本章还介绍了业余球员差点比赛的两种方法，即临时差点比赛方法与USGA差点系统比赛方法。在高尔夫竞赛组织形式的内容介绍中，着重介绍了高尔夫锦标赛、高尔夫公开赛、高尔夫邀请赛，以及高尔夫巡回赛的定义和比赛特点等。在相关知识中，还介绍了当今世界四大比赛与六大巡回赛，使学生通过相关知识，拓展了知识视野。

思考题：

1. 高尔夫比洞赛主要有哪些方法？
2. 高尔夫比杆赛主要有哪些方法？
3. 高尔夫比赛的组织形式及特点。
4. 世界高尔夫"四大赛事"是指哪些？
5. 世界"六大巡回赛"是指哪些？

本章作者：梁景春

第四章
职业高尔夫运动概述

本章提要：职业高尔夫运动的社会发展，是世界职业竞技运动的重要组成部分。而职业高尔夫运动员，作为一种社会职业，从早期的启蒙到当今的社会发展，是不同社会时期的经济与文化发展推动，才逐渐形成了科学化管理与经济机制相互作用下的管理机制。现代职业高尔夫运动不仅具有高度的专业性、文化传播的国际性以及极佳的观赏性，而且更有着强大的经济发展的带动作用，以及繁荣社会文化的特殊意义。2016年巴西里约热内卢的夏季奥运会，高尔夫运动即重返奥林匹克大家庭，这更加说明现代职业高尔夫运动在世界范围内的影响作用。本章将介绍现代职业高尔夫的社会发展基础，以及职业高尔夫运动的组织与管理等相关内容。

重要概念：职业高尔夫运动；职业巡回赛；组织；管理。

第一节　职业高尔夫运动的定义及构成要素

职业高尔夫运动是伴随着西方职业竞技的社会发展，逐渐从早期"松散型"的社会个体行为，逐渐形成了具有广泛社会基础和影响力的一项运动。这固然有高尔夫运动本身社会化发展的积极推进，但更有着社会经济与文化发展的重要影响与促进。也就是说，职业高尔夫运动的社会发展，是一个多种社会因素相互影响、相互作用的结果。如果缺少了其中的某一环节，职业高尔夫运动的社会发展都会受到制约，从而严重影响到职业高尔夫运动的整体发展。

一、职业高尔夫运动的定义与特点

从一种文化社会发展形态来讲，职业高尔夫运动与业余高尔夫运动，都是高尔夫文化社会发展的组成部分。但从这种社会形态的组织结构来讲，职业高尔夫与业余高尔夫则属于两种不同性质的社会实践。而且，从对现代社会经济与文化发展的影响力来讲，二者的作用也各不相同。

（一）职业高尔夫运动的定义

职业高尔夫运动，是以职业高尔夫球员为核心，通过专门组织和管理机构的资质认证，以及多种融资手段所进行的比赛，为参赛球员或获取比赛名次的球员颁发奖金的竞技运动。

职业高尔夫球员，是指以从事打高尔夫球而获取报酬或以营利为目的，接受他人（或企业）的赞助，以及以其职业球员的专业身份，向他人教授高尔夫球技术而获得报酬的高尔夫球员。

职业高尔夫比赛，是指通过职业高尔夫运动管理组织的商业运作，以巡回赛和积分制的管理方法，为参赛球员所取得的成绩颁发奖金或出场费的竞赛过程。

职业高尔夫运动的专门组织与管理机构，通常是指国家或地区职业高尔夫运动社团组织（非政府机构）。作为非职业高尔夫球员欲获取职业高尔夫球员的资格，须通过国家职业高尔夫运动的专门管理机构所组织的考试合格后，由国家职业高尔夫运动的管理机构授予职业高尔夫球员资格。职业高尔夫球员，由国家职业高尔夫球协会或相关管理部门进行注册管理。比如：职业高尔夫球员每年必须参加由主管部门所规定的职业比赛场次，不能达到所规定比赛场次者将被注销职业高尔夫球员的资格。职业高尔夫球员可以报名参加国内外不同地区所组织的职业高尔夫球巡回赛、公开赛、锦标赛等高尔夫球赛事活动。但是，职业球员报名参加这些比赛时，其报名资格必须符合比赛主办者对参赛球员成绩的报名标准。

> **知识窗：**
>
> **职业竞技体育的萌芽**
>
> 早在中世纪后半叶，职业竞技体育就有了市场萌芽。16—18世纪中叶是英国职业体育的萌芽阶段。1750年英国的纽玛克特的一批贵族出资成立了著名的"赛马俱乐部"，这是最早的英国业余体育俱乐部的雏形，它的运行模式对以后英国业余板球、足球、橄榄球俱乐部产生了深刻的影响。1857年，英国成立了世界上第一个足球俱乐部。1882年，英国足球俱乐部比赛规则规定："禁止从俱乐部获得工资收入的球员参加比赛、联盟赛或国际比赛；任何雇佣球员的俱乐部都将被逐出联盟"。1885年7月，英

> 国足球联盟以压倒多数通过决议，使职业球队合法化。1858年，美国棒球运动也开始了职业化，棒球俱乐部建造封闭的赛场，以对观看比赛的人收取门票。它开创了美国棒球历史的新纪元，成为美国职业体育的先驱。1869年，美国第一家职业体育俱乐部"辛辛那提红袜"棒球俱乐部在美国巡回表演，获得了可观的利润。1871年，全美职业棒球运动员协会成立，这是美国最早的职业体育俱乐部组织，它的成立宣告美国职业棒球联赛正式开始。

（二）职业高尔夫运动的特点

1. 运动员训练高度的专业性与自主性

职业高尔夫球员与其他各项职业体育运动员一样，需要经过严格的训练和磨砺。就高尔夫运动技术本身来说，除了需要高度的精准性外，还需要面对各种挑战与赛事进程中风云突变造成的精神压力与冲击。职业高尔夫球员必须有掌握各种技术的能力，还要有高度的心理抗压能力。从竞赛角度说，职业球员要打好比赛，除了要掌握精湛的技术之外，还要勇于面对种种意外和竞争的压力。可以说，对职业高尔夫球员的专业能力要求极高。而职业高尔夫球员专业训练之外的相关活动均属于球员个人行为。球员无论选择什么训练方法与训练手段，完全不受任何管理组织或他人的约束。而职业球员为了获取更多的经济收入，可以教授他人高尔夫技术，或接受他人的商业赞助等，这都属于球员的个人行为。

2. 巡回赛体制的主体性

职业高尔夫比赛，是一种有别于其他高尔夫赛事的活动，是以商业运作方法为基础的赛事活动。职业高尔夫巡回赛，是职业高尔夫运动赛事活动的主体，是职业球员通过职业高尔夫运动管理机构的组织及其商业化的运作方式，按照一定的时间和竞赛顺序，在不同的高尔夫球场按照竞赛规程参加比赛的基本过程。职业高尔夫巡回赛具有组织形式的整体性与分站比赛实施的序列性，参赛球员对各分站比赛具有可选择性，以及各分站比赛成绩对球员积分排名影响的持续性等特点。

3. 成绩积分排名的严谨性

在不同的职业巡回赛体制中，球员的比赛成绩除了分站赛有其相应的成绩计算之外，整体上是按照球员在不同时间内所取得比赛成绩转换成一定的分值，并根据球员个人分值的累计，再取得球员累计分值的排名顺序。职业高尔夫球员的积分排名，是一项繁琐和复杂的计算。但是，它真实客观地反映了一个球员的成绩水平，既是技术水平和商业价值的重要体现，也是职业高尔夫球员参加有关赛事活动的重要依据。

> **知识窗：**
>
> ### 职业竞技与业余竞技
>
> 从19世纪初开始，组织程度非常高的职业体育比赛开始出现。这个阶段的职业体育发展就是职业体育组织、组织原则、比赛规则、经营机制等都开始趋于专业化和职业化，采用传统经营手段经营的职业体育俱乐部开始大规模发展。这个时期体育制度变化的重要特征就是商业体育向职业体育发展，此乃资本推动的结果。最早从事体育运动的运动员是没有职业和业余之分的。18世纪末，英国提出了所谓"业余原则"。此原则称那些获取过竞赛报酬的运动员为职业运动员，不准其参加不获取报酬的业余比赛。19世纪"业余原则"在英国确立，得到田径运动员的响应，1876年成立于伦敦的田径俱乐部正式将"业余原则"写入自己的章程。1894年国际奥林匹克委员会成立时也将"业余原则"写入章程。20世纪70年代之前，以国际奥委会为代表的国际体育组织对职业体育实行歧视、隔离和排挤政策，大多数职业体育项目无国际组织，局限于国内的活动空间，只有足球、网球、拳击、高尔夫等个别项目的职业化超过国家或地区范围。20世纪80年代开始，国际奥委会对职业体育的态度有了根本性转变。1980年国际奥委会从章程中删除了"业余原则"的规定，1986—1989年期间，足球、马术、田径、冰球、网球、篮球等国际体育组织先后允许职业运动员参加奥运会。

4. 商业赞助的多样性

商业运作与企业经济赞助，是现代职业高尔夫运动市场化开发的重要杠杆。作为职业高尔夫竞赛的组织者，通过营造良好的比赛市场环境，为企业的商业赞助提供了必要的基础条件。而企业对职业高尔夫比赛的赞助，是依据企业的市场品牌影响力，以及企业经营理念的战略需求，以各种市场途径与经济手段，通过职业高尔夫赛场各种载体，宣传企业形象或展示企业产品，从而达到提升企业社会影响力与品牌知名度。从职业球员的服装、球具，到比赛场地的形象广告；从比赛冠名，到球员形象代言人；从赛事电视直播的专题栏目，到各种媒介的企业广告，在现代职业高尔夫比赛场上，企业的商业赞助已形成了全方位多渠道的商业运作模式。

5. 社会关注的轰动性

现代职业高尔夫赛事活动，是一项经济包容性强、社会影响力大的商业活动。各种商业利益的相互影响与互补互动，形成利益捆绑的"市场结合体"。在强大经济利益的驱动下，各种社会媒体对职业高尔夫赛事的宣传与报道，所形成的在一定时间范围内高密度的社会关注，是当代职业高尔夫赛事活动的基本特征。尤其是一些重大职业高尔夫赛事活动，其社会轰动相应地又进一步刺激了企业对比赛赞助的商业利益，从而形成了经济利益的互动作用。

二、职业高尔夫运动的构成要素

职业高尔夫运动，是市场经济背景下，以市场经济手段为杠杆，以专业化的赛事组织为基础，以高水平球员的技术发挥为核心，以吸引更广泛的社会关注和观众的积极参与为目的的多要素有机整合的商业活动。因此，职业高尔夫运动的社会价值就在于通过赛事活动的组织，争取社会效益与经济效益的双赢。而作为职业高尔夫赛事组织者，实际上是按照市场经济规律，把职业高尔夫比赛设计成为更加符合高尔夫观众、运动员、赞助商、社会媒体等多方利益需要的"体育产品"。

(一) 高水平的职业球员

在职业高尔夫比赛中，球员个人的商业价值，以及职业比赛的等级水平，都是靠球员的技术水平来体现的。职业高尔夫赛事的商业化市场运作，需要构建一定规模的社会基础，即比赛现场观众的积极参与，才能形成具有商业价值的比赛融资环境。而要实现一定规模的比赛融资环境，就必须靠高水平球员的参赛，尤其是明星球员的参与，才能形成市场运作的经济杠杆。而高水平的职业球员，既要靠球员个人的努力，更需要相应的赛事组织与管理机制做保障。美国职业高尔夫巡回赛（PGA Tour）不仅有一定数量的分站比赛，而且美国青少年高尔夫协会（AJGA）每年所举行的上百场的各种各样的业余比赛，成为美国职业高尔夫比赛的人才储备库，为职业巡回赛输送着大量有潜质的青少年球员，从而保障了美国职业高尔夫比赛人才辈出。

(二) 专业化的赛事组织

作为职业高尔夫赛事，尤其是高水平的职业高尔夫赛事活动的组织，不仅相关因素多、社会关联度大，而且市场化操作性强，对高尔夫专业技术的要求也高，需要通过专业化运作的竞赛组织才能实现既定的赛事目标。因此，职业高尔夫赛事活动的组织，是一种集多因素和动态管理的过程，需要由职业赛事组织与市场运作的专业部门来完成。在职业高尔夫赛事的组织与实施过程中，既要有与高尔夫竞赛紧密相关的技术性人才的参与，也需要有市场开发与经营管理的非高尔夫技术性人才的加盟；既需要有赛事规划的整体设计，也需要有具体操作与实施的技术保证；既需要保证球员技术水平发挥的场地设置，又需要为更多的观众能到现场观摩比赛的专门服务设计；既要有满足赞助商与社会媒体的利益产品开发，又要有面向社会的实用性产品的设计与经营。因此，职业高尔夫赛事组织与管理，是一个专业技术水平要求高、涉及因素范围广、社会关联度大的专门组织。

(三) 观众的积极参与

在现代职业竞技体育市场化的社会发展进程中，任何一项职业竞技项

> **知识窗：**
>
> **高尔夫业余球员身份规定**
>
> 《高尔夫球规则》之业余身份规则规定：业余身份是业余高尔夫球员参加高尔夫球比赛的一般性资格条件。违反该规则的人可能会丧失其业余高尔夫球员身份，并导致失去参加业余比赛的资格。
>
> 本规则的目的和精神是保持业余高尔夫运动和职业高尔夫运动之间的区别，尽量避免在业余高尔夫球运动中无节制的赞助和金钱刺激的滥用。保护业余高尔夫球运动使其能够主要通过打球规则和差点来自我管理，因而使所有业余高尔夫球员能充分享受其乐趣是十分必要的。
>
> 业余高尔夫球员不得出于成为职业高尔夫球员的目的而采取任何行动，包括与赞助商或职业球员的代理人达成书面或口头协议。
>
> 如果一个业余高尔夫球员必须参加一个或更多的预选赛才有可能取得职业巡回赛的会员资格，则他可以参加预选赛而不必剥夺业余身份，但是它必须事先以文字形式声明他将放弃比赛中的任何奖金。

目的盛衰存亡，与该项目比赛的观众参与数量密切相关。职业高尔夫比赛，虽然观众观看比赛的参与方式与观摩其他竞技比赛具有鲜明的特征，但是，观众参与观摩比赛的热情与规模，以及对赛事社会效益与经济效益所产生的作用则是完全一样的。从职业高尔夫比赛的观众的临场作用来讲，观众的作用不仅是为球员的精湛技术喝彩与加油，更是高尔夫赛事产品的直接消费者，或赛事产品的宣传者。从比赛参观券的销售，到赛事开发性产品的经营；从明星球员与观众的现场互动，到赛事品牌的市场商业推广等，每一个环节都需要有观众的积极参与才能实现职业高尔夫赛事活动的既定商业目标。可以说，观众是职业高尔夫赛事活动中连接球员、赞助商、社会媒体的"经济链"的动力源。缺少观众的职业高尔夫赛事，是没有商业活力的赛事，是不可能形成具有社会效应与经济效应的赛事品牌的。

(四) 企业的商业赞助或投资

现代职业高尔夫比赛，在市场经济与竞技体育商业化发展的大潮冲击下，高尔夫运动独特的文化品位成为众多企业涉足职业高尔夫赛事投资的一大热点领域，尤其是世界著名品牌商品或企业，把投资职业高尔夫赛事视为是占领市场竞争制高点的战略性选择。企业赞助或投资于职业高尔夫赛事活动核心目的，还是职业高尔夫赛事背后巨大的商业利益。职业高尔夫赛事既有企业对赛事活动的商业赞助，也包括企业品牌市场推广意义上的战略性投资；既有一次性的商业广告投入，也包括长期性战略合作；既有赛事冠名的企业投资，也有赛事品牌专利的商品使用权出售等。总之，职业高尔夫赛事作为一种市场化的"商业平台"，商业性的赞助或战略性的投资，成为职业高尔夫赛事市场运作的重要经济来源。高尔夫运动由于其特殊的文化内涵和巨大的经济潜力，从而形成了具有经济发展"黏合剂"作用的文化向心力和经济包容性。这不仅强化了企业对职业高尔夫赛事的投资力度，而且为高尔夫产业本身的发展注入了活力，加快了高尔夫产业化发展的进程。

(五) 社会媒体的宣传

在当代经济快速增长的社会发展进程中，社会生产和各种社会实践的多元化发展，导致了社会发展的分化和社会分工的加剧，并且逐渐形成了社会功能各异的不同社会部分。但这种多元化的社会实践与社会分工的剥离，并不是社会整体发展各个部分之间的相互关系的分隔。相反，各部门之间社会功能的发展侧重，反而使它们之间的相互发展关系通过协调与整合更有利于发挥，从而形成了推动社会向前发展的社会合力，更近一步促进了经济与文化的社会发展与市场繁荣。社会媒体作为现代社会发展的产业形式，对职业高尔夫赛事活动的市场化运作，恰恰体现了社会各产业部门之间相互协调、优势互补、共促繁荣的社会发展特点。

首先，职业高尔夫赛事活动现场直播，可以使观众在第一时间领略和欣赏到高水平的职业高尔夫比赛。它直观生动，加上转播解说的分析评论，使职业高尔夫球比赛的电视转播极富有欣赏价值。尤其是随着电视转播技术的日新月异，设备与技术更加先进，全场18洞比赛的全过程和局部细节都可以使全世界的高尔夫观众"尽收眼底"。加上电视画面的编辑处理，包括加入历史镜头和各种数据资料及解说员的现场评论和第一时间对球员的采访等，使观众可以全方位、多层面、真实直观地享受到高水平职业比赛所带来的观赏乐趣。

其次，高尔夫杂志与其他报刊，是职业高尔夫赛事活动的另一重要园地。高尔夫杂志与其他报刊，不仅可以在第一时间报道高尔夫赛事的动态，提供即时评述与采访，而且时效性强，更符合广大高尔夫消费者的需求。如果说电视转播所表现的是职业高尔夫赛事的直观表象的话，那么高尔夫杂志与其他报刊则体现的就是更加宽泛的高尔夫文化深层次的内涵，对提升人们对高尔夫文化的认识、了解职业高尔夫赛事动态等，具有指导与教育作用。

再则，高尔夫国际互联网是高尔夫爱好者了解职业高尔夫赛事活动的又一重要园地。现代国际互联网更是以它特殊的功能和魅力，通过特定的正式网站向全球网民和高尔夫球爱好者提供详细、及时、全面的职业高尔夫赛事信息。从球员的传略、巡回赛史料、当地球场的天气预报到实况播送的球员杆数成绩，每隔一定时间更换和播送一次。在每天结束的第一时间内，各种各样的网站都载有当日新闻报道和彩色图片，还有次日赛事的分组表、开赛时间和果岭旗杆的位置等等。在国际互联网上游览四大赛事，如同收听电台广播一样方便。

正是由于社会媒体的功能对职业高尔夫赛事活动所发挥的积极作用，才使得职业高尔夫赛事能够迅速得到发展，成为高尔夫文化社会整体发展的助推器。

第二节　职业高尔夫运动的组织与管理

职业高尔夫运动，作为现代职业竞技的组成部分，是一种市场经济环境下的商业行为。职业运动员以所从事的运动技术，通过特殊雇佣关系制约下的劳资协议和行为规范，按照一定的技术等级或标准获取薪酬或奖金。而高尔夫职业运动员与其他职业竞技相比，在组织与管理上都存在职业高尔夫运动的特殊性。

一、世界主要职业高尔夫巡回赛组织

从当代世界职业高尔夫运动的发展现状讲，国际统一的高尔夫运动组织与地区性的高尔夫运动组织，处于一种十分尴尬的局面。加之长期以来，因高尔夫运动不是奥运会比赛项目，高尔夫国际组织的影响力受到制约和限制，而使地区性的高尔夫运动组织的影响力则更令世人重视。

(一) 美国高尔夫巡回赛组织

美国高尔夫巡回赛组织，即美国职业高尔夫球协会（简称PGA），1916年4月成立，是当今世界影响力最大的地域性的职业高尔夫运动管理组织。

美国高尔夫巡回赛包括了美国职业高尔夫巡回赛（PGA Tour）、锦标巡回赛（Champions Tour）以及全国巡回赛（Nationwide Tour）三大赛事体系。美国巡回赛组织结构的最高管理机构是美国职业巡回赛委员会，下设三个顾问机构，分别为球员顾问委员会、锦标赛委员会和锦标赛球员顾问委员会。

美国职业巡回赛（PGA Tour）作为世界影响力最大的职业高尔夫巡回赛，一年就有40多站的比赛，是美国巡回赛三大系列赛事中分站最多、水平最高的比赛。全国巡回赛作为职业巡回赛的延伸，是置身于职业高尔夫运动所必须经历的重要赛事，它每年有30多站的比赛，许多在职业巡回赛上取得优异成绩的职业高尔夫球员，都是在全国巡回赛上出类拔萃的球员。锦标巡回赛，原名是长青巡回赛，开始于1980年。锦标巡回赛虽然历史短暂，但给人们带来了许多精彩的比赛，它向世界证明了人的生命力并没有在50岁的时候开始变得缓慢衰退，相反那才是人生的开始。

美国高尔夫巡回赛，有各种相关的支撑产业来支持核心赛事的运营与发展，从而使巡回赛收入实现多元化。这些支撑产业中有"美巡赛"各个相关的球场、"美巡赛"网站、"美巡赛"电视广播等。"美巡赛"各个相关的球场就是使该产业多样化，并使其收入增加的一种形式，还能够提供球员练习场地，来支持巡回赛发展。"美巡赛"网站则提供世界最新的积分排名、巡回赛与球手信息、新闻及视频资料，提供信息交流平台服务等。

作为美国职业高尔夫球协会（PGA）注册的职业球员，与"美巡赛"之间没有合同、没有奖金、也没有任何的出场费，他们的收入只取决于自己的成绩表现和技术水平。在"美巡赛"下设的各系列赛事的比赛中，对于参赛球员的资历也都有不同的要求。因此，凡符合报名参赛的球员都要遵守"美巡赛"规则，并且"美巡赛"有权使用任何一个球员的个人标志（姓名、爱好等）来做"美巡赛"的宣传，但球手可以保留开发个人市场的权力。例如：在"美巡赛"中，就经常用鼎鼎大名的伍兹来为自己宣传和打造知名度。

> **知识窗：**
>
> **美国 PGA 职业球员资格规定**
>
> 在美国，成为一名 PGA（Professional Golfer Association）职业球员有着严格的选拔规定。首先需要成为一名注册学员，并学习美国 PGA 职业高尔夫管理课程（PGA/PGMTM），参加此课程的学习需要具有以下几种资格：
>
> 1. 雇佣资格。必须被一定等级的单位雇佣；必须在每年注册期的 12 个月内保证至少 6 个月被雇佣；被雇佣者若参加业余赛事将丧失所有职业经验学分。
>
> 2. 通过打球能力测试（PAT），达到 PAT 资格要求。这个测试是 36 洞成绩测试，每轮测试应当低于 76 杆。
>
> 3. 学员注册表将核实你的雇佣情况，并存档你的职业准备方向（专业），需要雇佣人签名并提交。
>
> 4. 成为一名 PGA 注册学员，你需要支付协会和你所在区域分会的学员费用，并且购买第一级的学习工具。
>
> 5. 完成以上四步，你就成为了一名美国 PGA 注册学员了。
>
> 6. 必须在限定时间内成功得到每一级的学分。为了保证良好

> 的学习效果，第一级学分应当在从开始学习之日起两年内完成，第二级的学分应当从第一级开始学习之日起 4 年内完成，第三级学分应当从第一级开始学习之日起 6 年内完成。学员从第一级开始应当在 8 年内完成 PGA/PGM，并且被推举成为正式会员。
>
> 7. 必须具有高中毕业证书，或者年满 18 周岁，并且有高中教育同等学力证书才有资格成为美国 PGA 职业成员。
>
> 8. 必须是美国公民或具有居住资格。
>
> 9. 必须有已完成 PGA/PGM 的正式成员确认授予的 36 个工作经验学分（每全职工作一个月可确认一个工作经验学分），四年大学教育学历可被承认为 12 个学分，两年大学教育学历可被承认为 6 个学分。

(二) 欧洲高尔夫巡回赛组织

欧洲高尔夫巡回赛，是仅次于美国高尔夫巡回赛的世界第二大职业巡回赛组织。欧洲巡回赛（European Tour）起始于 1971 年，最初的管理机构是英国创立的职业高尔夫球员协会，1984 年正式脱离该组织独立。此项赛事无论从赛事规模、还是比赛奖金的额度来比较，都仅次于美国巡回赛，号称当今世界第二大高尔夫巡回赛竞赛体系。欧洲巡回赛的竞赛体系，包括了欧洲职业巡回赛（PGA European Tour）、挑战巡回赛（Challenge Tour）和长青巡回赛（Seniors Tour）三大系列赛事。欧巡赛最高行政组织是欧洲高尔夫巡回赛委员会，负责欧巡赛各个系列比赛的策划和赛事组织、仲裁与市场开发等工作。

欧洲职业巡回赛（PGA European Tour），是"欧巡赛"中水平最高、影响力最大、奖金最多的赛事。虽然分站数量不及美国巡回赛，但是每年却有将近 900 名球员想获取加入"欧巡赛"的资格，而且只有 35 人能够通过，其难度是可想而知的。

挑战巡回赛起始于 1987 年，从多年来此赛事的作用与实际功效上看，挑战巡回赛是欧洲职业巡回赛（PGA European Tour）一个很好的训练平台。一般来说，置身于职业高尔夫发展道路上的年轻球员，在这项系列赛事当中得以大展拳脚，从而取得丰富的比赛经验和磨炼他们的技能，为进入欧洲职业巡回赛做充分的准备。因此，挑战巡回赛被广泛看作是欧巡赛的一块可贵的基石。实践证明，许多欧洲知名的职业球员从这里走出，在欧洲职业巡回赛和其他世界大赛中取得了优异的成绩。

长青巡回赛起始于20世纪70年代。此赛事从开始仅仅只有一场比赛的"长青赛"，慢慢发展到近30站比赛，举办国家或地区总共21个。从2003年开始，"长青英国公开赛"（长青巡回赛中的一站）也被列为"美国长青巡回赛"的一站。可见，长青巡回赛的社会影响力得到了全欧洲乃至美国高尔夫界的认同。

欧洲巡回赛与美国巡回赛最大的区别在于，欧巡赛把竞赛体系中的分站赛，有计划地设置在了其他国家，从而大大促进了欧巡赛的国际影响力与经济收入。欧巡赛的经济收入来自赞助商、供应商、政府资助、电视转播、产品开发及门票收入等。这些经济来源培育出一个国际性的"经济圈"。在这个不断扩展的"经济圈"的推动下，欧巡赛逐渐成为了真正意义上的全球性的高尔夫赛事。欧巡赛有一家著名的担保有限责任公司，经营着广泛的业务，而其首要的任务是管理职业高尔夫赛事。这项独特业务的目标就是要为职业球员谋取福利，创造更加丰厚的比赛奖金。

（三）日本高尔夫巡回赛组织

日本高尔夫巡回赛，是世界高尔夫巡回赛体系中重要的组成部分。其最高管理机构是日本高尔夫巡回赛组织（JPGA Tour），该组织成立于1999年2月8日。在该组织成立时，就提出了"要以球员公认的高超技术和赛事品牌吸引世界高尔夫的眼球"的口号和目标。日本高尔夫巡回赛组织通过在日本境内组织高水准的赛事，使日本巡回赛的各站比赛在国内外合理有序地发展，并紧紧依靠国内强大的经济实力作为其经济后盾，来改善高尔夫赛事的融资环境，提高比赛的标准，并促进日本职业巡回赛与世界高尔夫运动的同步发展。同时，日本高尔夫巡回赛组织还与外国的巡回赛管理机构保持着密切的联系，加强与"美巡赛"和"欧巡赛"之间的国际交流。日巡回赛通过数年的努力，不仅打造出了世界高尔夫巡回赛竞赛体系当中的一个知名品牌，而且更进一步推动和发展了日本特有的高尔夫文化和高尔夫产业。

日本高尔夫巡回赛之所以在不长的时间里能取得成功，与日本高尔夫巡回赛组织注重培养世界级的高尔夫球员、强化青少年球手的教育与培养有直接的关系。在2002年12月的"世界杯"职业高尔夫队际比赛中，日本的两位球员（Toshimitsu Izawa and Shigeki Maruyama）成为日本国历史上第二次获取该项比赛殊荣的球员。因此，日本高尔夫巡回赛组织将培养高水平的职业球员当成是一种财富。日本的高尔夫球场是世界第二位，其球场数量相当于欧洲大陆的总和。而且，庞大的高尔夫消费群体，对日本高尔夫运动的发展起到了积极的推动作用。

此外，"日巡赛"组织还将职业比赛作为一种社会媒介，让孩子怀有成为球手的梦想，以"我们应该让孩子在比赛完后立刻享受到高尔夫的乐趣，能够开怀地大笑"的目标和宣传为理念，教育日本青少年立志将来成为职业球手。所以，"日巡赛"希望更多的孩子能够有机会体验高尔夫的乐趣，并梦想将来成为职业球手。为了实现这一目标，"日巡赛"采取了许多措施，如邀请职业球员当教练、举行国家级的锦标赛、捐赠球杆等活动，极力在青少年中推广高尔夫运动。"日巡赛"还积极参与由日本高尔夫协会举办的青少年高尔夫教育，借此来促进这一目标的实现。日本高尔夫巡回赛每年都举行隆重的颁奖典礼，表扬一年里在"日巡赛"表现出色的球员。典礼中一共设立了16个奖项，所有获奖的球员聚集在一起，共同庆祝这欢乐的日子，告别快要结束的丰收的一年。"日巡赛"不但为得分最高的球员设立最优秀选手奖，还设了新秀奖（Shimada Toropy）和MIP最有价值球员奖等。

（四）澳大利亚高尔夫巡回赛组织

澳大利亚高尔夫巡回赛（APGA Tour），由澳大利亚职业高尔夫协会主办（PGA of Australia）。其规模虽然不及"美巡赛"和"欧巡赛"，但参赛球员可谓是高手如云。近年来，澳洲巡回赛积极寻求与其他职业巡回赛合作，以不断扩大赛事规模来促进参赛球员的技术水平的进一步提高，在中国大陆举行的"尊尼霍加精英赛"（Johnnie Walker Classic）便是澳大利亚巡回赛、"亚巡赛"和"欧巡赛"共同认可和组织的赛事。自澳洲PGA巡回赛开赛以来，培养和涌现出一大批国际级的高尔夫巨星，如格瑞格·

诺曼、亚当·斯科特（2005年澳洲PGA巡回赛奖金王）等。澳大利亚巡回赛每年各分站赛的数量近20站。

澳洲PGA巡回赛也是为数不多的将慈善基金纳入比赛系统的巡回赛之一。2000年澳洲PGA巡回赛与澳洲国家心脏基金结盟（The National Heart Foundation of Australia），通过比赛品牌募集善款，这种方式在很大程度上增加了比赛的影响力。

（五）亚洲高尔夫巡回赛组织

亚洲高尔夫巡回赛（APGA Tour）是由新加坡、泰国、菲律宾、缅甸、印度、南非、香港、台湾8个国家或地区的职业高尔夫协会于1994年联合协议创立的。亚巡赛组织机构是亚洲职业高尔夫巡回赛，是世界职业高尔夫联盟组织的正式成员，也是世界高尔夫巡回赛大家庭当中的一个新成员。2004年1月，亚洲职业球手们为了保证他们的职业和亚洲职业锦标赛的发展，共同组织这个新的代表机构，命名为亚洲巡回赛。

"亚巡赛"的宗旨是为亚洲各国或地区的职业高尔夫球员提供一个稳定发展的环境，使他们的技术水平逐渐提高，早日接近或超过国际水准，最终从亚洲走向世界。为了给亚洲球员以更多的参赛机会，"亚巡赛"规定：每场比赛的亚洲选手可以不超过35名；通过每年的赛事会议，提供给高尔夫运动发展迅速的国家一定的资格赛入围名额，以帮助这些国家或地区中有潜力的佼佼者顺利获得"亚巡赛"的参赛资格。由于"亚巡赛"突出的表现，国际职业高尔夫球巡回赛联合会董事会一致赞同"亚巡赛"为该联盟的正式成员，因而亚洲高尔夫球巡回赛成为该联盟的正式比赛项目。正是这一成绩和举动，极大地促进了亚洲高尔夫球运动的发展，使亚洲巡回赛成为与"美巡赛""欧巡赛""日巡赛""澳巡赛"和"南非巡回赛"并列的世界高尔夫巡回赛系列中的重要赛事。

（六）南非高尔夫巡回赛组织

南非巡回赛，又称为"南非阳光高尔夫职业巡回赛"，由南非职业高尔夫协会（PGA of South Africa）主办。高尔夫球运动在南非是深入人心的，这不仅源于这项赛事在南非的历史发展与变迁，也是因为南非人在古老的高尔夫运动中一直扮演着重要的角色。在世界高尔夫运动发展历史当中，不同时代的南非高尔夫球员为世界高尔夫运动的发展做出了贡献，并培养出了众多高尔夫明星。从博比·洛克（Bobby Locke）、加里·皮亚（Gary Player）到现在活跃在世界高坛的恩尼·艾尔斯（Ernie Els）和雷蒂夫·古森（Retief Goosen）等，他们都在不同时期为南非高尔夫在世界高尔夫重大赛事中创立了夺冠的神话，续写了美丽的篇章。

> 知识窗：
>
> ### 世界高尔夫球锦标赛简介
>
> 世界高尔夫球锦标赛（简称WGC），是若干项世界男子高尔夫球赛事的统称，由国际PGA巡回赛联合会（International Federation of PGA Tours）主办。该赛事也是美巡赛、欧巡赛和日巡赛的组成部分，并获得了亚洲巡回赛、南非巡回赛和澳大利亚PGA巡回赛的正式承认。
>
> 世界高尔夫锦标赛由埃森哲比洞锦标赛、CA锦标赛、普利司通邀请赛和汇丰冠军赛四大比赛组成。2009年4月，WGC组织宣布，从当年11月起，汇丰锦标赛也加入世界高尔夫球锦标赛的系列，成为第四项WGC级别赛事。

二、职业高尔夫巡回赛球员的积分排名

职业高尔夫球员积分排名，即世界高尔夫赛排名（Official World Golf Ranking），是根据世界公认的"四大赛"（英国公开赛、美国公开赛、美国PGA锦标赛、美国名人赛）和"六大职业巡回赛"（美国巡回赛、欧洲巡回赛、日本巡回赛、南非巡回赛、澳大利亚巡回赛和亚洲巡回赛）中的成绩表现，由国际职业高尔夫联盟发起，且在每周一发布周报，以报道前一周在世界各地所进行的比赛。

世界职业高尔夫球员的积分排名，是一项繁琐和复杂的计算。但是它真实客观地反映了一个球员的成绩水平，因而成为比赛组织筹备工作、球员身价和出场费，以及商业赞助活动等多方面的重要参考数据。所以，世

界职业球员的排名是球员的一种声誉，同时也是世界高尔夫竞赛市场的"股市指数"。

（一）球员成绩积分的计算方法

职业球员排名以每年4月1日为时间结算依据，即在过去的52周之内比赛成绩分数乘以4；在此之前的52个星期的比赛成绩分数乘以2；更早的52个星期的比赛成绩分数乘以1。用球员参加比赛的实际场数作为除数，就得出了球员的平均数值，以此排列球员的积分名次。而且球员应在过去的两年当中，平均一年必须参加不少于20场的比赛。

> **网络链接：**
>
> 中国高尔夫球协会官方网站
> www.golf.org.cn

比如泰格·伍兹在2010年末的排名计算是：根据两年内的累计积分325.28，除以两年的比赛场次40，所得的平均数值是8.13，世界排名第二。而英格兰球员维斯特伍德两年内的累计积分为381.2，除以两年的比赛场次46，所得平均数值是8.29，排名世界第一。

（二）球员成绩计算等级

球员参加职业巡回赛的成绩得分，是按照不同的赛事等级来计分的。目前世界职业高尔夫赛事级别是按照如下比赛等级加分的。

世界高尔夫四大比赛，即英国公开赛、美国公开赛、美国PGA锦标赛、美国名人赛的冠军获50分，亚军30分，季军20分，第四名15分。以上比赛前50名的球员，以及美国职业巡回赛前40名球员，均有不同的加分。而在美国球员锦标赛中的冠军可以独得40分的积分，前50名均可获得积分。沃尔沃PGA锦标赛有至少32分加予冠军，并给予名次在40名以内之选手分数。其余的比赛也有最低的加分，在正式的比赛中，南非巡回赛的冠军有6点得分，直到第九名均有分数；而日本及澳洲的比赛冠军则是有8点得分，且在10到第14名均有分数。除此之外，在澳洲及日本的公开赛冠军则有 16 点得分，而且在第 21 名以内均有给分。

此外，如果因其他因素或是恶劣的天气，使得比赛把洞数减成 36 或 54 洞（72 洞比杆赛），则累积得分也会相对地减少。

对于职业球员积分排名，各国在职业高尔夫球员的积分排名管理办法上也各有不同。但是，基本上是在参考世界职业球员排名的办法基础上，根据本国或地区的实际情况进行积分排名。

三、世界主要高尔夫运动管理组织

（一）国际高尔夫联合会（IGF）

目前，国际统一的高尔夫运动管理组织，是"国际高尔夫联合会"（International Golf Federation，简称 IGF），该组织于 1958 年 5 月在美国成立。从 1958 年至 2003 年期间，该组织称为"世界业余高尔夫理事会"（World Amateur Golf Council，简称 WAGC）。随着世界范围内职业高尔夫运动的社会影响力不断增强，2003 年该组织将职业高尔夫运动的管理也纳入到该组织之中，并更名为"国际高尔夫联合会"，总部设在美国的新泽西州。2009 年国际体育大会（英文缩写 AIOWF）通过投票将国际高尔夫联合会吸纳为新成员。

长期以来，由于高尔夫运动不是现代夏季奥运会比赛项目，该组织也没有进入奥委会的官方成员，因此，其国际影响力相对较弱。近几年 IGF 联合了美国高尔夫球协会（USGA）和苏格兰圣安德鲁斯皇家古老高尔夫俱乐部（R&A）等有影响力的地域性高尔夫组织，于 2009 年国际奥委会第 121 次全会上，完成了高尔夫进入现代夏季奥运会的努力，使高尔夫成为了 2016 年奥运会正式比赛项目。国际高尔夫联合会（IGF）的国际影响力也由此大大提升。

作为国际单项体育组织，"国际高尔夫联合会"规定 2016 年奥运会的比赛形式为 72 洞个人比杆赛，男女比赛分开进行，各自有 60 人参加。如果 72 洞比赛结束之后出现平局，将进行 3 洞延长赛决胜负。世界排名前 15 位选手将自动获得参赛资格，剩余的席位将分配给各国或地区排名最高的选手。然而那些参赛人数已经达到或超过 2 人的国家不可以再分配名额。

目前，国际高尔夫联合会有114个国家和地区为会员，所主办的比赛为"世界杯高尔夫锦标赛"，这也是当前世界范围内唯一一项国际性的职业高尔夫锦标赛。但是，"国际高尔夫联合会"并没有相应的洲际高尔夫组织，也没有相应的洲际比赛。

（二）美国高尔夫球协会（USGA）

美国高尔夫球协会成立于1894年，全称为"United States Golf Association"，缩写为"USGA"。是一个由高尔夫球员管理并为高尔夫球员服务的非营利性组织。

> 网络链接：
>
> 美国高尔夫球协会官方网站
> http://www.usga.org/

USGA每年举办多达13个美国国家级高尔夫赛事，其中包括3场职业比赛和10场业余比赛。其中包括美国公开赛（1895年创办）、美国女子公开赛、美国元老公开赛、美国业余锦标赛、美国女子业余锦标赛、美国业余公共球场锦标赛等具有世界影响力的高尔夫比赛。

象征美国公开赛（US Open）最高荣誉的冠军绿夹克

美国高尔夫球协会与苏格兰圣安德鲁斯皇家古老高尔夫俱乐部共同制定、修改和解释《高尔夫球规则》，并为高尔夫球场草坪保养的科学研究提供资金，支持普及高尔夫运动等。美国高尔夫球协会下设8个部门，即高尔夫规则部、竞赛部、差点部、测试中心、会员部、博物馆部、奖学金部和草坪管理部。

（三）苏格兰圣·安德鲁斯皇家古老高尔夫俱乐部（R&A）

苏格兰圣·安德鲁斯皇家古老高尔夫球俱乐部的前身，是1754年5月14日成立的"圣·安德鲁斯高尔夫球手协会"。这一天来自该地区的22位绅士聚集在现在的老球场组织了一场比赛，来争夺一根银制的球杆，结果当地商人贝利·威廉·兰代尔获胜。当天"圣·安德鲁斯高尔夫球手协会"成立。1834年英格兰国王威廉四世御准圣·安德鲁斯高尔夫球手协会冠以"皇家"字样，即"圣·安德鲁斯皇家古老高尔夫俱乐部"（Royal and Ancient Golf Club of St.Andrew 简称R&A），自此，"圣·安德鲁斯皇家古老高尔夫俱乐部"开始了漫长而辉煌的发展历史。

网络链接：

圣·安德鲁斯皇家古老高尔夫俱乐部
http://www.randa.org/

R&A主办着包括英国公开赛、英国业余锦标赛等9个冠军赛和国际比赛的赛事管理与运营。R&A于1897年成为《高尔夫球规则》的管理部门。自1952年以来，R&A与USGA联合制定、解释与仲裁《高尔夫球规则》，成为当今世界在《高尔夫球规则》方面并驾齐驱的两家权威机构。

英国公开赛不仅是一项历史最为悠久的高尔夫赛事，也是一个杰出的商业成功典范。通过发展这项赛事和建立R&A基金，将每年的盈余投资于全世界范围内发展高尔夫项目，以及支持青少年高尔夫运动和赞助那些新的开展高尔夫运动的国家，并对教练员培训提供对所有公众开放的教学与练习设施。此外R&A也提供高尔夫球场管理的所有方面的实践指导，特别是对生态保护问题，帮助高尔夫球场和俱乐部在高尔夫运动、商

银质球杆象征的崇高荣誉

业开发和保护环境上，找到可持续增长的发展方式。

R&A 组织下设 8 个部门，包括规则和设备委员会、球场管理委员会、冠军委员会、非职业状态委员会、高尔夫球发展委员会、资金管理委员会、总务委员会、研究委员会。

四、我国职业高尔夫运动的发展

中国高尔夫运动的社会发展，是伴随着中国对外开放与经济改革的发展步伐而逐步确立了市场发展地位。1984年广东省中山市"温泉高尔夫俱乐部"的建成开业，标志着中国高尔夫运动的发展拉开了时代的序幕。

（一）职业高尔夫运动的管理组织

目前，我国高尔夫运动职业管理的基本职能，隶属于中国高尔夫球协会。1985年5月28日，中国高尔夫球协会成立（英文简称CGA），是全国体育总会下属的单项体育协会，也是国家体育总局小球运动管理中心直属单项运动管理机构。国家体育总局是直属国务院领导的统揽我国体育运动发展的政府事业单位的最高行政部门，下设各单项体育运动管理中心及其他相关管理部门。小球运动管理中心分管手球、曲棍球、棒球、垒球、高尔夫球、保龄球、地掷球、台球、藤球、橄榄球、板球、壁球等奥运项目和非奥运项目的全国竞赛和训练工作，并且是这些运动项目全国单项协会的常设办事机构。中国高尔夫协会第一任主席是荣高棠，现任主席是袁伟民。

中国高尔夫球协会，是中国高尔夫运动对外联络的唯一合法的组织机构。按照国际体育竞赛惯例，任何一项体育竞赛活动，代表一个国家或地区最高的组织机构是本国或地区的单项运动协会或联合会。因此，中国高尔夫球协会实际上就是负责我国高尔夫运动开展的最高组织机构。而中国高尔夫球协会职业球员管理委员会，是中国职业高尔夫运动的管理职能部门，主要负责我国职业球员和职业教练员的考核、审批，人员培训、注册，职业球员的积分排名，国内职业赛事的组织和职业球员外出参加比赛等各项管理工作。

1994年4月，经国家体委批准，中国高尔夫球运动开始实施有计划的发展职业高尔夫球的竞赛组织与管理，并在中国高尔夫协会的主持下，进行了我国首批职业高尔夫球员的资格考试，产生了5男1女的中国第一批职业高尔夫球员，这标志着中国高尔夫球运动的发展进入了新的时代。

> **知识窗：**
>
> **中国第一批职业高尔夫球员**
>
> 中国职业高尔夫运动的发展始于1994年。为了推动中国高尔夫运动职业化的发展并实现与国际高尔夫运动发展的接轨，1994年4月，经当时的国家体委批准，中国高尔夫球协会主持了职业高尔夫球员的资格考试，产生了中国第一代职业高尔夫球员：程军、吴相兵、郑洪涛、郑文根、咸增发、王晓斌等。张连伟于1994年参加广岛亚运会之后转为职业球员。

目前我国职业高尔夫运动的竞赛组织与管理，已逐渐实现了与国际职业高尔夫球竞赛组织与管理的接轨，制定了一系列竞赛组织与管理的规章制度，如《中国职业高尔夫球运动员考试办法暂行规定》《中国职业高尔夫球教练员考试办法暂行规定》和《中国职业高尔夫球比赛的积分排名办法》等。

（二）我国职业高尔夫运动的主要赛事

1. 主要职业锦标赛

目前在我国大陆职业高尔夫运动锦标赛主要包括如下赛事：

沃尔沃（VOLVO）中国高尔夫公开赛。由中国高尔夫球协会主办，分别是欧巡赛、亚巡赛分站赛，始创于1995年。

> **网络链接：**
>
> 2011年中国职业高尔夫球员考试办法
> www.golf.org.cn

宝马（BMW）中国公开赛。始创于2001年，前两届比赛在中国台湾，名为BMW亚洲公开赛。2004年开始，在中国大陆，落户上海汤臣高尔夫球场，所以这项赛事又被称为BMW中国公开赛，此项赛事已被列为欧巡赛和亚巡赛。

世界锦标赛——汇丰冠军赛。由国际高尔夫职业巡回赛联盟、中国高尔夫球协会主办。此比赛在2009年之前是"汇丰高尔夫冠军赛"，2009年开始，正式升级为"世界高尔夫锦标赛——汇丰冠军赛"（WGC）。

世界高尔夫锦标赛
汇丰冠军赛水晶奖杯

世界杯高尔夫锦标赛。由国际高尔夫联合会与中国高尔夫球协会主办，从2006年开始连续12届在观澜湖高尔夫俱乐部举行。

美的中国男子职业精英赛。始创于2005年，由中国高尔夫球协会主办，"美的"集团赞助，是亚巡赛的分站赛。自创办以来，美的集团循序渐进，逐年提高赛事奖金，将本项赛事作为一项传统品牌赛事进行运作。截至2011年，此赛事已从最初的80万元人民币奖金升至为100万美元。

2. 主要职业巡回赛

中国职业高尔夫巡回赛，是由中国高尔夫球协会主办的巡回赛事，于2005年由国际管理集团与中国高尔夫球协会合作创立。2007—2009年由欧米茄冠名赞助。从2010年起，中国高尔夫球协会建立了包括职业挑战赛、职业锦标赛、职业精英赛、职业公开赛和世界顶级高尔夫职业赛事共5个级别的赛事体系。

2010年由中国、韩国、澳大利亚共同创建的"同一亚洲"高尔夫巡回赛，是亚太地区的职业高尔夫球巡回赛。2011年在中国大陆的赛事达到7站。

相关知识：

关于下发我国高尔夫球业余运动员、职业教练员
转为职业运动员的管理规定的通知

为进一步推动我国高尔夫球运动的健康发展，保护我国业余高尔夫运动员、职业教练员和职业运动员的合法权利，为他们提供更为良好的发展空间，加强和规范项目的管理，经研究，中国高尔夫球协会决定下发业余运动员、职业教练员转为职业运动员的有关管理条例，具体如下：

一、在中国高尔夫球协会注册的业余运动员、职业教练员转为职业运动员，必须参加中高协每年组织的职业运动员考试，通过者方可获得职业运动员资格。

二、参加中高协每年组织的职业运动员考试，获得一年及一年以上职业比赛参赛资格的职业教练员，在中高协组织的年度职业比赛中获得前三名或者在中国职业运动员年终排名列前12位者（含第12名），经个人申报中高协审核通过者方可获得职业运动员资格；排名列前70位者（含第70名），自动获得下年度职业比赛资格。

三、业余运动员（包括港、澳、台）参加职业运动员考试，男、女运动员必须年满20周岁（以我国新一代身份证为标准），且连续3年参加中高协组织的年度业余比赛，每年参赛场次达到3场以上（含3场），以及在中国业余运动员每年年终排名名列前30位者，经个人申报中高协审核通过者方可参加考试。

四、中高协鼓励符合条件的职业运动员积极参加国外PGA组织的职业比赛。中国业余运动员和职业教练员必须自觉遵守国家体育总局小球运动管理中心和中国高尔夫球协会的各项管理规定，未经中国高尔夫球协会推荐和批准，任何中国业余运动员和职业教练员不得参加任何职业PGA组织的考试和职业比赛。

五、对于违反国家体育总局小球运动管理中心及中国高尔夫球协会有关管理规定和条例的业余运动员和职业教练员，中国高尔夫球协会将视情节给予警告、通报批评和禁赛1~2年的处罚，直至禁止参加职业运动员考试。

六、中国业余高尔夫球国家队正式运动员转为职业运动员规定：

1. 加入中国业余高尔夫球国家队的运动员，必须签署国家队入队协议书，方可成为国家队正式队员代表中国参加世界业余锦标赛、亚洲运动会等重大比赛。国家队运动员必须接受国家队的管理和纪律要求，认真完成训练和比赛任务。

2. 在国家队期间表现良好，无违反国家队管理条例和组织纪律的，服役2年以上（含2年）的国家队正式运动员，年满19周岁（以我国新一代身份证为标准），经个人申报中高协审核批准后，方可转为职业运动员。

3. 代表中国参加亚洲运动会比赛的正式国家队运动员，年满19周岁，在比赛期间表现良好，无违反国家队管理条例和组织纪律的，赛后经个人申请，中高协审核批准后，方可转为职业运动员，其转为职业运动员的国家队服役年限可适当放宽。

七、中国业余高尔夫球国家队正式运动员在训练和比赛期间违反国家队管理规定和组织纪律者，中国高尔夫球协会将按国家队管理条例进行处罚。

八、本规定自2009年2月1日起执行，解释权属于中国高尔夫球协会。

中国高尔夫球协会
2009年2月1日

文件选自：中国高尔夫球协会官方网站 www.golf.org.cn

五、职业高尔夫运动与现代奥运会

职业高尔夫运动与现代夏季奥运会，曾有过百余年的长期分离。2009年国际奥委会121次全体会议，在丹麦首都哥本哈根通过了2016年巴西里约热内卢夏季奥运会项目设置。在伦敦奥运会26个传统项目保留的同时，高尔夫和7人制橄榄球在最后的投票中获得全会委员半数以上投票，顺利成为2016年和2020年奥运会的正式比赛项目。经过多次申奥失败后，时隔百余年，高尔夫运动又重新成为现代夏季奥运会的比赛项目。

现代奥林匹克运动会之父——顾拜旦

> **知识窗：**
>
> ### 现代奥运会
>
> 现代奥运会是以"恢复古代奥运会"的名义而构建的一个现代社会文化现象，它沿用了"奥林匹克运动会"的名称，继承了"奥林匹亚德"每四年一个周期的传统，借用和发展了某些仪式，吸收了公平竞争、奋勇拼搏、身心和谐发展的古代传统思想。但现代奥运会并不是古代奥运会的延续和翻版，它是在资本主义背景下产生的新的社会文化现象，它们之间有本质的区别。
>
> 1883年，顾拜旦第一次提出举办类似古奥运会的比赛，它不是简单的继承，而是把过去只限于希腊人参加的运动会扩大到世界范围去。尽管顾拜旦的主张遭到一些反对，但在他不懈努力下，1894年6月16日终于有20个国家派代表在法国巴黎大学召开了第一届"重建国际奥林匹克运动会国际会议"。会议做出决

> 定，将于 1896 年在希腊首都雅典举行第一届现代奥林匹克运动会。希腊人对这次大会表现了极大的热情，出席开幕式的观众达 8 万人，这一数字直到 1932 年洛杉矶奥运会才被突破。从此，奥运会成为世界性体育盛会。

（一）高尔夫的奥运历程

在现代奥运会创办之初，在欧洲有着广泛社会影响的高尔夫非但没有被排除在奥运之外，反而是捷足先登。1900 年 11 月，高尔夫在巴黎举办的第二届奥运会首次作为竞赛项目出现。当时，比赛分为男、女两组进行，男子组为 72 洞，女子组为 9 洞。男子组金牌由 1895 年美国业余赛亚军查尔斯·桑德斯（Charles Sands）获得，银牌和铜牌都由英国人获得；女子组金、银、铜均由美国选手获得，其中来自美国的玛格丽特·阿巴特（Magaret Abbott）获得金牌，成为美国第一个赢得奥运会金牌的女选手。

1904 年美国圣路易斯举办第三届奥运会，高尔夫再次与奥运牵手。在这次比赛中，女子高尔夫个人赛被取消了，但却增加了男子 10 人团体赛。在全部参赛者中，除了加拿大人乔治·里昂外，全是美国人。出人意外的是，当年的个人金牌得主恰恰是这名唯一的加拿大参赛者。

1908 年，奥运来到了高尔夫的故乡英国举行。在筹备阶段，伦敦奥运会筹备委员会支持高尔夫进入奥运，准备工作细致到连奖牌也已经做好了。但由于组织者在赛事规则、时间安排上的不合理，以及与在苏格兰圣·安德鲁斯皇家古老高尔夫俱乐部（英国管理高尔夫的实体机构）之间的分歧导致高尔夫从奥运会上骤然消失。从 1908 年到 2009 年，一个多世纪，奥运会已经成为全球体育的盛宴，能够代表国家在奥运会上一展身手对很多运动员来说是至高无上的荣耀，甚至是终身梦想。与此同时，高尔夫球也成为风靡全球的运动，却始终未能回归奥运会舞台。

自伦敦伤别奥运后，高尔夫和奥运会的情缘并没有就此中断。多年来，高尔夫界一直没有放弃让高尔夫重返奥运大家庭的努力。1916年奥运会，高尔夫界人士曾计划安排高尔夫比赛项目。1920年高尔夫重返奥运的呼声高涨，但是最终未果。1936年奥运会上，重返呼声再起，结果只是一场"后奥运高尔夫比赛（Post Olympic）"在柏林举行。1996年，亚特兰大奥运会主席比利·佩恩（Billy Payne）提出在奥古斯塔举行一场比赛却遭到国际奥委会的否决。2004年奥运会，高尔夫期望再度进军奥运会，结果还是无功而返。

（二）高尔夫重返奥运的历史意义

高尔夫重返奥运大家庭，对高尔夫运动本身或对奥运大家庭来讲，都有深远的历史意义，同时对世界范围内的高尔夫运动发展也将起到重要作用。

1. 将强化高尔夫运动属于现代体育运动的本质属性

高尔夫运动重回奥运会，将强化高尔夫运动属于现代体育运动的本质属性。在现代社会发展进程中，奥运会代表着体育运动的最高境界，也是全世界范围内优秀运动员的大聚会。高尔夫运动由于历史的人为因素，以及此项运动世界范围内的管理组织、市场商业利益等原因，使高尔夫运动长期远离奥运会，进而产生了世人的许多错误的认识，认为高尔夫是游离于现代体育运动边缘的"非主流体育运动"。各种不同的社会称谓，似乎让人们忘却了高尔夫运动属于现代体育组成部分的社会历史。高尔夫运动重回奥运会大家庭，将向世人诠释高尔夫运动属于现代体育运动的本质属性，对促进世界范围内高尔夫运动的发展，将起到积极的推动作用。

2. 高尔夫运动将进一步丰富现代奥运文化

现代夏季奥运会是人类历史上从未有过的规模最大、社会关注度最强的文化现象。在现代奥运会28个大项、302个小项比赛项目，宛如一个个争芳斗艳的鲜花，把每届奥运会装点分外妖娆，形成了多姿多彩的现代体育文化。高尔夫运动融传统文化与现代多元文化表现方式为一体，是一种竞技与娱乐、健康与休闲、时尚与儒雅、人文与自然等多元组合的文化现象。高尔夫运动重回奥运会，必将进一步丰富奥运文化的多元化与时代感。

3. 进一步推动我国高尔夫运动的发展

与欧美国家相比，我国高尔夫运动起步晚，发展规模与技术水平，与欧美国家相比差距显著。高尔夫回归奥运会，对中国高尔夫运动的发展是一个历史契机。在个人项目的体育运动发展上，中国人的技巧性与灵敏性训练有着先天的优势。比如乒乓球、羽毛球等项目的训练，我们都达到了世界先进水平。此外，举国体制的训练管理模式，也是我们的优势。因此，我国高尔夫运动一定会借高尔夫"入奥"的动力，发挥自身的优势，不断提高运动技术水平，缩小与欧美国家的差距。

本章小结：现代职业高尔夫运动，是世界范围内高尔夫运动整体发展的组成部分，是以职业高尔夫球员为核心，通过专门组织的管理机构资质认证，以及多种融资手段所进行的比赛，为参赛球员或获取比赛名次的球员颁发奖金的竞技运动。职业高尔夫运动不仅需要高水平的球员，而且还要有专门的组织管理机构、观众的积极参与、企业的商业赞助与投资，以及媒体的宣传，才能在现代市场经济条件下，形成真正意义的社会价值与商业价值。职业高尔夫运动的竞赛体系是一个相对独立发展的系统，目前世界范围内的"四大锦标赛"和"六大巡回赛"构成了职业高尔夫球员的主战场。而国际高尔夫联合会（IGF）、美国高尔夫球协会（USGA）和苏格兰圣·安德鲁斯皇家古老高尔夫俱乐部（R&A）是当今世界范围内扮演着不同角色的高尔夫管理机构。这三家管理机构对高尔夫运动重回奥运会大家庭形成了前所未有的合力，实现了高尔夫百年的回归梦想，这对世界高尔夫运动的整体发展将起到极大的推动作用。

思考题：

1. 阐述如下定义：
（1）职业高尔夫运动；

（2）职业高尔夫球员；

（3）职业高尔夫比赛。

2. 职业高尔夫运动的构成要素。

3. "四大锦标赛"和"六大巡回赛"分别指哪些比赛？

4. 阐述如下高尔夫运动管理机构的特点：

（1）国际高尔夫联合会（IGF）；

（2）美国高尔夫修协会（USGA）；

（3）苏格兰圣·安德鲁斯皇家古老高尔夫俱乐部（R&A）。

5. 我国高尔夫运动的最高管理机构的特点。

6. 高尔夫重回奥运会大家庭的意义。

本章作者：李康

第五章
高尔夫运动员竞技能力概述

本章提要：本章从高尔夫运动员竞技能力的外部结构技术训练入手，重点讲述球手挥杆击球技术的全过程动作步骤、动作要领、练习的方法，以及不同距离与场景变化的击球战术。而内在因素则从运动员的专项身体素质、主要感知觉的培养以及比赛心理因素的稳定和练习方法重点进行阐述。

重要概念：竞技能力；挥杆；击球；感知能力。

第一节　高尔夫运动员竞技能力定义与特点

高尔夫运动是运动员（职业球员或业余球员）以竞技能力的准确性和表现性为目的的体育运动。从高尔夫运动过程中的技术运用来讲，无论是职业球员还是业余球员，其技术运用的准确性无疑是体现球员竞技水平高低的重要标准。而表现性则反映的是球员在各种情况下，合理运用不同动作与方法的技术能力，来控制击球的挥杆节奏、球的飞行距离、飞行弧线和落球点等。因此，竞技能力是高尔夫运动员技术水平的重要体现。

一、高尔夫运动员竞技能力的定义与特点

（一）竞技能力的定义

从运动训练学理论的认识讲，运动员的竞技能力即指运动员的参赛能力。是由体能、技能、战术能力、运动智能以及心理能力等所构成，并综合地表现于专项竞技的过程之中。竞技能力是运动训练学的核心概念之一，根据运动训练理论，从运动员竞技能力的挖掘到竞技能力的获得，直到竞技能力的表现时间逻辑看，竞技能力和竞技实力通过竞技状态描述，竞技能力的提高是通过竞技表现水平的提高得到认定的。

（二）对高尔夫运动员竞技能力的认识

从现代竞技运动的一般认识来讲，高尔夫运动具有现代竞技运动的普遍性特征，但在高尔夫运动的训练与比赛的实践中，又具有其他竞技运动

所没有的竞技能力的特殊性表现。因此，对高尔夫运动员竞技能力的认识，不能脱离高尔夫运动规律的特殊性。

高尔夫运动的竞技能力，是指运动员在比赛中将自身的体能、技术水平以及心理素质，合理运用在临场战术策略之中的能力表现。高尔夫运动员的竞技能力是体能、专项技术、心理素质和战术能力的综合体现。然而，由于高尔夫运动比赛场地的特殊性，以及自然环境中各种因素对运动员比赛中的干扰，对运动员所造成的心理影响和不同条件下的技术运用与发挥，都具有很大的不确定性。因此，高尔夫运动员的竞技能力更具有主客观因素相互影响、相互作用下的不同行为表现的特征。

二、高尔夫运动员竞技能力的特点

（一）体能特点

体能是运动员身体素质水平的总称，是运动员机体在运动时所表现出来的能力。体能包括力量、速度、耐力、柔韧和灵敏等身体素质。高尔夫运动员的体能在比赛中的表现，主要突出一下特点。

1. 力量素质的均衡性

高尔夫运动员的力量素质表现具有上下肢力量均衡性的特点，并且，运动员静态下的绝对力量与动态（运动过程中）下的力量的发挥，也表现出相对的均衡。也就是说，运动员绝对力量与实际运动过程中的挥杆击球力量的运用是相对一致的，而且运动员的绝对力量总是能够给运动员挥杆击球的力量带来正效应。

2. 速度节奏的稳定性

高尔夫运动员的速度节奏，是指运动员在挥杆击球的过程中，在上下肢力量的作用下，所体现出的力量的强弱和速度的快慢。通常情况下，运动员应在身体重心保持绝对稳定的基础上，才能保证挥杆击球的稳定性，而挥杆技术的速度节奏，则是通过肌肉发力的强度与速度来控制的。运动员挥杆击球的速度节奏，对击球质量起着决定性的作用。也就是说，运动员既要加强肌肉爆发力（尤其是腰腹力量）的训练，更应加强肌肉控制能力的训练，这样才能建立稳定、有节奏的挥杆技术的正确的动力定型。运动员流畅、稳定、有节奏的挥杆技术，总是能带来精准的击球落点。

3. 耐力运用的持久性

高尔夫运动员的耐力素质主要体现在有氧代谢条件下，肌肉长时间保持良好的运动机能状态的能力。由于高尔夫运动在一轮比赛中持续时间长的特点，运动员必须具备良好的肌肉耐力素质，才能保持在一轮长达数小时的比赛过程中，使自己的技术发挥处于良好的机能状态。因此，高尔夫运动员耐力训练的重点是在有氧状态下肌肉抗疲劳性训练。

4. 柔韧与灵敏素质的统一性

高尔夫运动属于个人技巧性的运动项目，而运动员的柔韧性与灵敏性素质，是运动员掌握正确的技术动作、发挥身体与技术潜能的重要基础。良好的柔韧素质是运动员舒展、流畅的挥杆技术保障，也是增大挥杆半径、增强挥杆力量的重要生理基础；而灵敏素质又是运动员挥杆技术协调性的重要生理基础，良好的灵敏素质可以提高肌肉对挥杆技术力量运用强度与速度的控制能力，提高挥杆技术节奏的准确性与协调性。

（二）技术特点

高尔夫运动是通过人对运动器械（球杆）的掌控，完成不同情况下的击球，进而达到运动的目的。高尔夫规则规定，运动员在比赛中不得超过14支球杆。而这14支球杆具有不同功能与作用，以及不同环境和不同地点挥杆技术运用的特点。概括起来讲，高尔夫运动技术体现了不同动作技能类型的基本特点。

1. 具有非周期性的技术特点

周期性运动，简单地讲就是在一定的时间过程中，以相同的方式不间断地完成一系列动作的运动，比如长跑、游泳等运动项目。而非周期性的运动，往往是指那些运动持续的时间短暂、完成动作与所需的时间具有可以直接感觉到起始点与终点的运动，比如田径运动中的径赛项目、射击、射箭等。

高尔夫运动属于非周期性的户外体育运动。在高尔夫运动比赛中，运动员是根据不同环境与不同条件下的球的位置，采取不同的技术方法完成击球动作。因此，高尔夫运动的技术运用具有非周期性的技术特点。

2. 具有开放性的动作技术特点

所谓开放性动作技术，是指技术动作随着外界情景的变化而做相应变化的技能。开放性动作技能要求运动员具有处理外界信息变化的能力和对事件发生的预见能力，与不稳定的、不可预测的环境因素有关。

高尔夫运动是在自然环境条件下，依靠运动员的动作技能对不同情况的针对性处理，及时变化与调整技术动作。因此，高尔夫运动具有开放性的动作技能特点，运动员应具备处理各种不同情况的技术能力。

3. 具有精细与粗放兼备的技术特点

从运动员的动作技能来讲，精细的动作技能是指在狭小的空间范围内进行，并要求具有精巧的协调动作的技术能力，一般主要是由小肌肉群协调完成；粗大的动作技能主要是只需要大幅度的动作，通过大肌肉群的运动完成技术动作。

高尔夫运动的主要技术体现在球员上杆、挥杆、收杆等技术，不同情况下的技术运用，既要小肌肉的协调用力，有时也需要大肌肉群的运动，因此，高尔夫运动技术既有技巧性的运动特点，也有大肌肉群运动的技术特点。

4. 具有器具操作性的技术特点

高尔夫运动是通过运动员对运动器具（球杆）的掌控，进而完成各种情况的击球技术。在高尔夫运动过程中，球杆是运动员身体的延伸，只有熟练地掌握各种性能的球杆挥杆与击球技术，才能形成运动员全面的技术能力。因此，器具的操作性是高尔夫运动技术的突出特点。

（三）战术特点

高尔夫运动战术，也称为临场攻击策略，是运动员身体机能、技术能

133

力与心理素质等相关因素的相互配合与相互作用下，在比赛中为表现出高超的竞技水平、挑战自我并战胜对手而采取的合理有效的计谋和行动。高尔夫运动的战术特点主要体现在如下几个方面。

1. 战术运用的个人主导性

高尔夫运动属于以个人技术水平的发挥与运用为主体的竞技运动，即便是在队际对抗赛（团体比赛）中，同一方攻击策略的选择与运用，也需要每一位球员个人技术的合理运用，最大限度地发挥个人技术的潜能，才能取得良好的比赛成绩。在高尔夫运动比赛中，运动员临场攻击策略（战术）的选择与运用，是以个人技术水平的潜在能力为基础的，因此，运动员对攻击策略的选择与运用具有显著的个人主导作用。

2. 具体战术方法与整体战术策略的统一性

由于高尔夫比赛场地的特殊性，每个高尔夫球场都存在着不同的难度值，而运动员在比赛中针对不同难度的球场，也需要采取相对应的战术策略。比如不同球场的球道长度、坡度、草坪上球的滚动速度，以及风向等，这些影响球员技术水平发挥的客观因素，都需要球员采取有针对的战术方法，同时，还要符合一轮比赛整体战术策略的实施，使具体的战术方法与整体战术策略统一。

3. 战术方法运用的不确定性

高尔夫运动的比赛过程中，运动员技术水平的发挥随时会受到来自球场自然环境和各种人文因素的影响或干扰。在这种情况下，运动员必须不断地调整自身的技术状态，尤其是战术方法的选择。因此，一轮比赛的战术方法的运用，不可能按照运动员事先的主观设计而顺利实施。运动员总是要面对随时发生的各种有利或不利技术水平发挥的各种情况，有针对性地选择和调整战术方法。因此，高尔夫运动的战术方法的临场运用，具有不确定性的战术特点。

4. 规避劣势发挥优势的可选择性

每一个高尔夫运动员都有自身的技术特点或身体优势，虽然高尔夫运动要体现运动员全面发展的训练指导思想，但是每个运动员的技术优势与劣势是一对客观存在的矛盾体。比如：有些运动员发球时用木杆打出的距离远，而有些球员则用长铁杆时优势突出；有些善于攻击远距离的目标，而有些则具有攻击短距离目标的精确把握。因此，在比赛中，运动员选择战术策略时往往是根据自身的不同优势，努力发挥优势技术，同时尽可能规避自己的劣势技术，力争"扬长避短"，争取最好成绩。

（四）心理特点

心理是人脑对客观现实的主观反应。人们在活动的时候，通过各种感官认识外部世界事物，通过头脑的活动思考着事物的因果关系，并伴随着喜怒哀乐等情感体验等。高尔夫运动作为现代户外竞技运动，各种自然界的物质形态与人文因素，都会成为影响运动员思考战术策略、选择不同的技术方法与手段的客观因素，并对最终采取主观行为产生直接的影响。概括起来讲，影响高尔夫运动员心理因素的主要特征体现在如下方面。

1. 影响运动员心理因素的多样性与多变性

由于高尔夫运动环境的特殊性，影响运动员心理活动变化的内部因素与外部因素也是复杂的与多变的。比如：运动员观测到的影响攻击策略的外部因素，有些是可以看到和预测的，而有些则是无法预测的。在高尔夫比赛中，不可预测的外部因素随时都可能成为影响运动员心理稳定的劣势干扰。可见，在高尔夫运动的比赛中，影响运动员心理活动的主客观因素是复杂的也是多变的。

2. 心理活动变化对运动员技术水平发挥影响的直接性与拓展性

在心理活动中，人的意识是心理活动的最高表现。在高尔夫运动中，运动员的技术与战术的运用，均是在稳定的心理活动所表现的意识支配下的行为结果。良好的意识可以有效帮助运动员发挥技术和战术，不良的意识或者受到外界干扰下的意识，必然产生对技术发挥与战术运用不利的效果。并且，当运动员由于某一环节的心理干扰影响到技术发挥时，往往会产生连带或者拓展性的影响，造成对运动员一轮比赛的整体影响。

3. 心理因素调节的主观性与自觉性

外因是事物变化的条件，内因是事物变化的根据。高尔夫运动员在比赛中所产生的各种心理反应与变化，是外部环境作用于心理的结果。因此，外部环境的变化对心理所形成的干扰与影响，必须通过运动员的心理改善这些因素对心理活动所产生的不良影响。可见，高尔夫运动员的心理活动既是对外部环境变化所产生的反应，也是克服外部环境变化对运动员心理影响与干扰的基础。

人物介绍：

泰格·伍兹

传说泰格躺在婴儿床还没学会走路的时候，就开始接触高尔夫了。在父亲的调教之下，6个月的泰格就在一旁观看父亲击球并进行模仿。7个月大的时候，泰格得到了平生一份最特别也最普通的礼物——高尔夫球杆。两岁时，他就参加了迈克·道格拉斯表演秀。在节目中，他与喜剧明星鲍勃·霍普进行推杆比赛，结果，他赢了鲍勃·霍普。3岁时，伍兹打出了9洞48杆的成绩。4岁的时候，泰格参加了第一场比赛。6岁时，曾因两次一杆进洞传为佳话。8岁的时候，他获得了美国USGA 10岁及10岁以下世界少年锦标赛的冠军。11岁时，他就已经在加利福尼亚南部的三十几场比赛中没有对手了。

1996年夏天，已经在高坛占有一席之地的泰格转为职业身份，正式参加了PGA巡回赛。在此后短短的4年时间里，泰格取得了一系列辉煌的成绩，共获得26项赛事胜利。

2000年时泰格更是势不可当，他一举夺得了美国公开赛、英国公开赛和PGA锦标赛的冠军，完成了高尔夫运动中"不可能的任务"——职业大满贯。在获得英国公开赛的胜利后，他成为历史上第5个大满贯得主。前4位得主分别是本·霍根、吉恩·萨拉曾、加里·普莱耶和杰克·尼克劳斯。而且，泰格在获得四大赛冠军的同时，还在球场上创造了多项纪录。他在大师赛上成绩为270杆，在美国公开赛是272杆，在英国公开赛是269杆，在PGA锦标赛上的成绩是270杆。其中，美国公开赛以15杆的优势胜出，打破了1899年威利·史密斯以11杆胜出的纪录。2001年，泰格在奥古斯塔国家球场第二次获得大师赛桂冠。他在最后一洞推出小鸟球。在长达10年的时间中，泰格牢牢锁定了"世界第一"的排名。

然而，随着"婚姻门"给泰格所带来的影响，以及伤病的困扰，使他远离了"世界第一"的位置。他何时再能"虎啸高坛"，人们有太多的期待，也有太多的无奈。

中国职业球员——张连伟、梁文冲

张连伟，是一个中国职业高尔夫运动的传奇人物，一个闪亮在亚洲乃至世界高尔夫球坛的中国名字；他代表着中国高尔夫年轻的历史和骄傲的成就，是新一代球手们追随的榜样。

1985年珠海第一家高尔夫球场——珠海国际高尔夫俱乐部建成后，张连伟在这个日商独资管理的球会当起了球童，工资很低，因为对打球的迷恋，使得执着的他很快得到成为职业选手的机会，后来他又转会到更适于个人发展的深圳高尔夫俱乐部。不久，张连伟开始参加业余比赛，1994年代表中国在广岛亚运会上夺得个人亚军，回国后被中高协批准转为职业选手。

2002年张连伟征战日本高尔夫巡回赛，在两站赛事中都名列第二。那年他的总奖金为4500万日元（约37.5万美元），名列日巡赛奖金排行榜的第22位。在澳门公开赛上，经过5个加洞后，他击败了津巴布韦球手尼克普莱斯卫冕成功。

2003年张连伟在新加坡大师赛上夺冠，获得2004年全年欧巡赛参赛资格。同年他首次拿到梦寐以求的中国公开赛冠军，这个

> 冠军的积累不仅给自己增加了信心，而且让国人更加坚定了中国高尔夫运动的发展。2004年张连伟得到了参加美国大师赛的邀请，成为征战享有盛名的奥古斯塔国家高尔夫球会的中国第一人。
>
> **梁文冲**，出生与生长在广东中山三乡镇。15岁时，中山温泉高尔夫球会在附近中学挑选学生加入球会的高尔夫选手培训班，他被选中了，那时，他对高尔夫还一无所知。然而，在球会教练员的悉心指导下，他的天赋很快显露出来，成长速度令人惊讶。两年不到，他就获得了1995年中国青少年公开赛冠军和中国业余公开赛季军。从1996年至1998年，他7次夺得国内业余大赛的桂冠。在中外强手如林的大卫杜夫巡回赛之中国公开赛上，他以业余身份参赛，位居并列第四，令业界刮目相看，并无可置疑地被看好为亚洲高尔夫球坛一颗闪亮的新星。随后，他即转为职业选手。
>
> 亚巡赛执行主席齐拉汉先生说："梁文冲的成功势必会掀起中国高尔夫的第二个浪潮，这一点非常像21世纪初张连伟不断取得胜利令中国的高尔夫得到普及一样。梁文冲代表了中国高尔夫的新时代，他今后的发展肯定会给他的祖国乃至整个亚洲的职业高尔夫事业留下永久的烙印。"

第二节　高尔夫运动员竞技能力训练

在竞技运动中，构成运动员竞技能力的体能水平集中表现于力量、速度和耐力三种基本运动素质所形成的组合性运动素质的发展水平；技术水平的高低可从技术的合理性及稳定性两方面予以判定；战术能力则表现为力求出色地发挥自身的体能、技能及心理能力，在规则允许的范围内最大程度地发挥自身潜在的竞技能力。因此，高尔夫运动员的竞技能力训练，是一个多因素、动态发展的训练系统。

一、技术训练

高尔夫运动的基本技术，实际上是以肩为圆心的圆周运动，它由握杆、站姿、瞄球、挥杆和顺摆等动作组成。要学习高尔夫球，就必须全面掌握高尔夫球的正确击球技术。好的击球技术，最终体现球手击球的力量、角度、球速和对球的飞行弧线控制能力的高低、球的落点的准确度上，无论哪一种击球技术，都要用正确的技术动作形式表现出来，才是适用的技术。

（一）握杆

握杆指的是球员握持高尔夫球杆的方法，它是学习高尔夫球技术的第一步。正确的握杆在于击球过程中能使躯干和手臂运动的动力传递给杆头，可以调节与控制挥杆动作。握杆不正确的球员，当他上杆到顶点时，球杆会失去控制，下杆击球时就无法将全身力量传到杆头上，击出去的球就不可能达到理想的距离，其方向也不会准确。因此，要掌握适当的力度。

1. 握杆基本原则

（1）要掌握适当的力度

就是说松紧适度。因为握得过紧会导致前臂肌肉紧张，击球时影响力量的发挥；也不宜握得太松，太松会使得球杆失去控制。

（2）握杆一体感

双手握杆后在使用中有一体感，就是有舒服自然好用力的感觉，即球杆如同自己手臂的延伸。否则将造成球杆失控，影响击球。

（3）强度要适度

握杆用力的强度要适度，太强势握杆会造成击球时杆面向左关；太弱势握杆击球时杆面会打开，击出的球向右飞。所以应根据球员自身的挥杆能力和特点选择握杆的方式和强度。

2. 握杆的基本方法

（1）重叠握杆法

这是广泛采用的握法，优点在于能够较好地保持两手的一体感，能有效地控制左右手的用力平衡，尤其是手掌大、手指长、力量好的球手宜于采用此法（如图5-1所示）。

（2）自然握杆法

此法又称棒球式握法，即像握棒球杆一样，两手分开用食指握住球杆，右手的小指与左手的食指相贴。这种握法适用于年龄较大、力量较差的球员或女性。优点在于能够更好地发挥右臂力量，不利因素是不易保持两手的一体感和均衡性，又由于过于依赖手腕用力，故对球的方向性产生不利影响（如图5-2所示）。

（3）互锁握法

互锁握法是右手的小指插入左手食指与中指之间，钩锁住食指。这种握法多为小指短的人和力量较差的女性采用。其优点是一体感较强，利于发挥右手力量；可是也存在不适感和影响击球的准确性（如图5-3所示）。

以上三种握杆方法究竟哪种好，可谓各有短长，初学者可根据自己手的大小、手指的长短和力量的强弱等条件选择适于自己的握法。

图5-1　重叠握杆方法

图5-2　自然握杆方法

图5-3　互锁握杆方法

（二）球位与脚位

球位与脚位的关系，是事关"站姿"的正确选择，而正确的"站姿"不单单是把身体的方位与目标调整好，更重要的作用是帮助我们在挥杆时保持较好的身体平衡感，使全身的肌肉充满着劲力，随时准备应变，并且把注意力贯注在击球的一刹那，使得全身的力量顺畅地从球头上倾泻出来。

1. 球位选择（以右手为例，下同）

球与身体的前后距离是身体面对球，左肩对准击打方向，双手握好球杆，双臂自然前伸，上臂贴近胸部，杆头自然贴近球。

球与双脚的距离是以左脚跟为基准，球杆越长，球位越向左脚跟方向移，反之则相反。如使用 1 号木杆，则把球放在左脚跟的延长线上；若使用 5 号铁杆，球正好置于两脚前方中间。

2. 脚位

脚位是指球员准备击球时左脚与准备击球路线约成 45°，右脚则根据击球距离和球杆选择来确定相应位置的站法。一般有三种站法：正脚位站法，即两脚尖连线与准备击球路线平行的站法；开脚位站法，即右脚稍微超前于左脚的站法；闭脚位站法，即右脚稍后于左脚的站法。

（三）准备击球姿势

1. 站位姿势

站位，是后续学习技术的前提和基础，其中包括站姿和瞄球。站姿的作用是在挥杆过程中不仅能提供良好平衡，稳定支撑使上半身平稳地旋转，而且能使全身各部位协调用力，使每一部位的力量顺其自然地释放出来。站位的姿势有三种。

（1）直角站姿

取与击球方向平行的姿势，适合初学者使用。两足尖的连线与球的飞行方向平行，在上挥时左肩易向内侧扭转，较易完成动作。

（2）左奔站姿

相对球的飞行方向线而言，将右腿拉向后方，偏击球方向右侧站立。因其姿势影响，挥杆时杆头以内侧击球，易形成左旋球。

（3）右奔站姿

相对于直角站姿而言，左侧保持不变，右侧向前突出的站立方式，或者是左足较右足偏后的站位方式。其特点是在上挥杆时左肩不容易向内扭转，而在完成顺势动作时身体容易打开，因此容易形成由外向内的挥杆轨迹，产生旋向右侧的球。

2. 站姿训练方法

高尔夫球的站姿，不是单纯为了打球而站在球的旁边，更主要的是为了正确地击球，使球向球员心目中的理想方向飞行打基础。

步骤一：在站姿之前，应先从球的后方向目标方向眺望，在目标线上寻找一个标记，并确定球与该标志物之间的连线，即为球的飞行方向和目标方向。

步骤二：确定球与足的位置关系。从球的位置上引出一条与球的飞行方向垂直的线，通常是左足足跟靠近该线。

步骤三：两足平行开立与肩同宽（距离是采用双脚对齐的正确姿势，双脚站开，保持身体稳定，其两脚跟之间的距离，在采用5号铁杆时与腰身宽度相等为宜），左足尖稍向外撇开，左足跟靠近所引的垂线。

做以上练习时，注意球员的站姿和宽度以及与球之间的距离，是随球员的身体状况和使用的球杆不同而改变的，一般使用较长球杆时站姿和宽度与自己的肩宽等同为好；身体较瘦的人，因为身体易于扭转，可以稍微站宽一些，相反较胖的人可以稍微站窄一些；随着球杆的缩短站位逐渐变窄；身体与球之间的距离关系也随着球杆的长度而变化，在击球准备时，躯干与手之间的间隔一拳左右为宜。

（四）瞄球姿势

1. 瞄球姿势的作用

用正确的姿势瞄球是挥杆动作中最重要的一环，因为这决定球手会打出什么样的球。瞄球时身体一定要与目标线平行，就是打球前先确定目标，让球杆面正对目标，然后调整站姿。站姿一定要使双脚连线、两膝盖连线和双肩连线与目标线平行。但使用不同球杆瞄球时球的位置有所不同，通常使用1号木杆时球与左脚跟对齐，球杆越短球位越靠右，球杆与身体也越近。

2. 瞄球技术动作要领

两臂自然从肩部伸出，左臂的肘部稍朝向前上方，左腋轻轻夹住，两手握紧球杆。上体保持背部伸直，略微前倾。前倾程度随球杆的长短而不同，杆越长则前倾度越小，反之则大。腰部要尽量保持正直，这样有利于保持下半身的稳定状态。忌讳含胸驼背。两肩要放松，右肩略下沉，稍低于左肩，两肩的连线基本与球的飞行方向平行。臀部略向后突出，如同在高椅子上似坐非坐。两膝稍弯曲，其程度与上体的前倾程度相适应，亦随球杆的长短而变化，两膝微微自然内扣。重心位于两脚掌心连线上的中心部位。通常是球的位置是在左脚跟的前方，站位时两脚与球飞行方向平行，然后左脚尖稍向左开放，右脚向右横移相应的距离，才算完成了对球站位。

3. 瞄球训练顺序

（1）首先观察球、打击及方向线。
（2）身体前倾时将球杆杆头面部面向目标，双脚并立。
（3）右脚拉开，轻轻调整至适应站姿。

4. 瞄球训练要点

（1）瞄球时收缩下巴，放松双肘力量，再紧夹双肋。球位于左脚跟垂直线上（此线与球飞行方向线垂直），将脸往右偏，右肩位置略低于左肩，左腰、左膝略往上抬，右侧向右肩、腰、膝三中心点收缩，而双肘自然下垂。

（2）下半身要固若盘石，两臂和上半身用力挥杆。

（3）瞄球时收缩腰部，重心放在双脚上，双膝自然偏向内侧。

（4）直角瞄球姿势，先让杆面以直角对准击球线加以支持，而不受站姿所处地形的影响。双肩连线、左右髋部连线、双膝连线这三线与击球方向保持平行。

（5）正确握住球杆，杆头保持直角后，便可进行瞄球，杆与小腹保持20厘米的间隔。随着球杆号数变小，其间隔距离也可适当变小。

（6）以直角握杆瞄球，左侧应朝向身体内侧，右侧朝向身体外侧。

5. 瞄球姿势的练习步骤

（1）球员身体放松，精神集中，进行一两次深呼吸，然后按要求握杆。

（2）根据所使用的球杆，确定球与足的距离，轻轻踏脚调整站姿，保持两脚的稳定。

（3）两肘弯曲，将球杆举至体前，两手向右回旋，检查右手的中指和无名指的握杆，再向左回旋，检查左手的中指、无名指和小指的握杆情况。

（4）将两臂下放伸出，使杆头位于球的正后方，杆面正对球的飞行方向，杆头底部轻轻触地。

（5）两臂弯曲并稍稍内扣，上体微微前倾，头颈部保持正直、放松，目直视球。

（6）为了使挥杆动作更加流畅，在开始挥杆之前轻轻左右摆动一下杆头，以有利于松弛全身肌肉的紧张，集中精力，这也是心理上的需要。

（五）击球技术动作要领

高尔夫的击球动作分为准备姿势（站位、脚位、瞄球）、挥杆动作、结束动作，这里着重讲挥杆技术动作。挥杆动作是由后摆杆、上挥杆、挥杆顶点、下挥杆、冲击球、顺势动作、结束动作等几个技术环节组成。根据挥杆动作和挥杆顶点所处的身体姿势的不同，挥杆可分为两种方式：第一种是直挥式，其特点是挥杆顶点高、幅度大，挥杆面更加接近于直立。这种挥杆适用于身材高大的人，可以充分利用身高力大的优势，以大幅度的挥杆动作强有力地冲击球，从而使球飞得更远。第二种是平挥式，这种挥杆适合于身体矮胖，不便于转动的人。其特点是挥杆顶点低、幅度小、挥杆面倾斜度大。

高尔夫球的挥杆技术是沿纵轴的旋转运动，身体不能向右或向左做横向移动，也不得向前或向后做俯仰动作，这是最基本的要求。

1. 后摆杆技术要领

后摆杆是上挥杆的起始部分，是指将杆头从击球准备时的状态开始向球的后上方摆动的动作，从开始启动到进入屈腕动作为止。

后摆杆起动后，使左臂与球杆成为一个整体，不要屈腕屈肘，要保持两臂与肩构成的三角形，左肩、左臂和左手与球杆成一体，以左肩依次带动臂、手、球杆，将球杆杆头慢慢向球的飞行方向正后方引摆30毫米左右。此时一定要保持杆面始终正对球的飞行方向。后摆杆的关键是慢而直。所谓慢是指杆头的向后运动要缓慢，这样有利于整个上挥杆的节奏；所谓直是指球杆的杆头要直线向后摆动，而且杆面保持正对球。

2. 上挥杆技术要领

后摆杆是上挥杆的起始，上挥杆是后摆杆的延续，也可说后摆杆是上挥杆的一个技术环节。它是继后摆杆之后，继续保持肩与两臂的三角形，以杆头带动两臂以左肩向右转动，在两手到达右腰部高度时，左臂如同向右上方伸出一样继续上举。在上体和髋的转动作用下，左腿内旋，左膝内扣。右腿仍然保持内扣，维持两膝间的距离，以右足内侧承担大部分体重，其余部分由左足前脚掌内侧承担。在上挥杆过程中，左臂要一直保持击球准备时的状态。左肘部不要弯曲，手腕保持伸直状态。

上挥杆的练习步骤：

步骤一：先瞄球（在前面已讲）。

步骤二：起杆，假设球位于时钟6点处，球员将杆头摆到8点位置为起杆。在此位置手腕角度与瞄球时相同，臀部保持不动，握把末端指向肚脐。从瞄球到此位置，肩、臂、手、球杆一起移动，双臂与双肩形成三角形保持不变。不可转动手腕或因身体重心右移导致杆头沿目标线后移。

步骤三：继续挥杆练习，球员将球杆挥到9点位置，杆身与地面平行并与目标线平行，此时，手腕微屈，右肘弯曲，在肩膀的带动下臀部转动较小。其技术要领是握把末端沿垂线通过右脚尖外侧；杆身位于两脚尖的连线的正上方，并与地面平行，杆身位于初始平面内；此刻，杆头指向天空。

以上步骤中注意身体旋转与手臂动作要一致，右臂不宜离开身体太远，平面不宜太平或太陡。

3. 挥杆顶点技术要领

实际上挥杆动作很快，上挥杆和下挥杆两个动作之间没有明显的时间间隔，它们的转换是在瞬间完成的，通常是把两者转换的瞬间定为挥杆顶点。挥杆顶点环节非常重要，因为它的正确与否决定了球员下杆的质量，最后影响击球。在上挥杆要完成时，左手的手腕保持正直，向拇指方向屈曲，拇指根部处形成褶皱，拇指的指腹顶住球杆握柄，中指、无名指、小指紧握球杆。左手手背朝向前上方，手背与前臂面在同一平面上，手腕不向掌侧或背侧屈曲。左肘内侧稍朝上，右肘微向内扭，左右两腕均轻轻夹住。左肩内转90°，位于下颌处，指向球的右侧。腰部向右扭转，右膝保持稍向内扣，左膝稍向右膝靠近，左踵略提离地面，体重主要由右足内侧支撑，完成挥杆至顶点。

（1）挥杆顶点练习步骤

步骤一：完成站姿，身体重量移到右脚内侧，左脚不要离开地面，保持右腿角度的时间与瞄球时间相同。

步骤二：臀部转动约45°，肩膀完全转动（约90°），背部正对目标。整个身体像上紧的发条或拉满的弓，背部肌肉绷得很紧。

步骤三：左臂伸直越过胸前，右肘贴近体侧，右前臂与脊椎轴平行。

步骤四：左手位于球杆下方，左腕背面保持平直，左臂与球杆的角度大约是直角。

步骤五：球杆位于右肩末端正上方，对长杆而言，杆身应与地面呈水平并与目标线平行，杆面与左臂平行。

（2）练习注意事项

右肘弯曲不得小于90°，以防挥杆半径变小，左手臂不宜离开胸部太远，左肘亦不宜抬得太高，防止挥杆平面过陡，左手腕背不得向后弯曲，杆头亦不得指向天空，左手背也不得向前弯曲，杆面不宜开放。

4. 下挥杆

下挥杆是因上挥杆而向右回旋的身体的扭紧向左还原的动作环节。上挥杆的动作顺序为杆头、臂、肩、腰、膝，而下挥杆时则恰好相反，其发动顺序是从下半身开始启动，使腰、肩、臂超越杆，最后才使杆进入下挥杆运动。

(1) 下挥杆技术要领

上挥杆结束瞬间从提起着地的右足跟动作开始，左膝固定，左腿用力支撑，将下肢被迫扭紧做好积极用力，是力量向上体转移的准备。腰部扭转复原到击球准备时的状态，左肩在下肢和腰部的作用下，自然向左转动，带动在上挥杆时被拉伸的左臂向下拉引球杆，此时杆头仍然被留在上面，等待下挥冲击球瞬间的到来，身体重量同时向左侧移动，两手拉引球杆至腰部的高度，腰部如同以墙壁顶住身体的重量那样保持身体的安稳。

对初学者而言，往往在下挥杆时不是以下半身的还原动作开始启动，而是过于快速强力击球，使右臂过早积极用力，造成球杆过早下落，使两臂肌肉过分紧张，增大了力臂，结果减小了击球时的冲击力。

(2) 下挥杆练习要领

从下挥至完成击球实际上是上杆到下杆方向的转变，是非常重要的动作要点，也是最容易出错误的环节。下杆必须从臀部开始，臀部首先向左移动，头部保持原位。此时左臀、左肩和左臂保持绷紧。臀部主动往回转，臂和手保持被动，手腕角度与上杆顶点相同，右肘角度不变。臀部左移使右肩下降，右肘向下和向内拉，双臂向下降，以使下杆平面降低，便于将球杆自目标线内侧下杆击球。继续降低挥杆平面，此时的球杆面应在初始球杆面上方并与之平行，握把末端指向目标线在球后方的延长线上。

在下挥杆过程中，还需注意保持身体的左半身领先。为此，应先由左下肢启动，并固定支撑，然后右半身在左半身的引导下自然而然地转动。一定要注意，不要在开始下挥杆时就过早主动地使用右臂。在下挥杆的过程中，身体重心要逐渐移到左腿内侧，这有利于左侧支撑，防止过分地消耗力量。

5. 冲击球

(1) 冲击球技术要领

冲击球动作实际上是下挥杆动作环节的一部分。在两肩转动到与球的飞行线基本平行的瞬间，左手拉引球杆至腰部的高度，此时下挥杆时积蓄的力量集中于手腕向拇指侧的屈曲上，在这般强大的凝聚力及下挥杆的惯性力的作用下，两臂继续向击球准备时的状态做还原动作，杆头则以极快的速度开始下落。刚好在两臂位置到达挥杆轨迹的最低点——球的位置，飞快地将球击出。在下挥杆过程中逐渐朝向前方的左手手背在冲击球的瞬间朝向目标方向，然后在下一瞬间随着两肩的转动向左后方向转换，而右手背则由击球时朝向目标反向转为朝向右前上方，身体重量集中于左腿，头部保持固定不动，眼睛注视球的位置。

冲击球动作是上挥杆、下挥杆动作的最终目的，因此冲击球效果的好坏是由击球以前的一系列动作所决定的。整个挥杆动作是一个由全身完成的鞭打动作。在击球过程中，全身的运动从下肢、腰、肩、臂循序进行，动量越聚越大，最终传递给杆头。杆头在击球瞬间的运动速度最快，冲量最大。

(2) 冲击球练习要领

球杆打击面与球接触的时间不超过千分之一秒，在球飞离杆面的瞬间，球的飞行轨迹已经确定了，除了风的作用因素外，球员再无法改变和控制它。怎样才能使杆头准确无误地还原到瞄球的起始位置上呢？正确的练习是球员下杆到击球位置时球杆速度达到最快，杆头的打击力达到最大。左臂与球杆成一条直线，手的位置在杆头前面，左手背平直，右臂和右腕略弯曲，脊椎角度与瞄球时相吻合，头的位置在球后方，双肩比瞄球时略微开放，臀部开放约呈45°，左腿稍屈，但仍保持牢固的左侧支撑，右膝弯曲向内靠，但不得超越双脚尖的连线，右脚跟由于身体转动被迫抬起。

以上练习应避免脊椎角度与瞄球时不一致，头部会上下起伏，下肢向左移动太多，会导致头部落在后方太远，而过早释放杆头会导致左手腕弯曲，杆头越过双手，造成杆面左关。关键是如何控制住杆头的正确方位。

6. 顺势动作

顺势动作是冲击球的延续，是结束动作的开始，是冲击球动作结束后的惯性运动。

(1) 顺势动作的技术要领

冲击球动作结束后，体重由左腿支撑，左腿内侧合理紧张，固定左膝使之不向左产生不必要的移动。左踵提起，右膝向左膝靠拢，在右腿的推动下，腰部继续向左转动。身体绕纵轴转动，右臂取代左臂占据主导地位，在杆头的惯性作用下，右臂伸直，牵引右肩向下颌下方运动。左手紧握球杆，左腋夹住，左上臂向上方转动，保持两臂与肩形成的三角形，左手背朝向左后方，杆头向目标方向大幅度挥出。

(2) 顺势动作训练技术要领

身体沿纵轴旋转，并向左移动，身体重心向脚跟转移，左腿伸直支撑大部分重量，身体几乎正对目标方向。右腿和右脚有向左侧拉动的感觉，右手臂伸直，左肘向内弯曲，球杆与初始挥杆面平行并在左上方。

7. 结束动作

结束动作并非有意做出来的，而是正确、流畅而有节奏地挥杆的自然结果。

结束动作的技术要领是在顺势动作中，两手到达腰部高度后，右臂继续带动右肩向下颌下方转动，杆头向后上方运动，腰和肩沿纵轴向左转动，身体重量全部由左脚承担，左膝保持固定。当右臂随着身体转动到达左侧平行地面时，头部才随着转动轴转向目标方向，两眼注视飞行中的球。此时杆头已运动到结束动作的最高点，并继续向纵轴左方运动，右臂在杆头的牵引下向左前上方摆动，同时带动右肩向前，身体完全转向面对目标方向，将球杆斜背在身体后面，头正对目标方向，两眼注视球飞行下落。

结束动作的大小因人而异，一般身体粗胖的球员受柔韧性和灵活性的影响，动作幅度较小；而身体较瘦的球员则结束动作的幅度较大。

二、攻击策略（战术）训练

(一) 击出远距离球的主要技法

击出远距离球，大致上可分为发球区开球和在球道上击球两部分。

1. 开球

（1）开球准备

①球杆选择

原则上选用 5 号、3 号或 1 号木杆开球，也可以用 5 号或 7 号铁杆开球。对初学者来说，最好选用铁杆开球。

②置球

在发球区开球时，球座的高度最好使放在球座上的球的中心线与杆头顶端的高度相等。

（2）开球技术

以重叠式握法握杆为佳，根据球位与落点目标连线，设定目标线确立瞄准点，采取闭脚位，按照所选开球的球杆来确定球的放置位置，并按照基本技术要求做好准备姿势。

（3）挥杆

①上挥与上挥顶点

头部保持不动，全神注视着球。从左肩开始双手握杆自然右转，重心由两脚连线中点移至右脚内侧，同时右膝保持自然屈度不变，左膝微屈，顺势右臂向后，左臂向前，但腰部无须扭转。球杆沿着球飞行路线内侧运行，上挥到顶点。

②下挥与击球

随即开始做下挥动作，先把重心从右脚移至左脚，臀部快速扭转，由它带动手臂向下挥杆，恢复到上挥前准备击球状态。击球的一瞬间突然甩腕，用杆头在下挥弧最低点击中球的正背部。

③送杆

击完球后，应保持挥杆击球的惯性，接着做完送杆动作，直到球落地后方可收杆。

2. 在球道上击球

开球后，一般仍采用远距离击球的打法将球打上果岭或接近果岭，因此打法基本与开球相似。所不同的是无须用球座架球，根据击球需要，选用适当的球杆，以确保击球效果。

（二）击出中距离球的主要技法

1. 球距果岭 180 码左右距离

球距果岭 180 码左右距离，球洞在果岭后缘部，这时宜采用起波球的打法，选用 5 号或 6 号杆。握杆的部位在杆把顶端向下约 7.5 厘米之处，采用开脚位站立，重心在左脚上，球位置于两腿中间偏右处，使得双手握杆在球的前方。击球要像扫把扫球一样将球打出去，但千万不要翻腕。

2. 球距果岭 150 码左右距离

球距果岭距离为 150 码左右，中间又有障碍物（沙坑、水塘等）时，需要用劈起球的打法来击球。先选用 8 号、9 号铁杆或劈起杆，握杆部位在距杆把顶端 2.5~5 厘米处，采用开脚位，两脚间距离窄于两肩，球位在两脚正中间。击球时，靠调整手臂运动来控制距离。

3. 沙坑球

沙坑是高尔夫球场中专为球员击球时设置的障碍，一般沙坑都设在果岭的周围和球道途中。

（1）果岭周围的沙坑球

①打陷入沙中的球

仍然是以沙坑球的基本打法击球。但当球陷入沙中很深，成为"荷包蛋"时，就只能采用爆破法，由上至下直接砍球，使球与沙一起从沙坑中爆发出来。

②打上坡沙坑球

上坡沙坑球大致可分为两种：一种是沙坑本身很低；另一种是沙坑本身很高，使球前方被沙坑边挡住。当沙坑本身很低时，击球时以打短切高球或切低球的方式挥杆，下杆时直接打球；若沙坑本身很高，球的前方被沙坑壁挡住，击球时下杆必须尽量将杆面开放，用力朝沙坑壁击球，重心始终放在左脚上。

③打下坡沙坑球

打下坡沙坑球的困难是，球的前方没有沙，而球的后面沙很厚。上杆时杆头以直立角度举起，下杆时以锐利的角度进入后方的沙中，并且保持向下直到送杆。

（2）球道沙坑球

球道沙坑距果岭较远，如果球没有陷入沙中，则可以正常地挥杆击球；若球只有一部分陷入沙中，则不论深浅都应采用在球道上打中短铁杆的方法。

（三）击出近距离球的主要技法

当球被击至果岭附近时，就必须针对地貌状况合理选用近距离击球法将球击上果岭，接近球洞。由于击球距离近，故一般用力幅度较小。常见近距离击球法有劈起球、起波球、沙坑球等。

1. 劈起球

劈起球是一种被击起后会产生强力倒旋的高吊球，且落地后基本静止不动，经常在球距离果岭 20 码左右、中间又有障碍物（沙坑、水塘）时使用。选择 8 号或 9 号铁杆或者劈起杆。采用半程振幅。上振时可稍微向后屈腕，动作迅速；下振时手的动作弧度要陡直，手腕快速伸直击球，带动手臂振杆来完成。

2. 起波球

起波球是一种落地后仍继续向前滚动的球。一般是在比赛中遇到当球洞位于果岭靠后位置、球打上果岭有滚动余地时使用。选择 6 号或 7 号铁杆，至少不得小于 5 号铁杆。采用半程振幅。整个振杆过程无屈腕动作，下振击球后须有自然有力的跟杆动作，使得肩、臂、腿、手跟球杆一起构成一个连贯的协调整体。

3. 沙坑球

选用沙坑杆，且握杆时两手向逆时针方向做适当调整，球在两脚前接近左脚处，振幅短。上振时球杆可略微翘起，下振击球时力度不大，主要靠左臂和身体右侧带动球杆，且沿着由外向内的轨迹方向将球击出。

4. 拨推球

拨推球是指在果岭上运用合理技术，利用果岭地形、草皮纹路等有利条件，将球打入球洞的方法。

（1）拨击法

上振幅度小，左臂锁定弯曲角度。下振击球时手腕保持不动，左手有节奏地发力，右手辅助用力。

（2）拨推法

高尔夫球球场有 18 个果岭，它们的形状、大小、倾斜度各不相同，拨推球方法也不一样。如球和球洞的连线是由左向右倾斜，称为切线，拨推的球易右弯；若球和球洞的连线是由右向左倾斜，即称为钩线，需瞄准球的右侧推杆。另外，对顺草球、下坡球，拨击力度要小些；若为逆草球、上坡球，则拨击力度要大些。总之，推杆的力度与方向，需根据果岭的倾斜度和草坪状况决定。

（四）特殊球的打法

1. 飞越大树障碍

当估计大树在击球弹道的高点区时，可采用飞越大树的方法。其要领是有意使身体保持左低势态，上振时要较早地做屈腕动作，下振后更要充分跟杆，高举杆头。使用的球杆要根据离球洞区、大树的距离以及大树的高度等因素精心选择，可以选用木杆，也可以选用劈起杆或沙坑杆。

2. 右旋球的打法

选择右奔站姿，身体向左开放，若需要较大幅度的右旋球则开放程度稍大一些，反之则小一些。球杆杆面仍然朝向目标方向，这样在下挥杆时球杆杆头从右前外上向左后内下形成斜向的由外向内的运动，即下挥杆轨迹与球的飞行方向线呈从右前向左后的交叉。

3. 左旋球的打法

打左旋球与打右旋球的原理是一样的。要采用左奔站姿，两脚连线稍

153

朝向球的飞行目标线的右侧，球杆杆面朝向飞行目标线。在下挥杆时，杆头从右后内上向左前外下形成斜向的由内向外的运动，即下挥杆轨迹与球的飞行目标线构成从右后向左前的交叉。

4. 低平球的打法

要使球从树中间或较低的树冠下穿过，一般要打较低的球以保证安全。在打低球时，一般使用杆面倾角较小的球杆，通常使用木杆或长铁杆。采用直角站姿，球的位置要较一般正常站位时靠近右侧一些，基本上位于站位的中央，这是打低平球的关键所在。一般来说，球的位置越靠近右侧，球的弹道越低，体重较多地由左腿支撑，在挥杆过程中也保持这种状态。可以将球杆握得稍短一些，在下挥杆过程中，手要较球杆头先行，使杆头低而长地运动。冲击球时左腋夹住，两臂不要上提。采用四分之三挥杆，即挥杆的幅度为一般正常挥杆的四分之三，结束动作不需要很大，两手到达腰部高度即可。

5. 大风障碍打法

（1）击逆风球

球位比平时要靠近两脚中央，最好选用3号木杆，振杆速度可有意放慢一些，保持自然连贯、协调的击球动作，快速地将杆头挥出。

（2）击顺风球

球位略向左脚方向移动，最好选用比平时小一号的球杆，利用杆面角较大，易把球的弹道打高，达到较好地借助风势的目的。

（3）击横向风球

在横向风中击球，最好是打低飞球，选用比平时大一号的球杆，利用杆面角较小，使球的弹道降低。职业球员大多采取故意打左、右曲线球的方法来矫正横向风带来的偏向。

6. 特殊地带打法

如果球落入球道上设置的凹陷、粗糙地带或沙坑等特殊地区时，要仔细观察，如果发现环境对技术发挥影响不大，则依旧可以采用击远球技术，但选用易打高弹道的球杆，尽量将球击远。如果特殊地带障碍较多，如球落入沙坑、深坑中，则应选用沙坑杆或挖起杆将球击出障碍区，然后再将球击远。

三、体能训练

体能，即运动员身体素质水平的总称。它是指运动员为提高运动技、战术水平和创造优异运动成绩所必需的各种身体运动能力的综合，它反映人体适应环境的能力。包括运动员的身体形态、身体机能、身体健康和运动素质。而体能训练就是培养运动员的这些能力。

在高尔夫运动项目中，专项身体素质主要包括表现为以提高上肢位移速度，完成一次远距离击球的速度素质；具备足够的力量能够有效地控制自己的器具，保证运动技术发挥，维持身体重心的平衡等的力量素质；身体良好的柔韧性可使动作更加到位，完成动作的质量更高，更加优美潇洒，并减少运动员损伤的柔韧素质；可改善各种分析器官和运动器官机能的灵敏素质等。由于训练方法众多，这里主要介绍基本辅助练习。

1. 转身摸墙练习

站立在离墙 0.5 米的地方，背对墙面且与墙面平行，屈肘将双手举至胸前与肩同宽并伸直，掌心朝外。双脚不离开地面，转动身体，直到双手碰触到墙为止。挥动双臂的同时还要转动身体。

2. 屈肘练习

双臂交叉，模仿挥杆时身体摆动动作。目的是体会挥杆动作时身体摆动的感觉。

3. 甩浴巾模仿振杆练习

准备一条浴巾，将浴巾的一端打一结，双手握住另一端，以浴巾当球杆做挥杆动作。感受挥杆动作造成的惯性、向心力和离心力的效果。

4. 头顶墙练习

距墙适当距离站立，头顶着一个枕头抵住墙面，并做出正确的瞄球姿势。双手自然下垂，握着一假想的球杆，以脊柱为轴，水平转动肩膀和身体。保持上半身倾斜的角度固定不变，避免在挥杆过程中上下移动。体会身体转动时保持头部和身体正对球位的正确感觉。

5. 培养正确用力的练习

左手持杆，右手拿一个球，接着把右手挥至上振顶点的位置，将球从左臂下方和杆身的内侧掷出，此时杆身仍维持在瞄球的位置。

6. 夹毛巾的振杆练习

拿一条毛巾折成长条形，夹在胸部及两上臂间，做振杆练习，上振和下振时整个上臂保持靠近体侧。

7. 拔河练习

同伴站在你的体侧，正对目标线。上振至球杆与地面平行处停住，请你的同伴抓住杆头，你做出下振击球的动作，试图将球杆拉离同伴的双手。

8. 杆间旋转练习

在紧邻两腿的外侧地面上各插一球杆，上振和下振时使身体在两杆内转动。如果你的身体摇晃或侧移而非旋转，两侧的球杆会晃动。

9. 负重旋转练习

手持哑铃或重物取站姿，做振杆动作。目的：保持身体中心点稳定，在双手负重旋转过程中，体会离心力，以增强挥杆肌力。

10. 单臂挥杆练习

练习者以习惯手持杆，取平常姿势，然后按击球动作节奏挥杆。

四、心智训练

心智，简单讲就是人们的心理与智能的表现。是人们对已知事物的沉淀和储存，通过生物反应而实现动因的一种能力总和。高尔夫运动员的心智训练，主要包括高尔夫运动的感知觉培养，以及赛前心理准备与比赛中的心理调节。

（一）专项感知觉培养

1. 距离感

（1）距离感定义

距离感指运动员在比赛中对自己所处的位置与高尔夫球落点和洞穴的距离判断能力，是运动员对距离判断的一种综合感知能力，也就是运动员对自己与高尔夫球之间、球杆与球之间、球与洞穴之间等空间方位距离的感知能力。距离感是高尔夫运动中重要的技术因素，是比赛中取胜的关键。

（2）距离感的相关因素

①视觉与观察力

观察是一种有计划有目的的知觉，主要依靠视觉来进行。它是运动员在场上比赛时一切变化和应变的依据。我们首先是通过视觉观察，看清赛场地貌、地势、地面等情况，观察出球应该飞行的路线、用力的大小与球的落点距离等。观察力与运动员个人的思维能力、分析判断能力有关，一般视野宽、观察能力强者对距离判断准确。

②触觉和肌肉运动觉

高尔夫是运动员依靠球杆来击打高尔夫球并将其击入球洞的运动方式，而距离在比赛中是不断变化的，它根据运动员个人的技术、技能、身体等个体差异有所区别，距离由击球力度、方向组成并随之变化，对距离的长度变化与测量是靠自己敏锐的视觉来观察，而击球距离则靠自身挥杆感觉来完成，它不仅需要动作轻松自然、圆滑平稳而连贯，并且要求用力精确。要做到这点，就需要触觉和肌肉运动觉的协调配合。

③运动表象

表象是将过去感知的客观事物在意识中呈现形象。距离感中视觉表象是对各种距离精确的表象，对自己掌握适合击球力度尤为明显，能引起对自己所处距离进行判断调节，使其符合需要。肌肉运动表象是对自己在各种距离进行击球方法有明晰表象，根据运用的方法决定运用的力量和所需要配合的肌肉动作，这些表象的正确获得是依靠视觉的准确观察以及肌肉运动觉和触觉的经验判断。

（3）影响距离感的主要因素

①运动水平

距离感与运动员的运动水平息息相关，距离感作为高尔夫运动中基本技术运用能力，它既是基本技术在比赛中能力的一种体现，也是一种心理感知能力，距离感精确、敏锐有利于发挥运动的技能。运动水平高，距离感也相应较精确，运动成绩较突出。

②运动员的技术

距离感是技术运用的一个重要因素，成功的技术就要有相适应的距离感，距离感和本身的动作技术与用力精确度相适应。

③赛前竞技状态

良好的竞技状态会使思维活动增强，观察力敏锐，判断准确，反应增快，使距离感精确，距离感和技、战术的配合也就得心应手，应变迅速，而不良的赛前状态则不然。

④运动经验

运动经验来自实践活动，不断总结成功的经验与失败的教训，对观察分析场上情况，及时迅速地调整距离感都有很大作用。运动经验越丰富，调整距离越精确。使距离感和技、战术配合越密切，也就能够适应不同的距离变化。

⑤训练周期的持续时间

长期停训则距离感减弱，脚步的灵活性降低，对距离的观察判断下降，测量距离的精确度降低。

（4）培养距离感的方法

①弄清距离与力量、方向的关系

最佳的距离是多少，即是一次挥杆能够将球击入洞穴的距离，它是比赛中的实质问题，而要接近这个距离，就需要精确的用力和控制球杆的能力。因此，准确地观察与判断这个距离同精确有从属关系。

②加强对球的控制能力

使用不同号数的球杆、采用不同的用力，以及不同切面的角度、击打球的不同部位，会使球的飞行方向和距离产生不同的结果。因此训练中就需要运动员对每一次挥杆击球进行总结，体会手感，并可以采用同一定点距离使用不同号数球杆击球的方法训练对球的控制、对同号数球杆击不同定点距离对球的控制、不同果岭对球的控制、不同天气变化对球的控制等等。总之，对球的控制能力是复杂重要的技术，它关系到运动员的技术动作、战术运用、观察判断，以及各种感知觉方面的配合。

总之，高尔夫运动距离感是复合知觉，它包含视觉、触觉、肌肉运动觉的经验及表象，观察力和思维对正确掌握距离感有重要作用。这种复合知觉是在运动训练中发展和专门化的，是一种复合的心理过程，随着运动水平、运动成绩提高，亦愈精确敏锐。

2. 手感

（1）手感定义

手感亦称器具感，是对球杆、球的感知能力，即握住球杆就能感知球杆的形状、重量、质量和在击球过程中能够感知球杆、杆头、球运行的空间位置、方向、路线、幅度、弹性以及球杆与球接触的力量。对球的感觉主要包括对球的大小、轻重、弹性、颜色、硬度、光滑度的感知和对其控制的能力。

（2）手感在学习中的作用

良好的手感能使运动员在学习技术时更加轻松，而技术的合理运用也可以增强手感。手感的好坏是控制球杆和支配球杆的基础，是技术得以充分发挥的前提。良好的手感能使运动员在较短的练习时间内，通过感知系统精细感知球杆、球的特性，熟练掌握在击球过程中如何控制器具，精确地用力，促进对技术动作的掌握、巩固与提高。

（3）影响手感的主要因素

①器具熟练程度

高尔夫运动是以运动员挥动球杆击球入洞的方式进行比赛，因此对器具越熟练则控制与支配球杆、球的能力越强。它包括根据不同情况合理地选择不同的球杆，有效地控制好球杆与杆头、击球甜点，控制好用力顺序，有良好的空间知觉，有高度的稳定性、灵活性。

②感觉敏锐度

高尔夫是一项精确度非常高的运动，以挥杆击球入洞次数多少决定胜负，这就要求运动员形成良好的手感，它必须借助于来自本体感受器传入信息，通过皮质中枢和大脑皮质机能活动的协调一致、密切联系来完成，运动感觉是运动技能形成的基础，运动感觉越好越有利于手感的形成与巩固。

③自信心

自信心是指相信自己的愿望一定能实现的心理状态，自信心不足会使运动员感到拘束、犹豫不决，从而导致控制杆、球能力减弱，使技术动作运用连贯性差；而自信心强时，对杆、球的控制与支配得心应手，挥杆果断、准确。

④情绪

情绪是客观事物是否符合人的需要而产生的态度体验。消极情绪会造成运动员感知觉能力明显下降，使运动员在比赛中的时间知觉和距离知觉出现错误，从而不能正常地判断出手的速度、节奏、距离、力量和位置，导致手感下降。

⑤高尔夫意识

高尔夫意识是高尔夫运动员所特有的，对高尔夫运动所意识到的、自觉的心理活动的总和，它表现为运动员对比赛现实情景的观察感知、瞬时的思维判断和决策意向。准确合理的行动应答是反映手感发挥好坏的重要标志。

（4）培养手感的方法

①对器具的认识

要培养良好的手感首先应该对器具有深刻的了解，只有掌握不同型号球与球杆的器具结构，以及它对运动变化规律的影响，才能正确认识和处理好高尔夫运动中点、线、面之间的关系，精确控制球杆与球的接触。

②熟练掌握高尔夫基本技、战术

高尔夫运动是以运动员挥动球杆击球入洞的方式进行比赛，技、战术掌握的熟练程度对于建立良好的手感具有决定性作用，只有熟练掌握全面的基本技术，才能得心应手地适应在不同地区、不同气候以及各种地形地貌将技术完美地应用到高尔夫战术中去。勤奋训练是培养手感的重要手段，练习中要处理好运用不同号数球杆、不同用力、不同球在击球时对甜点的掌握，对球的飞行抛物线、方向、路线、落点控制等等一切相关因素，才能使手感精确。

3. 空间感

（1）空间感定义

空间感是对物体空间特性的反映，包括形状知觉、大小知觉、深度知觉、方位知觉与空间定位等等，是知觉空间关系和表象物体位置变化的能力。

（2）空间感在学习中的作用

空间感就是人在空间范围内用眼睛看到耳朵听到的通过神经元转达至大脑并转换为大脑意识形态的感知能力。人的眼睛犹如一台照相机，双眼立体成像于视网膜上，然后通过神经元传输信号至大脑，经大脑处理图像为人的意识，因此人就能看见东西了。空间平面构成的三要素分为点、线、面。从人的视觉特性来分析，单一的"点"具有集中凝固视线的效用，容易形成视觉中心，多个"点"会创造生动感，人所看到的事物也可以看作是一个空间上的一个"点"或是以多个"点"按照不同的层次分布在空间范围内。因此，在高尔夫运动中，对身体姿态的感觉，挥杆动作过程的控制，击球甜点位置的掌握，击球后球应该在空间运行的方向、角度、速度、高度、旋转度、落点等变化的正确判断，都是需要空间感知能力做支撑。

（3）影响空间感的主要因素

客观因素是赛场的地形地貌对视觉的影响，如对球场的长短、宽窄、草皮平坦程度和软硬情况等的感知觉，只有对球场有了深刻而准确的感知，才能主动而有效地掌握在不同球场技、战术运用的一般规律，从而促进技、战术的运用和水平的发挥。天气变化对视觉的影响等，主要指正常天气、大风天气、雨天等对球在空间运行改变的感知觉。而运动员技术能力，对距离、节奏、注意力以及心理稳定能力等是主观影响因素。

（4）培养空间感的方法

①培养方位知觉

方位知觉是人们对自身或客体在空间的方向和位置关系的知觉。为了适应比赛需要，运动员经常需要对比赛场地及主客体在空间的位置进行定向。方位知觉是借助于一系列参考系，依靠视、听、动、触摸、平衡等感

161

觉协同活动来实现的。在高尔夫运动中，主要靠视觉、触摸进行方向定位。我们在日常训练中可以通过一系列游戏活动来训练运动员的方位知觉。

②培养空间定位

高尔夫运动员在比赛时，技、战术的运用和把握除自身动作外，都在于对空间范围内球的运动与洞穴位置、落点距离的判断和控制。一般上下两个方向是以天地位置作为参考的；前后左右完全是以知觉者自身的面背朝向为定向依据的，场地地形地貌以及洞穴旗杆是距离的定向目标。运动员把目标视作多个点组合成的一个三维立体的图形，在比赛时运动员挥动球杆击打高球的击球点、飞行点、落地点这3个点会在空间范围内移动，从而形成不同的空间点组合形状。而运动员本身挥动球杆的起杆、上杆、顶点、下杆、击球、收杆技术动作的姿势形态，也是空间定位能力的表现。因此，我们必须熟悉技术动作结构，熟练掌握技术动作要领，并且观察、分析击球的力量、角度、球速和对球的飞行弧线控制的高低、球的落点准确度上等规律，逐步形成对空间定位的感知。

4. 注意力

（1）注意力定义

注意力就是把自己的感知和思维等心理活动指向和集中于某一事物的能力。注意力是全神贯注于一个确定的目标，不为其他念头所分散的一种能力，也是一种瞬时集中。优秀运动员能随时、随意地运用注意力，又有迅速转移注意目标的能力。一名高尔夫运动员在一场比赛中可能要做很多次的决策，因此，运动员要对比赛中的各种因素全面进行观察、判断和决策，这就要求运动员注意力必须高度集中。

（2）注意力在高尔夫运动中的作用

注意是心理活动对一定对象的指向和集中，它虽不像感知、记忆、思维、想象等心理因素那样能够独立地对客观事物做出反应，但作为一个必不可少的心理成分，它始终伴随着心理现象发生和发展。高尔夫运动是一项高水平的意识活动，不仅需要运动员具有良好的技、战术和身体素质，更需要具有优良的心理素质。其中，注意力在高尔夫比赛中起着非常重要的作用。

(3) 影响注意力的主要因素

在比赛前、比赛中都会有各种影响因素给运动员带来的烦恼。高尔夫运动具有高度的技巧性与精确性，任何犹豫和迟钝都可能导致失误，一旦失误连续上升，就易导致心理紧张，在过度的紧张状态下，运动员的注意力会较多地分散于一些无关刺激或不利于比赛发挥的人或事上，而不是更好地集中于比赛过程的行为决策上，从而导致在比赛中的失误连连不断。影响运动员注意力的内部因素如信心不足、性情急躁、求胜心切等等，这些不利因素会造成注意力无法集中。而外部因素则有很多，如平时训练不够扎实、参加的比赛过少、对赛场环境的不适应等。

(4) 培养注意力的方法

比赛时的注意力是靠平时自己在训练中一点一点凝结起来的，只有认真对待平时的每一次练习、每一杆练习，加强自己的注意力训练，才能在比赛中充分地发挥自己的注意力水平。

①建立正确的技术动作

注意能引导人们的感觉，人们的感知觉又利用注意来加深，并通过提示增强注意力。而高尔夫技术动作的合理运用与发挥，意味着运动员沉浸在一种熟悉的感觉中，一切动作都很正确、自然，无意识到外部世界的存在，这种感觉只有在平时的训练对技术熟练达到自动化程度才会出现。

②确立目标任务

要将注意力集中，训练中必须确立目标任务，运动员才能够排除一些不利的因素。认真对待每一杆技术动作，将注意力专注于动作过程与结果，完成任务的质量才高。也可以利用视觉集中注意力，如球手静坐看某物、树、云、鸟等，力求全神贯注。

③培养稳定的心理

首先是抗干扰条件的锻炼，以克服内心干扰，提高集中注意力，增强运动员的自信心，并充分地准备，加上百分之百地集中注意力，以及在这种条件下坚持训练，养成良好的行为习惯，建立稳定的心理品质，就不会在比赛时产生犹豫不决，才能使技、战术运用得得心应手，水平得到充分发挥。

5. 身体协调配合能力

（1）身体协调配合定义

身体协调配合，是根据运动需要，大脑支配身体各个部分按先后顺序协调配合完成动作。由于高尔夫是运动员手持器具，在不同距离，用球杆来击打高尔夫球并将其精确击入球洞的运动，可以看出高尔夫运动员在场上完成的一系列动作，都是由眼睛做接受外界条件刺激的感受器，手持球杆完成击球动作，而这一系列活动就是条件反射中的效应器，它们的协调与否对完成高尔夫行动至关重要。

（2）协调配合的作用

高尔夫运动员比赛时，首先通过眼睛敏锐的观察判断，掌握场地、天气、距离等情况，最后分析选择自己击球的力量、速度、角度、落点等，并完成挥杆击球技术动作，这就是一个完整的条件反射的机制过程。因此，这时身体各部的密切协调配合是很重要的环节。

（3）影响身体配合的因素

①良好的基本技术

基本技术的熟练化是身体协调配合的结果，基本技术熟练、全面，基本功扎实，身体配合才能够协调。

②良好的感知觉

身体的协调配合在很大程度上取决于完成技术所需的距离感、空间感、手感，因为一个好的击球，在于球员能够准确地进行观察、判断，精确计算出距离，找到最佳击球位置，运用良好的手感，调节肢体的协调配合，顺利完成击球技术。这是一个完整体，缺少这些基本应用能力，是无法实现身体各部有机配合的。

③长时间科学训练

长时间科学训练能够获得高水平机能。训练时间与停训时间间隔的长、短，直接影响身体的协调配合，训练时间短与停训时间越长，机能下降越大，而且观察判断能力下降，身体行动缓慢，往往表现出心有余而力不足。

④稳定的心理

稳定的心理是协调身体和完成动作的前提，比赛中一旦心理稳定出现波动，就会影响到身体的协调性，动作会变得粗糙，控制不住器具的精确度，注意力不集中，协调配合下降。

（4）培养身体协调配合能力的方法

①掌握规范化的技术

有规范良好的基本技术及高度自动化技能，这本身就是身体协调配合的结果，没有协调配合的动作是达不到自动化的。因此训练中必须耐心、仔细地学习基本技术，切不可浮躁冒进，对于错误动作纠正要有恒心。

②坚持科学训练

运动技能的形成是在科学的长时间的训练中建立起来的，高尔夫运动主要依靠视觉来接受外界刺激，依靠思维活动做出分析、判断、行动决定，肢体发生相应的随意运动。因此只有在训练中熟悉各种场地、各种球杆、各种高尔夫球，才能形成对各种信号刺激的不同反应并做出相应技术动作，身体才能够达到自然而协调的配合。

（二）比赛前的心理准备和心理调节

高尔夫运动是高技巧、高细致的项目，对运动员的心理素质要求很高，因而对高尔夫运动员心理技能的培养极为重要。运动员在比赛前容易产生一些消极的心理现象，如心理过分紧张、心理胆怯、心理淡漠以及盲目自信等，而克服这些心理现象的方法有很多，常用的有放松训练法和积极语言暗示法两种方法。

1. 放松训练法

放松训练是以一定的暗示语集中注意，调节呼吸，使肌肉得到充分放松，从而调节中枢神经系统兴奋性的方法。目前普遍采用的放松法主要有自身放松法、渐进性放松法和中国传统的松静气功3种放松方法。它们的共同点是：注意高度集中于自我暗示语或他人暗示语，深沉的腹式呼吸，全身肌肉的完全放松。

（1）放松训练的几个主要功能

降低中枢神经系统的兴奋性，降低由情绪紧张而产生的过多能量消耗，使身心得到适当休息并加速疲劳的消除，为进行其他心理技能训练打下基础。

(2) 一般要求

将注意高度集中于自我暗示语上；需要清晰、逼真地想象带有情绪色彩的形象；能够清晰知觉肌肉不同程度的紧张状态，从极度紧张到极度放松；进行深沉而缓慢的腹式呼吸。

(3) 放松练习的程序

舒适地坐在一张软椅上，胳膊和手放在自己的大腿上，双脚取舒适的姿势放好，闭上双眼；或者仰面躺下，头舒服地放在枕头上，两臂微微弯曲，手心向下置于身体两旁，两腿放松并稍稍分开，闭上双眼。指导语如下：

——平静而缓慢地呼吸，我的呼吸很慢、很深。

——我感到很安静。

——我感到很放松。

——我的双脚感到沉重和放松。

——我的踝关节感到了沉重和放松，我的膝关节感到了沉重和放松，我的双脚、踝关节、膝关节、臀部全部感到了沉重和放松。

——我的腹部、我的身体的中间部分感到了沉重和放松。

——我的双手感到了沉重和放松，我的手臂感到了沉重和放松，我的双肩感到了沉重和放松，我的双手、双臂、双肩全部感到了沉重和放松。

——我的脖子感到沉重和放松，我的下巴感到沉重和放松，我的额头感到沉重和放松，我的脖子、下巴和额头全部感到沉重和放松。

——我整个身体都感到安静、沉重、舒适、放松。

——我的呼吸越来越深，越来越慢。

——我感到很放松。

——我的双臂和双手是沉重和温暖的。

——我感到十分安静。

——我的全身是放松的，我的双手是温暖的、放松的。

——轻松的暖流流进了我的双手，我的双手是温暖的、沉重的。

——轻松的暖流流进了我的双臂，我的双臂是温暖的、沉重的。

——轻松的暖流流进了我的双腿，我的双腿是温暖的、沉重的。

——轻松的暖流流进了我的双脚，我的双脚是温暖的、沉重的。

——我的呼吸越来越深，越来越慢。

——我的全身感到安宁、舒适和放松。

——我的头脑是安静的，我感觉不到周围的一切。

——我的思想已专注到身体的内部，我是安闲的。

——我的身体深处，我的头脑深处是放松、舒适和平静的。

——我是清醒的，但又处于舒适的、安静的、注意内部的状态。

——我的头脑安详、平静，我的呼吸更慢、更深了。

——我感到一种内部的平静。

——保持一分钟。

——放松和沉静现在结束。深吸一口气，慢慢睁开双眼，我感到生命和力量流通了我的双腿、臀部、腹部、胸部、双臂、双手、颈部、头部。这种力量让我感到轻松和充满活力。我恢复了活力。

一旦掌握了放松方法，就可以在锻炼结束后或睡前、训练测验或赛前过于紧张的时候使用。

2. 积极语言暗示法

积极语言暗示法，即在训练和比赛前在心里默念积极提示语，比如"镇静、放松""注意调节呼吸""我没问题""我已经准备好了"等等，以提高自己在训练及比赛时的自信心，促进运动能力的最好发挥。另外，还可以采用呼吸调节法、成功情境表象等，这些训练方法都可以很好地调节训练及赛前的消极情绪，为取得优异成绩打下坚实的心理基础。当然，心理训练的方法不止这些，可以通过自己的经验总结出最适合自己的心理训练方法。

知识窗：

身体素质与专项身体素质

身体素质，通常指的是人体肌肉活动的基本能力，是人体各器官系统的机能在肌肉工作中的综合反映。身体素质一般包括力量、速度、耐力、灵敏、柔韧等。身体素质经常潜在地表现在人们的生活、学习和劳动中，自然也表现在体育锻炼方面。一个人

> 身体素质的好坏与遗传有关，但与后天的营养和体育锻炼的关系更为密切，通过正确的方法和适当的锻炼，可以从各个方面提高身体素质水平。
>
> 　　专项身体素质训练旨在提高与专项成绩有直接关系的专项运动素质，以保证运动员在比赛中运用专项的技术、战术，创造优异的运动成绩。在高尔夫运动项目中，专项身体素质主要包括速度素质、力量素质、灵敏素质和柔韧素质。它是高尔夫运动员学习技术、掌握技术和运用技术的基础与保证。

本章小结：在本章的学习过程中，首先应该掌握高尔夫运动最基本、规范的技术动作，基本技术熟练、全面，身体配合才能够协调，才能够完成不同的击球任务。而准确的距离感、高度集中的注意力、良好的手感、精确的空间感是在正确的观察、判断基础上实现的，在平时的训练中就要刻意地加以培养，认真对待与总结每一次挥杆击球，才能形成扎实的基本功，培养出稳定的心理品质。

思考题：

1. 高尔夫球手几种握杆法的区别与特点是什么？
2. 挥杆的顺序是什么？
3. 下挥杆技术要领。
4. 果岭周围的沙坑球击法。
5. 怎样培养自己的距离感？
6. 怎样培养自己的手感感？
7. 如何培养自己稳定的比赛心理？

　　　　　　　　　　　　　　　　本章作者：舒建平、许军

第六章
高尔夫运动的功能与价值

本章提要：高尔夫运动作为现代竞技运动的组成部分，不仅具有竞技运动的基本特征，而且表现出以休闲为主体的休闲、娱乐、健康、时尚的文化特征。在现代经济文化一体化发展趋势的推动下，高尔夫运动正在以其特殊的文化表现形式超出了一般竞技体育的功能范畴，表现出了更多的功能和价值。本章从运动、休闲、娱乐等方面论述了高尔夫运动的功能与价值。

重要概念：功能；价值；身心健康。

20世纪80年代中期以来，高尔夫这项具有西方传统文化特色的现代体育运动，随着我国改革开放的发展步伐，随着社会文化的日益繁荣和人们生活水平的不断提高，在华夏大地悄然兴起。我国高尔夫球运动经过短短近三十年的发展，如今已经取得了令世人称赞的成绩。随着市场经济改革的不断深入和经济文化一体化的发展，我国高尔夫也已初步走向产业化发展之路。随着社会传媒对高尔夫运动各种信息的大量报道，人们对高尔夫运动有了一定的认识。根据马斯洛需求层次理论（Maslow's hierarchy of needs），人们在满足了生理物质需求后便越来越需要精神方面的需求。目前，人们正在追求一种健康、文明和时尚的生活方式，高尔夫便满足了人们这一健康休闲的心理诉求。特别是伴随着高尔夫成功回归奥运会，人们对高尔夫运动的认识会越来越深刻，参与度会更加普及。探讨和研究高尔夫运动的功能和价值将有助于帮助我们进一步加深对高尔夫运动的认识和理解，更加有助于促进中国高尔夫产业的发展。

> 如果高尔夫在你的概念里，只是一种单纯的运动，那么我觉得你还没有真正认识高尔夫；当有一天你发现，高尔夫使你在身体和精神上都有收获和享受，你会发现你的生活因为有了高尔夫而比过去更加地健康和丰富多彩！
>
> ——阿里巴巴CEO 马云

第一节 高尔夫运动的功能

高尔夫运动是现代体育文化总体发展的组成部分，但由于高尔夫运动的特殊方式，以及不同社会历史时期人们赋予它的不同文化内涵，使它逐渐形成了特有的文化发展基础与文化表现方式。

一、高尔夫运动的竞技功能

"游戏"的娱乐性是众多竞技运动发展的母体，高尔夫运动也不例外。早期苏格兰牧羊人从击打石子进兔子洞的游戏中启蒙了高尔夫运动，并且在很长的历史时期，人们参与这项运动的基本动力也是因为这种"游戏"的消遣与娱乐的行为方法，可以愉悦人们的身心。随着社会的发展，这种游戏逐渐从松散的、自娱自乐的行为方式中，形成了大家"约定俗成"的游戏规则。进而在规则的约束之下，人们开始了以竞技的手段体验游戏的高级阶段的娱乐方法。而且，随着职业竞技运动的产生，高尔夫运动的竞技功能被人们不断强化，并逐渐成为竞技运动，尤其是职业竞技运动的重要表现方式。

（一）具有严谨的竞赛规则

高尔夫运动是一项古老的户外体育运动，也是高度崇尚传统的运动。同其他竞技运动的竞赛一样，高尔夫也是在其竞赛规则的约束之下，运动员通过展示自己的竞技能力，发挥技术水平，争取优异成绩。当前世界范围内高尔夫运动竞赛规则的制定与审议，是由两个具有不同地域特征，同时又对世界高尔夫运动发展具有统领作用的高尔夫管理组织来完成的。这就是苏格兰圣·安德鲁斯皇家古老高尔夫俱乐部（R&A）与美国高尔夫球协会（USGA）。

在世界高尔夫运动的历史上，第一份成文的高尔夫竞赛规则，是在1744年由英国的利斯绅士高尔夫球协会（Gentleman Golfers of Lithe）推出的。当时，利斯绅士高尔夫球协会为了统一该协会会员进行比赛的竞赛办法，制定了一个基本的高尔夫比赛规则，共计13条。这就是人们常说的高尔夫最早的"13条规则"。

1951年，美国高尔夫球协会与苏格兰圣·安德鲁斯皇家古老高尔夫俱乐部，通过认真协商，对高尔夫竞赛规则在世界范围内的运用达成了共识，并决定每4年双方召开一次联席会议，重新检讨和修改高尔夫球规则。此后它们俨然成为世界共识的高尔夫竞赛规则的制定、解释、仲裁的最高权威机构。

目前国际上所采用的高尔夫球规则，由3章34条3部分的附属规则和业余身

世界上最早的13条规则

份规则等内容组成，是一部内容全面、条理清晰、逻辑严谨的高尔夫竞赛规则。虽然两家管理机构都属于地区性的竞赛管理组织，但实际上它们所发挥的作用，则是国际权威性的，对世界范围内的高尔夫运动的发展起着巨大的引导和推动作用。

（二）具有体现运动员竞技能力的比赛方法

现代高尔夫运动是一种由趣味性的户外游戏演变而来的，因此，娱乐性和趣味性是早期高尔夫运动发展的基础。而娱乐性和趣味性作为早期高尔夫运动的发展主体，比赛的方法也就充满了游戏的色彩。由于早期的高尔夫，在相当长的发展进程中没有相对统一的"游戏规则"，这就使得它的游戏方法（比赛方法）形式多样、五花八门。综观高尔夫运动的比赛方法，可以分为如下体系。

1. 逐洞角逐的比洞赛体系

高尔夫比洞赛，是高尔夫运动最古老的比赛方法。在高尔夫运动作为一种趣味游戏的启蒙阶段，人们就是以逐洞比赛的游戏方式进行的。当时没有发球台（Teeing ground）的规定，也没有球架（Tee）的专门器具。人们只是在临时指定的地点（或范围），用沙土或草皮做成高出地面的一种

形状，将球放在上面，对准前方目标（球洞），谁以最少的击球次数将球击入洞内，谁就取得了这一洞比赛的胜利。随着高尔夫游戏规则的出现，逐渐完善了这种游戏的比赛方法。常见的比洞赛包括个人比洞赛、四人二球比洞赛、四球比洞赛、三人二球比洞赛、三人三球比洞赛，以及标准杆（par）或博基（bogey）比洞赛等等。

小知识：高尔夫常用术语

数值	术语	定义
−3	双老鹰（Albatross）	比设定标准杆少三杆
−2	老鹰球（Eagle）	比设定标准杆少两杆
−1	小鸟球（Birdie）	比设定标准杆少一杆
0	标准杆（Par）	与设定标准杆数相同
+1	博基（Bogey）	比设定标准杆多一杆
+2	双博基（Double Bogey）	比设定标准杆多两杆
+3	三博基（Triple Bogey）	比设定标准杆多三杆

2. 以击球杆数多少决定成绩的比杆赛体系

随着高尔夫运动在世界范围内的广泛开展，以高尔夫比赛作为人们交流球技、沟通情感的社交平台，使得参与高尔夫比赛的社会群体越来越广泛，在一次比赛中参加的人数也越来越多。而比洞赛的方法只能是在人数较少的情况下，或者参赛人数多但只能在一次比赛中确定少数参赛者名次。而对于参赛人数多又能使所有参赛球员客观反映比赛成绩情况，比洞赛这种方法就难以做到。于是便出现了既能满足参赛人数多，又能客观反映每一个参赛球员比赛成绩的比赛方法，这就是比杆赛。

比杆赛最早出现在英国，是源于为解决由于参加比赛人数多，而且必须在一天内完成比赛而专门采取的比赛方法，因此，早期比杆赛也叫"一日制"比赛。这种比赛方法的出现，不仅解决了一次比赛参赛人数多的问题，而且也使得高尔夫运动的竞赛方式发生了重大变革。由于高尔夫比杆赛大大降低了以往比洞赛决定胜负的偶然性，使得高尔夫比赛更加公正和

173

客观，从而大大推进了高尔夫球运动的整体的发展，促进了高尔夫球员技术水平的全面提高。如今，高尔夫比杆赛已成为职业和业余高尔夫比赛通常所采用的比赛方法。常见的高尔夫比杆赛主要包括个人比杆赛、四人比杆赛、四人最佳球比杆赛、四人最佳二球比杆赛、四人二球比杆赛、定分式比杆赛等。

3. 以体现职业球员竞技能力的竞赛体系

职业高尔夫竞赛体系，是以巡回赛的方法，表现职业球员竞技能力的竞赛方式。在当代竞技体育职业化发展进程中，巡回赛是现代职业竞技运动中最基本的竞赛组织形式。无论是反映个人竞技能力的比赛项目，还是反映团队集体竞技能力的比赛项目，由于巡回赛是以多站"系列赛"的总积分来确定参赛个人或集体的比赛成绩，因此，巡回赛便成为了职业竞技体育标志性的比赛组织形式。职业高尔夫比赛，通常是采用比杆赛的形式，在一次比赛中需要在标准18洞球场进行四轮比赛（女子职业比赛为三轮），并以四轮比赛的累计杆数来判定参赛球员的名次。同时，不同国家和地区职业高尔夫球员在管理上，也有着在晋级考试、资格认定、积分排名、奖金排名等方面的管理制度。这使得职业高尔夫球员无论是在管理上，还是在竞赛体制上，形成了相对独立的管理体制。

4. 以体现业余高尔夫球员潜在打球能力，以及增强比赛的趣味性和公正性为目的的"差点比赛"体系

随着高尔夫运动的社会发展，以及职业与业余两大群体在管理体制与竞赛方法上的分化，如何使不同水平的业余高尔夫球员能够在比赛中客观、公正地反映球员的比赛成绩，这就需要竞赛规则中在反映球员技术能力方面，有一个公平合理的竞赛标准和竞赛管理办法。于是，围绕用于业余高尔夫球比赛的竞赛管理办法和竞赛标准的业余球员"差点系统"（handicap System）也就出现了，这就是我们通常所说的业余球员"差点比赛"。有关差点比赛的雏形最早出现在比洞赛中，是球员之间相互让距离的做法。也就是当两名水平有差异的球员在打球时，较高水平的球员与水平较低的球员在发球的距离上做出谦让。而随着比杆赛的产生，人们便将

比洞赛中"让距离"的做法移植到了比杆赛中的"让杆数"。因此，目前在世界范围内所开展的名目繁多的"差点比赛"，可分为两种不同目的和不同方法的"差点比赛"，即业余球员"临时差点"比赛，以及美国高尔夫球协会所推广的"USGA差点系统"的差点比赛。

（三）具有符合竞技运动社会发展的管理机制

当前世界范围内围绕职业高尔夫运动竞赛管理体系，以及各种不同领域的业余高尔夫社团组织，都体现出了以高尔夫运动竞技活动的开展为核心的社会功能。在这些不同职能的管理体系中，职业高尔夫运动管理体系当数社会影响力最大、组织严密、经济附加值高的管理组织。比如世界"六大职业高尔夫巡回赛"管理组织，以及美国高尔夫球协会（USGA）和圣安德鲁斯皇家古老高尔夫俱乐部（R&A）、国际高尔夫运动联合会（IFG），是当今世界范围内影响力最大的高尔夫竞赛管理组织。而各国不同领域的高尔夫社会团体组织，也是高尔夫运动竞技发展的重要推动力量。

二、高尔夫运动的健身功能

高尔夫运动的健身功能，是高尔夫运动的场地环境与运动方法所决定的。高尔夫作为一项户外体育运动，对个体的生物影响和功能表现，既有一般体育运动的基本特征，又有高尔夫运动自身特殊功能的表现。

（一）对人体神经系统的影响

高尔夫运动过程中的运动强度平和持久，不同性别、不同年龄、不同身体机能水平的人们，都可根据自身特征，自行掌握、控制挥杆击球的运动强度以及行走的速率和频率。在广阔的草坪中长时间行走，可使人体的呼吸和循环系统通过均衡有节奏以及平和持久的运动强度得到加强，血流速度平稳提高，大脑皮质以及人体内脏器官和运动器官的工作能力得以改善。此外，经常参与高尔夫运动，可以使人体大脑皮质信息反馈的均衡性和灵活性的调控能力得到改善，兴奋和抑制的机能反应更加集中，大脑皮质分析综合问题的能力也由此得到加强。

(二) 对人体循环系统的影响

高尔夫运动作为有氧运动，由于运动过程中持续时间长，机体在运动过程中的新陈代谢是在有氧状态下进行的。因此，长期锻炼可以提高和改善人体在有氧状态下的心血管系统的工作能力以及抗疲劳的能力。此外，经常在自然环境中从事高尔夫运动锻炼的人们的呼吸循环系统，在大脑皮质本能的控制下，会不自觉地提高呼吸深度，这对改善呼吸循环系统、提高人体运动过程中最大吸氧量的机能水平、促进人体有氧代谢能力的提高都有很大帮助。

(三) 对人的心理活动的影响

高尔夫运动是一种在自然环境中进行的户外运动。当人置身于大自然环境中时，周围的自然景观，如草坪、树木、花香鸟语等，通过人体的各种感官会在大脑皮质中形成多个兴奋灶，使大脑神经系统处在不同程度的兴奋状态中，进而产生许多本能的联想。这种心理反应对长时间处于高度紧张工作状态下的人们，是一种极好的解除大脑疲劳的积极有效的方法，对大脑皮质的注意转移具有很好的调剂作用。但是，当人们在挥杆击球时，大脑皮质的注意力要高度集中。此时，从神经系统的生理机制来讲，注意的分配或注意的转移所形成的神经系统的兴奋与抑制的转换，是高尔夫运动对人的心理反应的聚集性和集中性的基本心理要求，也是人的心理注意意志最有效的锻炼方法。所以长期从事高尔夫运动锻炼，可以有效改善人的注意意志的聚集性和集中性，增强人的心理活动中兴奋与抑制转换的神经系统的机能水平，对人们从事各种社会实践活动提高注意意志的心理发展水平，均有极好的锻炼价值。

(四) 对机体适应能力的影响

人体的运动器官，是在人的大脑神经中枢支配下实现体育运动过程的，人体在体育运动过程中的各种机能表现，是人的身体素质、运动机能及心理发展水平的综合反应。身体素质不仅是完成各种运动手段与方法的重要基础，也是人们从事各种社会实践活动的重要的身体条件。高尔夫运动属于技巧性的体育运动，在于它对人的柔韧性和协调性要求较高。因此，经常从事高尔夫运动锻炼,不仅可以改善和提高人体动作的柔韧性和协调性,提高身体运动技能水平,而且通过高尔夫运动的锻炼,还可以促进身体机能对不同环境条件的适应能力,防止因身体柔韧性、协调性差异导致的肌肉收缩僵硬、弹性下降、肌肉习惯性损伤。

三、高尔夫运动的休闲娱乐功能

高尔夫运动的娱乐功能,是表现参与者在竞赛或休闲的运动过程中,通过特定的运动规则,最大限度发挥参与者运动技术水平,并取得最好的运动成绩,以满足个性特征的自我实现,体验高尔夫运动魅力的全过程。在体验高尔夫运动实践过程中,竞赛和娱乐,是高尔夫运动过程中的核心体现。高尔夫运动的娱乐功能是通过两种渠道实现的,即参与体验和参观欣赏。

《体育颂》

啊!体育,你就是乐趣!想起你,内心充满欢喜,血液循环加剧,思路更加开阔,条理更加清晰。你可以使忧伤的人散心解闷,你可使快乐的人生活更加甜蜜!

——现代奥运会创始人皮埃尔·德·顾拜旦

(一) 参与体验高尔夫运动过程的娱乐功能

高尔夫运动,是在特殊的自然环境的场地中,以技术的手段和方法进行对抗的竞赛行为,同时也是一种通过特殊竞赛方法而完成的游戏行为。从游戏的特质来讲,游戏的基本内涵则是娱乐。人们通过这种带有娱乐性质的竞赛对抗方式,体验胜利后或技术水平不断提高后的精神快慰和身心满足感,同时也获得了自信心、自豪感和与同伴合作、交往、沟通情感的需要。虽然高水平的高尔夫比赛也会出现激烈竞争,甚至出现近乎于残酷的竞技场面,但比赛之后,人们照旧轻松自如,充满愉悦。当人们以高尔夫运动的技术方法，去体验或感受高尔夫运动对促进身心健康、增强体质的功能和作用时，其娱乐的成分就会贯穿整个运动实践全过程。人们在自然环境中休闲漫步、潇洒挥杆，不仅能充分感受阳光、白云、绿草、花木的自然景

高尔夫球场上的热情观众

观，而且还可以以比赛或同伴之间自定游戏规则的方式，体验高尔夫运动的更多趣味。前面说过我国高尔夫界广为流传体育界元老荣高棠先生曾精辟地总结的一句话："少一杆趣味无穷，多一杆锻炼身体。"因此，人们常说，高尔夫运动是一项常青的运动，是一项具有很强的休闲与娱乐功能的运动。

（二）现场观摩或收看高水平比赛的娱乐功能

现代职业高尔夫比赛，是电视竞先转播或制作成电视专题节目播放的重要的体育赛事，这一方面说明收看高水平职业比赛的观众已经形成了一定的社会收视群体；另一方面说明职业球员的技术水平精湛，场面争夺激烈，使比赛悬念此起彼伏。职业球员的精湛技艺，常常打出出神入化般的球技。他们在绿茵场上把高尔夫运动的技术表现得淋漓尽致，精彩出神。所以，当观众亲临现场徒步行走跟随球员观摩比赛或收看电视转播时，常常会使观众产生一种移情作用，使其忘记了一切烦恼和不愉快，"净化"了观众的情感，使由于工作带来的神经紧张、大脑疲劳和情绪紊乱得以松弛调节，不仅有助于身体元气的调整恢复，而且也是一种精神享受。

四、高尔夫运动的其他功能

高尔夫运动作为一种文化，不仅具有其自身竞技功能，以及健身、休闲与娱乐功能，而且还具有其他社会领域的功能表现。

（一）为政治外交服务

在国际政治与外交事务活动中，有许许多多是通过非外交的手段来处理复杂的外交事务的。这其中最成功的也是最典型的例子，就是上世纪70年代中国与美国关系正常化并建立大使级外交关系，通过"乒乓外交"打开双方紧闭二十多年的外交大门。高尔夫运动是当代体育运动的重要组成部分，高尔夫对政治的影响，也同其他体育运动一样具有特定环境下服务于政治需要的特殊功能与作用。

1971年4月，周恩来总理在北京会见了美国乒乓球代表团全体成员。周恩来说："你们这次应邀来访打开了两国人民友好往来的大门。"

始创于1967年的"东南亚国家联盟"〔简称"东盟"（Association of Southeast Asian Nations，简称ASEAN）〕，这几年其国际影响力与日俱增，在"东盟"部长级会议上，会议承办国有一个不成文的规定，即每届会议期间，必安排一天部长们打高尔夫球的活动，在紧张激烈的外交谈判之际，安排这一插曲，足以说明东道主的远见卓识和用心良苦。2010年为加快推动中国与东盟国家间工商界交流与合作，中国—东盟商务理事会中方秘书处于2010年6月成立了中国—东盟高尔夫球俱乐部，旨在交流和提高球技的同时，增进俱乐部成员间的交流与合作，并以此在推动中国与东盟十国经贸合作和友好关系发展中发挥特有的作用。

我有点预感，他没准会同意我的并购计划，所以我把公司的法律顾问叫来了。

——选自纽约客高尔夫漫画，作者罗伯特·曼考夫在国际上众多资深的政治家和政府首脑，打高尔夫球不仅是那些日理万机的国家领导人休闲娱乐与健身活动的重要方法，也是重要的外交活动之一。前美国总统克林顿访华时，深知克林顿喜爱打高尔夫球的朱镕基总理，把一套中国设计和生产的"百慕"牌高尔夫球杆作为政府礼品送给了克林顿。在这套"百慕"高尔夫球具的背后，高尔夫充当了一种服务于政治和外交活动需求的"重要角色"。

在上世纪50年代初，曾任美国总统的艾森豪威尔，更是以自身对高尔夫运动的喜爱和当总统的影响力，把美国高尔夫运动的发展推向了一个新时代。上世纪50年代初期，正逢电视在美国开始普及发展时期，也是美国公众推崇的高尔夫球星、球王帕尔玛高尔夫球技的鼎盛时期。帕尔玛不仅球风好，而且自身形象也得到美国大众的公认。此时美国高尔夫协会（USGA）想利用电视日益普及的社会基础，借助于帕尔玛良好的公众形象，向全社会推广PGA巡回赛，以此带动全美的高尔夫运动发展。当艾森豪威尔得知这一想法时，不仅大为赞赏，而且亲自利用自己当总统的影响力，邀请帕尔玛来到白宫草坪与自己切磋高尔夫球技，后来又积极协调各个方面运作，终于使美国PGA巡回赛借助于帕尔玛的公众形象，通过电视向全美广为宣传，对推动美国PGA的发展起到了不可估量的作用。于是，高尔夫史学界曾把当时美国高尔夫运动的发展，视为是"艾森豪威尔—帕尔玛—TV"高尔夫运动"铁三角组合"。2009年9月30日，帕尔玛又一次来到了白宫，接受美国总统奥巴马颁发的"美国国会金质奖章"（Congressional Gold Medal）。1993年，帕尔玛曾经从美国总统比尔·克林顿手中获得过"美国全国体育奖"（National Sports Award），而2004年他又从另外一位美国总统小布什那里获得了"总统自由勋章"（Presidential Medal of Freedom）。这次帕尔玛是在得到参众两院三分之二议员的同意之后，才由奥巴马总统授予的。可见

暮年的帕尔玛依然是美国人心目中的英雄

帕尔玛的"政治荣誉"要远远高于泰格·伍兹，而帕尔玛的"政治荣誉"更在于他作为一个在美国家喻户晓的高尔夫"球王"，为当时美国的社会发展发挥了"政治工具"的有效作用。

（二）现代商务活动的"调节剂"

2008年1月22的《华尔街日报》曾有这样一段评述："也许正因为高尔夫球场不仅是运动场所，也是社交和生意场所，很多聪明的生意人在合作之前会约对方打高尔夫球，以便观察脾性是否相投。有的人输了球会气急败坏，有的人为了赢球而不择手段，还有的人在球场上高声喧哗，乱走动。球场上对一个人的了解绝对比在会议室里深刻。在生意场合遮短并不难，但在球场上就没那么容易了。"时下在商务活动中，人们常说"办公室里谈高尔夫，球场里面谈生意"。按常理办公室是一个严肃的工作环境，与工作无关的事情似乎不应该成为在办公室讨论的话题。

毕业了
——选自纽约客高尔夫漫画
作者罗伯特·曼考夫

但是，如果我们从另一个角度来看，长时间地在办公室狭小的空间工作，往往会对人们的思维造成一定的影响，进而人们的情绪也会由此产生焦虑。所以，虽然听起来是一句戏言，但是却折射出人们对当代商务往来于商务谈判过程中是一种全新认识。

由于高尔夫运动特殊的运动环境与竞赛方法，非常适合商务谈判调节气氛的需求。在商务谈判活动中，任何形式的谈判目的，不是致对手于死地，而是最终达成真诚的合作。当我们"四个半小时"（通常打完18洞所需要的时间）与谈判的对象漫步在天地人合一的环境中，而且是没有任何距离的亲密接触的情况下，此时人们的心境会趋于平和，谈话的方式会融洽与和谐。因为，此时征服球场会成为双方共同对抗的对象，而谈判的内容也会在环境的影响下变得相对容易了。

第二节　高尔夫运动的价值

高尔夫作为一种体育运动项目,在当代多元文化相互碰撞,以及经济发展大潮的强力冲击下,它作为一种特殊领域的文化现象,正在成为一种具有高附加值的新兴产业。高尔夫运动作为一种社会文化现象的价值体现,也在延伸到社会的诸多领域。

一、高尔夫运动的文化价值

从一种文化形态的社会发展来讲,高尔夫运动作为一种当代社会发展特定领域的文化现象,之所以能与其他社会文化形态形成融合与互动,是高尔夫文化形态的多元性所决定的。

（一）物质文化

高尔夫文化不是无本之木、无源之水,它自古以来就带着"贵族气息"。首先,一个标准的高尔夫场地构建需占地 60 万~100 万平方米,依据现有的自然环境依山傍

山水一体环绕着高尔夫俱乐部会所

水而成,草地都是经过人工修整、绿化和精心点缀的。除了球场之外,高尔夫球场还修建用来办公、管理和接待的会馆区,包括会客室、接待处、公共娱乐区、休息室以及高尔夫用品专卖店等。高尔夫发展的同时也带动了旅游业的昌盛,很多俱乐部还提供了旅游高尔夫一条龙服务,在会馆区边还建有星级宾馆、KTV、酒吧、咖啡厅等等娱乐场所。其次,高尔夫的物质文化还表现在直接服务于高尔夫球员的有形物质用品和载体上,包括高尔夫球杆、球具、服饰、用品等等。人们对高尔夫产品的消费是高尔夫文化最直接的外在体现,物质文化是高尔夫赖以生存和发展的基础。

(二) 精神文化

"尊重他人、保护环境、讲究礼仪、恪守诚信与自律"是高尔夫运动所推崇的精神价值。首先，高尔夫运动的精神文化来自于最基本的礼仪文化，高尔夫自古流行于宫廷，它有着高贵典雅的气场，每一位高尔夫球员无论在球场上，还是在高尔夫会所里，都要非常注意自己的言行举止，并使其符合球场的着装礼仪、比赛礼仪、会所礼仪等等。早期的高尔夫球员打球时必须穿燕尾服、着长统靴，足以证明对对手的尊重，对高尔夫运动的严谨态度。现代高尔夫运动沿袭了传统的基本原则，上衣要有领子，穿短裤要穿长袜，不宜着圆领衫和暴露大腿或穿奇形怪状的衣物。无论你的球技多高，如果不守礼仪，就很难融入高尔夫的圈子，也享受不了高尔夫运动的尊严和高雅。其次，高尔夫的精神文化还来自于一种自我挑战。在进行高尔夫运动时，球没入洞之前，什么事情都可能发生，每一杆球都是一种自我挑战，球员必须保持平和的心态迎接每一个球。再次，高尔夫精神文化要求达到修身养性的境界。高尔夫运动大都没有裁判员，球员本身就是自己球技的裁定者，在这种情形下，主要依靠每位球员自觉遵守规则，诚实、公平地对待自己的对手。高尔夫精神文化与人的体验、情感、人格、社会地位和社会关系联系在一起，满足人的自由、尊严、品位的需要。不管比赛有多么激烈，所有的球员必须自觉约束自己的行为，在任何时候都表现出诚信、公平、友谊的运动精神。高尔夫精神文化正潜移默化地影响球员，强化自我约束，诚信待人，提升自身道德修养。

(三) 社会延伸

传承（保存）与创造（发展）是社会文化的两大基本特征。人类文化演变的历史告诉我们，人类文化的一切创造之蓝本和灵感，都来自人类已有文化积淀的借鉴与启发。没有文化成果代代相因的保存与延续，一切创造都将是无米之炊，一切创造灵感都

金融业涉足高尔夫产品服务

183

无由迸绽。因此，人类文化演变与发展，实际上就是文化"保存"基础上"创造"的结果。高尔夫运动的历史发展也是一种文化积淀（保存）与创造（发展）的结果。纵观高尔夫运动的历史发展，无论哪一历史时期的发展赋予高尔夫运动何种特点，它始终是以户外竞技运动和休闲娱乐为文化的表现主体，形成了高尔夫运动的文化基础。而在当代多元文化社会发展的影响下，高尔夫作为一种特定领域的社会文化现象，也有了更为广阔的外部发展条件和内在发展动力，成为现代经济与文化发展大潮中的新兴产业，并衍生出符合当代社会不同发展需求的新的文化内涵。

1. 作为不同行业的"服务品牌"

高尔夫产业在现代经济发展大潮中，具有显著文化发展基础的产业特征。作为一种文化在现代经济大潮中所表现出的人文特性，是市场经济杠杆作用下的发展与延伸的社会结果。高尔夫运动的"高雅、文明、时尚、健康"的文化表现方式，被当代众多行业作为高端"客服"的服务品牌策略，尤其是在一些金融证券、银行保险等领域，高尔夫已经成为这些行业服务于高端客户的常态性服务方式。

2. 作为商务往来的"社交工具"

在现代市场经济的商务往来过程中，高尔夫运动经常被作为商务往来的"社交工具"发挥着与众不同的作用。在体育运动中，竞技对抗是体育运动的魅力所在，没有对抗的竞技也就失去了其本身的魅力。然而，高尔夫运动的对抗不是同场竞技的其他球员，而是高尔夫球场本身。这种运动的特殊对抗形式，恰好成为了商务往来中的有效社交平台。在大多数情况下，商务谈判的对手，都具有为自身利益努力争取的心理诉求，因此，在谈判的过程中也就自然会充满"竞争"的气氛。当谈判的双方漫步于高尔夫球场时，受周围环境和运动方式的影响，他们的心情会趋于平和，商务"竞争"的气氛会趋于平淡，而谈判的内容也会变得相对容易了。因此，高尔夫运动经常被人们作为商务往来的"社交工具"。

3. 作为现代生活方式的"时尚符号"

从消费文化的价值取向来讲，高尔夫文化所表现出的自然与人文、健康与时尚、自我实现与事业成功，这些都能反映高尔夫消费者选择高尔夫消费方式的心理与价值诉求。尤其是随着人们经济生活水平的不断提高、高尔夫消费产品的多元化生产，人们选择不同方式的高尔夫消费产品（如高尔夫旅游）正在成为现代都市人们生活方式的"时尚文化"符号。

4. 作为个体行为方式的"文明坐标"

从人类社会发展实践来讲，不同社会体制下的社会发展，为了维护社会体制所倡导的社会准则和行为标准，都必然要有管理不同社会体制下社会成员的行为标准，以及指导社会成员从事各种社会实践活动的行为规范。高尔夫运动是一种有章可循、对参与者有感染力和行为约束力的现代体育运动，它所倡导的精神实质，即尊重他人、保护环境、恪守礼仪、诚信自律，使人们参与这项运动不仅是一种生物运动过程的体验，更是一种精神文化的洗礼与感受。高尔夫运动对净化人们的心灵、唾弃世俗的不良习惯、树立和增强社会意识、培养人们良好的行为准则，都有重要的现实意义和长远的发展意义。

二、高尔夫运动的经济价值

现代高尔夫运动与社会经济的关系，可以追溯到西方产业革命的兴起，以及社会分工加剧背景下的职业高尔夫运动的萌芽时期。随着社会经济的发展，人类文明的进步，现代高尔夫运动的社会发展形态，已经跨越了高尔夫运动职业竞技与休闲娱乐的基本功能，而逐渐形成了社会多领域集合的市场化产业发展模式。高尔夫运动的经济价值集中体现以下方面。

"世界杯"赛场上观众的热烈场面

(一) 促进了市场经济形式多元化的社会发展

高尔夫运动产业化的发展，是以高尔夫球场的经营与开发为主体的服务市场、以高尔夫运动器具和服装与用品等各种生产制作为基础的生产制作市场和日趋成熟并在不断扩大的社会高尔夫消费市场三者并存和不断完善与发展的结果。从组成高尔夫产业化发展的这三个基本要素来讲，每一发展要素的内部结构都体现出不同的经济发展模式以及相应的经营体制的发展，其本身就体现出多元组合综合发展的经济特点。因此，这种产业内部结构的互补互动形成的经济良性循环发展，必定对产业的整体发展规模起到积极推动作用。而高尔夫产业的影响，加之高尔夫产业化的发展所表现出的经济包容性的发展特征，无论是对相关产业的带动或是区域经济的发展，都将起到积极促进作用。

阳光、休闲、时尚的高尔夫服装也是高尔夫消费者的钟爱

(二) 带动社会消费，繁荣了市场经济

社会经济的繁荣与发展，是建立在日益扩大和不断增加的市场消费的基础上所体现出的社会供给与社会消费相互统一的市场经济发展规律。不同社会产业的发展，也都是紧紧围绕着社会购买力的基本状况来确定其产业的市场发展规模的。作为一种社会实践的产业化发展，其不同规模和不同形式的生产企业，均把市场需求看作是企业赖以生存与发展的生命线。因此，企业生产与社会购买力的相互作用和相互影响，是反映社会经济发展的重要指标。高尔夫运动产业化的发展，也是伴随着不断扩大的社会消费市场的逐渐建立而成为产业规模经济的。从目前我国高尔夫消费市场的发展趋势来讲，高尔夫消费群体正在稳步发展，高尔夫企业的产品和服务市场的服务功能，也正在不断扩大到社会一般性消费群体。高尔夫作为现

代社会发展进程中一种时尚性的标志，消费者首先是从琳琅满目的高尔夫用品购买开始（如高尔夫 T 恤、高尔夫太阳帽、高尔夫时尚杂志等）而产生对高尔夫运动消费的欲望，高尔夫运动产业化的发展，也正是依据高尔夫消费市场日趋发展和不断扩大而逐步形成的。当人们对高尔夫运动这一时尚性的文化现象的认识不断加深后，对高尔夫消费的理念也就逐步建立起来。随着现代传媒对高尔夫运动的宣传和报道数量的不断加大，以及已成熟起来的高尔夫消费群体的传播作用，对扩大高尔夫消费市场必将起到积极有效的推动作用。因此，高尔夫消费市场的日趋成熟和消费群体的不断扩大，必将大大拉动国家税收的增加，使其形成对社会经济整体水平的发展产生积极的良性循环。

（三）完善市场投资环境，带动区域性经济发展

我国高尔夫产业的发展，是伴随着改革开放和市场经济的发展步伐，在市场经济发展的冲击和震荡之中，逐渐形成了具有一定规模经济的产业模式。高尔夫作为一种"外来文化"在我国的发展历程不长，但对我国当代社会的经济发展产生了积极的影响，并取得了一定的社会反响。随着我国改革开放的不断深入，许多地区的城市建设与经济发展都引进了大量的外资企业，从政策法规和招商引资的环境上给外商创造了许多优惠条件。而高尔夫球场的建设与发展被看作是发展外向型经济建设不可缺少的重要的城市形象之一。许多高尔夫球爱好者经常以一个城

观澜镇——曾经是南国边陲的一个无名小镇

远眺观澜镇与世界第一大高尔夫球场

市有没有高尔夫球场，来说明高尔夫球场建设对一个城市的建设与规划、改善投资环境、带动区域性的经济发展的重要作用。在中国加入 WTO 融入世界经济大家庭之后，外商的投资力度和规模虽然更趋理性，但随着我国民营企业的快速发展，对一座具有现代化发展前景的城市来讲，不同性质与不同规模的市场投资，需要各种相关配套的城市人文系统的规划与建设，以满足和完善城市开发建设的投资环境。高尔夫作为一种新兴的产业经济，在我国表现出的蓬勃势头，必会形成更多的国内外企业界的关注，这对进一步完善与改善城市投资环境、带动区域经济发展是一种新的市场契机。

本章小结：高尔夫运动因其博大而丰富的文化内涵和价值，使得它早已超出了体育运动的范畴。它在弘扬平等、谦和、自律，注重礼仪规范，以及讲求诚信的高尔夫运动精神的同时，创造出了巨大的社会效益。随着休闲经济的深入以及人们生活质量的不断提高，高尔夫运动以其独特的魅力，在现代社会经济发展的大潮中，将彰显出更为巨大的发展潜力，发挥更强大的功能与价值。

思考题：

1. 高尔夫运动的功能体现在哪些方面？
2. 高尔夫运动对社会经济的发展有哪些促进作用？
3. 结合实例，谈谈高尔夫运动对人的个体社会化发展的作用。
4. 谈谈高尔夫运动对公民基本道德规范教育有何积极作用。

本章作者：金克林、吴亚初

第七章
高尔夫产业概述

本章提要：现代高尔夫运动，是由中世纪苏格兰牧羊人所启蒙的一种"自娱自乐"的游戏，经历了近七百年的历史发展，不仅成为风靡世界的体育运动，而且可谓在当代经济文化一体化发展大趋势的影响下，具有广泛社会影响力和经济发展潜力的新兴产业。高尔夫产业是一个多层次、多领域、多因素、动态发展市场部门的集合。本章着重介绍高尔夫产业定义与特征，以及高尔夫产业的市场形态与结构。

重要概念：高尔夫产业；特点；主体市场；延伸市场。

第一节 高尔夫产业定义与发展特征

高尔夫是一种集西方传统文化底蕴和当代社会文化多种表现形式为一体的社会文化，其本质属性体现了当代体育文化的基本特征。虽然它在社会发展进程中所表现出的社会特征和市场行为有别于一般意义上的体育运动，但是，作为相同领域中不同形式的社会实践，从产业的理论认识和定义上讲，高尔夫产业与其他体育产业存在着深层的联系。

一、关于高尔夫产业定义的认识

(一) 体育产业

关于对体育产业的理论认识，目前国内外尚存在着不同的理解，但是普遍的认识都是从广义和狭义两个方面对体育产业定义。

从广义的认识观点说，人们认为"体育产业就是与体育运动有关的一切生产经营活动"，它是由体育物质产品和体育服务产品的生产经营两部分构成。这种观点是国内体育产业理论界的主流派。

从狭义的认识观点说，人们认为"体育产业就是体育服务业"。持这种认识观点的主要依据是当今世界广泛采用的三次产业分类法和据此形成的 GNP 的统计方法。而反对这种认识观点的人认为：世界上大多数国家在统计体育产值时，不仅仅把体育服务产品的生产与经营作为统计的对象，而且还包括了体育物质产品的生产。有学者认为：体育产业就是指体育事业中既可进入市场，又可以赢利的部分。其理由是：任何产业都是市场中真实存在的商品货币关系，没有市场的产业是不存在的。这种观点也招致了许多异议。也有人根据美国经济学家麦克尔·波特的创新传统的产业定义的认识方法，将体育产业定义为"为社会提供直接相互竞争的体育产品或服务的体育活动或部门集合"。无论学者们如何对体育产业的理论认识与定义，而体育产业在世界范围内的蓬勃发展，以及对人类社会的经济与文化所产生的重大影响，早已成为不争的事实。

（二）高尔夫产业

产业的基本要素是生产与服务，生产与服务的基本对象则是社会消费。在现代社会发展进程中，社会消费是经济与文化的重要融合点，也是经济文化一体化社会发展的重要载体。任何一种经济活动或是社会生产与服务，其立足点都是围绕着消费者的市场需求而开展的社会实践。因此，市场就是生产与消费、供给与需求、营销与服务的社会平台，是价值转化的"交易所"。

高尔夫消费者是以体验和感受高尔夫文化的运动过程为消费价值的基本取向。因此，高尔夫文化则是维系生产与服务、供给与消费、经营与销售等经济关系的核心。高尔夫文化，是指以高尔夫运动为核心的反映高尔夫运动的基本方法、行为特征，以及以高尔夫运动为载体的经济活动和相关社会实践的总和。从一支球具的设计与制造、一件高尔夫体恤衫的生产、一种在高尔夫运动实践中的行为习惯，到一个高尔夫球场的规划与设计、一个国家高尔夫产业的社会发展等，都可以视为高尔夫文化在某一方面的基本反映。

基于以上认识，所谓高尔夫产业，是指以高尔夫文化为基础的各种社会生产与服务所形成的市场部门集合，是一个多层次、多因素、动态发展的结构体系。

二、高尔夫产业的特征

从高尔夫运动的本质属性来讲，高尔夫运动是现代体育文化的组成部分。然而，在现代市场经济大潮的冲击下，包括高尔夫运动在内的各种社会文化现象，都体现出一种以经济价值来体验与感受文化价值的社会发展趋势。高尔夫产业的社会发展也正是在这种社会发展趋势下，逐渐形成了既符合市场经济发展规律，又体现出高尔夫运动社会发展基本属性的产业特征。

（一）体验和感受高尔夫运动过程是消费的基本对象

作为现代体育的组成部分，高尔夫既包含了竞技运动、休闲娱乐、健康文明、高雅时尚等文化元素，又折射出社会个体的生活方式与生活态度在心理与生理方面的个体情感驱动。随着社会文明的进步与经济发展，高尔夫又进一步延伸成为人们社会交往、商务洽谈、情感联谊，以及人的社会化发展需求和实现自我价值的社会平台。无论高尔夫所承载的文化元素怎样丰富，作为一种消费价值取向，体验和感受高尔夫运动的基本过程，始终是消费的基本对象。当人们把高尔夫运动所承载的文化元素作为一种消费价值的基本指向时，就必然促进为满足不同消费者需求的社会生产与服务的各种经济形式的社会发展。因此，体验和感受高尔夫运动的基本过程是消费的基本对象。

（二）服务性产品的开发与设计是高尔夫产业经济发展的核心

在现代市场经济环境下，高尔夫消费者是通过企业所提供的各种服务性产品，来体验和感受高尔夫运动的基本过程。因此，高尔夫俱乐部作为服务性产品开发与设计的市场主体，其产品设计与开发，既包括为满足消费需求的物质形态产品（如高尔夫球场和各种服务硬件设施），也包括各种非物质形态的服务产品（如各种高尔夫俱乐部会籍等）。企业（高尔夫俱乐部）为获取利润最大化，是把企业资源以不同服务档次的消费价格，作为产品设计与开发的基本策略，进而形成了围绕服务产品设计与开发的不同产品和产品价格。高尔夫俱乐部作为服务性产品设计与开发的市场主体，经营服务是企业经济利润的主要来源。因此，作为一种新兴产业，高尔夫产业是以高尔夫俱乐部服务性产品开发与设计，为产业经济发展的核心。

（三）市场组织形态多元化

当代经济的快速发展和以文化消费为价值取向的社会带动，促使了高尔夫消费群体的不断增长。围绕高尔夫产品的生产与消费既是一种经济过程，也是一种文化。从高尔夫产品的研发生产，到高尔夫产品的营销与服务；从凝结观众、球员、大众传媒、企业和商家赞助为一体的职业高尔夫竞赛，到以满足高尔夫旅游爱好者的服务产品设计；从以改善人们生活居住环境和提高生活质量为高端消费价值取向的高尔夫房地产开发，到突破传统服务模式利用高科技手段和跨领域技术运用的高尔夫衍生服务市场的发展，高尔夫产业充分体现了以文化发展为核心，以各种经济手段为杠杆，以不断延伸与拓展市场发展领域为目标的产业发展态势。因此，高尔夫产业是一种多元化的市场组织形态。

(四) 市场投资成本高、风险大，受政策影响比较大

从高尔夫产业经济链的整体发展来讲，高尔夫球场的开发与建设是高尔夫产业经济的发展源头。而围绕高尔夫球场建设所需要的土地资源，属于非再生性资源。对于非再生性资源的利用与开发，不同的政治体制反映在土地开发和使用所有权的法律规制与政策制约，存在着很大差异性。当前中国高尔夫球场的开发与建设，不仅受到国家土地政策的严格限制，而且高额的投资建设成本、不可预测的市场风险，以及高尔夫产业内部所存在的产品差别和非价格因素的竞争等，都会形成对投资者市场进入的壁垒。因此，高尔夫产业的发展，具有市场投资成本高、市场风险大，受政策影响与制约性强的发展特征。

(五) 国际化程度高

虽然高尔夫运动经过漫长的岁月又重归奥运大家庭，但是在世界范围内仍然具有众多项目无法比拟的社会影响力。而且由于职业高尔夫运动在世界范围内的广泛开展，使得它的国际化程度更加宽泛。而且，在世界经济一体化发展趋势的推动下，高尔夫产业经济的发展无论是职业高尔夫比赛，还是高尔夫俱乐部的经营与管理；无论是产品的生产标准，还是人们在高尔夫运动中的行为习惯，处处可以看到高尔夫运动的国际化"文化符号"。因此，高尔夫运动的产业化发展，具有国际化程度高的产业经济特征。

第二节　高尔夫产业市场形态概述

我国高尔夫产业的社会发展，从市场发展启蒙到形成一定规模经济的市场组织形态，均是按照市场经济运行的基本方式进行的，而市场经济运行的核心内容就是同一条件下的市场竞争。当中国高尔夫产业的企业市场竞争行为从单一市场产品竞争而延伸发展到具有替代关系产品竞争的时候，产品的差异化也就普遍存在了。高尔夫市场运行中的产品差异化现象，又导致了不同领域企业生产与产品之间的依存关系，因此，也就逐渐形成了中国高尔夫产业多领域、多层次、多要素的市场运行模式，即市场组织形态。高尔夫产业的市场组织形态是一种"蛛网"形的组织结构（图7-1）。核心层即"主体市场"，由产品生产制作、产品营销服务和消费市场构成；中间层即"边际市场"，是由高尔夫旅游市场、高尔夫竞赛市场和高尔夫房地产市场构成；而处于最外层的是"衍生服务市场"，由竞技经营、产品经营与综合开发三种不同类型的企业经营模式组成。

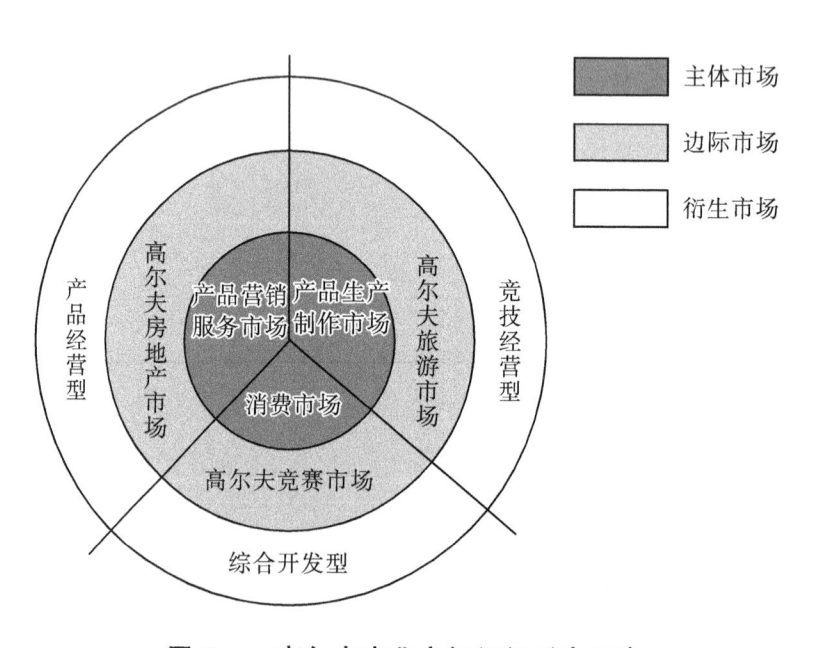

图7-1　高尔夫产业市场组织形态示意

一、高尔夫产业主体市场

所谓高尔夫产业主体市场,是指以体验和感受高尔夫休闲文化消费为核心,以满足休闲消费需求的高尔夫产品生产与服务为基础的市场组织形态。

市场消费、产品生产、经营与服务是推动高尔夫产业不断发展的"三大要素",是形成高尔夫产业经济链的"动力源"。从消费—生产—经营与服务的市场关系来讲,三者之间的相互依存、相互促动构成了高尔夫产业的主体市场。

(一) 高尔夫消费市场

高尔夫产品的社会消费需求,决定了高尔夫相关企业的产品研发与生产;高尔夫社会消费群体的不断增长,推动了高尔夫企业生产规模的扩容与社会发展;高尔夫消费市场的多元化发展趋势,催生了企业新产品的研发与生产技术的改进;高尔夫消费市场个体消费行为和消费价值取向的变化,扩展了企业替代性产品的市场发展空间。因此,高尔夫消费市场是高尔夫产业经济发展规模,以及高尔夫产业不同行业和不同领域企业产品研发与生产的重要前提。

(二) 高尔夫产品研发与生产市场

在高尔夫产业的发展中,不同领域、不同性质企业的产品研发与生产,是一个涉及面广、产品繁多、功能各异、作用不同的社会生产实践。从不同生产企业的产品的使用对象而言,既包括相关企业的专业用品(如高尔夫球场专业设计与建造、草坪维护专用机械等),也包括社会个体从事高尔夫运动实践所需要的消费产品(如高尔夫球具、服装、鞋帽及相关用品等);从生产流程与生产工艺来讲,既包括了传统工业生产(如草坪维护专用机械、服装、鞋帽生产等)、园林植物建造与设计(如草种育苗、植物栽培等),也包括了现代高科技研发与生产(如高尔夫球杆材料的选用与设计等)。因此,高尔夫相关领域的产品研发与生产,是一个外延开阔、内容丰富的生产系统。

（三）高尔夫产品经营与服务市场

高尔夫产品的经营与服务，是高尔夫产品与社会消费者之间所形成的价值转换的市场平台。高尔夫产品的专门经营与专业服务，是根据高尔夫产品的不同类型和产品功能，以及产品的不同价值和产品消费对象，来体现不同领域的经营与不同形式产品服务的市场组织形态。如：高尔夫俱乐部，是专门经营高尔夫运动休闲与高尔夫竞赛，为消费者或高尔夫球员提供专业服务的企业经济体；高尔夫相关用品（专业用品和普通消费品）的专营，则是为不同消费者提供所需产品的经营与售后服务的经济形态；而高尔夫专业赛事管理企业或机构，则是以专门组织各种形式、各种级别的高尔夫比赛作为产品经营主体，为社会团体或部门组织高尔夫赛事活动提供专业服务。因此，高尔夫产品的经营与服务，也是一种不同组织形态和不同组织功能的社会系统。

二、高尔夫产业边际市场

所谓高尔夫产业边际市场，是指高尔夫产业市场内部经济发展的相互影响和功能延伸，与社会其他产业部门所形成的功能组合与经济联系，是滋生于高尔夫产业主体市场发展基础上具有高附加值的经济发展模式。从市场组织形态来讲，高尔夫产业边际市场主要由职业高尔夫竞赛市场、高尔夫旅游市场、高尔夫房地产市场三种不同市场组织形态组合而成。

（一）职业高尔夫竞赛市场

职业高尔夫运动，是一种专门为以参加高尔夫比赛为谋生手段的球员，举行各种比赛并具有严格身份界定和管理的特殊社会行业。职业高尔夫竞赛市场，是专门为从事职业高尔夫运动的球员举办不同形式比赛的市场环境。职业高尔夫运动，是当今竞技体育职业化社会发展进程中具有广泛代表性的一种社会实践，也是高尔夫运动社会商业化发展的重要载体。职业高尔夫运动与业余高尔夫运动是两种截然不同的社会实践（表7-1）。

表 7-1　职业高尔夫运动与业余高尔夫运动相关因素比较

比较因素	职业高尔夫运动	业余高尔夫运动
活动属性	有严格的资格考核与赛事管理规制，球员的技术水平决定其收入情况	一种依靠人们的兴趣与爱好，没有直接的经济回报的休闲娱乐与增强体质的活动
管理机构	有专门的管理机构，严格按照培训、比赛与考核的管理办法实施职业球员管理	庞大的松散型社会群体
运行机制	以市场经济的基本方法，建立职业比赛的各种组织机构，取得广泛的社会融资	球员打球完全是自愿行为，参加比赛比取胜更重要
观众作用	社会的关注与观众观看比赛的规模和赛事影响力，决定社会融资的程度	强调自身参与，最热心的观众也是球员自己
比赛地位	是连接观众、球员、大众传媒与商业赞助的唯一途径	相对于打球的乐趣比比赛更重要
舆论效应	社会开发性强，易出轰动效应	封闭性强，社会影响力小

根据国际职业高尔夫竞赛组织的惯例，以及中国高尔夫产业社会发展的特点，当前中国职业高尔夫竞赛市场主要由职业高尔夫球员、职业高尔夫竞赛组织机构、社会传媒、商业赞助或企业投资等相关因素构成（图7-2）。

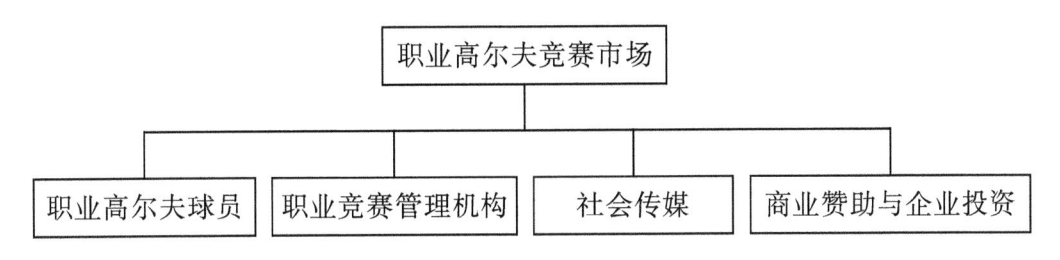

图 7-2　职业高尔夫竞赛市场组成要素

1. 职业高尔夫球员

职业高尔夫球员是指以从事打高尔夫球和参加高尔夫比赛而获取报酬或营利为目的，接受他人（或企业）的赞助以及以其职业球员的专业身份，向他人教授高尔夫球技术而获得报酬的高尔夫球员。职业高尔夫球员是以参加各种不同形式、不同等级的职业比赛，获取比赛奖金和出场费作为球员的主要经济来源和自身价值的体现。职业高尔夫球员参加各种不同级别的职业赛事的资格和奖金获取额度的依据，与职业球员的积分排名相关。

2. 职业竞赛管理机构

职业竞赛管理机构是制定职业高尔夫竞赛方法和规程、组织和管理职业竞赛活动的专门组织，比如美国职业高尔夫球协会（PGA）、中国高尔夫球协会职业管理委员会（CGA）等。其基本职能，就是组织与推广职业高尔夫赛事，扩大职业高尔夫赛事活动的社会影响，营造良好的赛事融资环境，从而达到创建知名赛事品牌、争取更大的社会融资和获取更多利润收入的目的。

3. 社会传媒

社会传媒是对传播、交流以及承载现代科学技术成果、经济发展的市场动态、文化知识信息等各种渠道、方法和工具的统称。当前，高尔夫产业的快速发展，其社会动因是多方面的，但是，社会传媒对高尔夫产业的社会发展所发挥的市场"杠杆"作用是显而易见的。尤其是现代电视传播技术的迅猛发展，使得职业高尔夫赛事活动社会影响力，以及由此产生的社会轰动效益，极大地增强了当代职业高尔夫赛事市场经济附加值，推动了职业高尔夫赛事市场化的迅速发展。

4. 商业赞助与企业投资

现代职业高尔夫竞赛组织，实际上是市场经济运作下的一种商业行为。而竞技运动的商业化发展，是当前世界范围内竞技体育发展的大趋势。商业赞助和企业投资，是职业高尔夫竞赛市场成功运作的经济"润滑剂"。作为职业高尔夫赛事的组织者，只有营造良好的赛事融资环境，才能刺激参赛球员运动技术水平的提高和比赛竞争的激烈程度，才能引起社会的广泛关注并产生社会轰动效应。而只有提高职业高尔夫比赛的观赏性和社会轰动性，才能形成商业赞助和企业投资的主动性和社会向心作用，职业高尔夫竞赛的经济附加值也才能形成有机的"经济链"。

(二) 高尔夫旅游市场

高尔夫旅游是当代休闲文化社会发展进程中，在传统休闲旅游基础上所衍生出的一种新兴的旅游方式。高尔夫旅游与传统的休闲旅游既有联系又有区别，所谓高尔夫旅游，是指高尔夫运动的爱好者，通过旅行的方式到异地高尔夫球场打球的行为表现。因此，我们所说的高尔夫旅游，并不完全代表传统休闲旅游的消费行为，是以特定的方式在特定的地域范围内，从事高尔夫运动实践的旅游休闲活动（表7-2）。

表7-2　休闲旅游与高尔夫旅游相关因素的比较

比较因素	休闲旅游	高尔夫旅游	职业球员
行为目的	作为一种文化消费，是人们追求高层次需求、自我实现的休闲活动	体验异地高尔夫球场打球的乐趣	参加高尔夫巡回赛，争取好成绩
组织形式	根据个人兴趣或组织团队，或结伴而行，或个人自助	通常是结伴而行	完全是个人行为
行程安排	根据可利用的时间，事先确定行程路线以及食宿地点和交通工具	根据可利用的时间，事先确定在往返路线上到哪家球场打球	根据巡回赛日程安排及组委会的要求和球员个人情况而定
消费行为	表现在娱乐、健身、购物和住宿、餐饮，以及交通费用等方面的消费	主要表现在食宿、交通和打球方面的消费	表现在食宿及交通方面的消费，打球有比赛奖金或出场费

高尔夫旅游，是随着高尔夫产业市场的不断发展、高尔夫消费群体的不断扩大，以及消费行为的多元化发展迅速兴起的。我国高尔夫旅游市场迅速发展的社会动因，主要体现在以下三个方面。

首先，从地理位置上讲，中国具有南北、东西跨度较大，气候类型多样性的特点。不同地区的高尔夫球场的自然景观与人文景观各具特色，不同季节可提供不同特色的球场，极适合高尔夫旅游的市场开发。同时，中国毗邻韩国、日本，而中国高尔夫旅游市场的主要客源是韩国、日本以及港澳台地区的高尔夫旅游消费者，因此，中国优越的地理优势，成为高尔夫旅游市场开发的重要基础。

其次，从开发与经营的市场运作来讲，成本和价格优势成为中国高尔夫旅游经济发展的另一优越条件。一方面，中国人力资源丰富，而且人力成本相对低廉，可以利用相对廉价的劳动力提供高质量低成本的优质服务，拓展高尔夫旅游市场；另一方面，目前日本、韩国的高尔夫俱乐部消费价格普遍高于我国几倍，有的甚至十几倍，许多日、韩高尔夫旅游消费者更愿意选择来中国高尔夫球场进行高尔夫旅游活动。

此外，从高尔夫消费群体来讲，不断增长的国内高尔夫消费群体，呈多元化消费趋势，将进一步促进国内高尔夫旅游经济的快速增长。近几年国内高尔夫消费人口以平均每年以20%左右的速度递增，而广东、北京和上海等省市的高尔夫消费者的增长率高达35%，有着优越的地理优势、价格竞争力以及巨大的高尔夫旅游消费群体，中国的高尔夫旅游市场发展潜力巨大。

(三) 高尔夫房地产市场

所谓高尔夫房地产，是指以高尔夫球场的景观要素为建设开发载体的房地产项目。高尔夫球场作为房地产开发建设的母体，其球场设计与建造的人文品质和自然景观要素，是高尔夫球场房地产最耀眼的市场"卖点"。高尔夫球场的设计与建造，依据自然景观的原始利用为设计和建造的主体，以人文思想与自然环境的和谐相融为开发目标，进而改善了球场周围的生态环境，营造了一种人文与自然和谐统一的生态文化氛围与高品质的生活居住环境。

高尔夫球场规划与建设和城市房地产业开发，是现代社会发展进程中反映城市经济建设中的两种不同的社会生产实践。但是，这两种社会生产实践又都是基于一个发展基础，即充分利用城市的土地资源，开发建设不同物质形态和经济形态的市场发展主体。从二者的市场发展基础以及市场发展目标来讲，以满足人们在物质和精神上的消费需求，追求以人为本的行业发展理念，形成了这两种不同物质形态和市场经济形态的深层次的社会联系，使二者经济发展的消费主体以及消费价值取向形成了有机的统一，进而促使了经济发展的互补互动，形成了高尔夫产业与房地产业两种行业相互融合，并具有高附加值的高尔夫产业边际市场。当前国内高尔夫房地产市场开发的基本结构如图7-3所示。

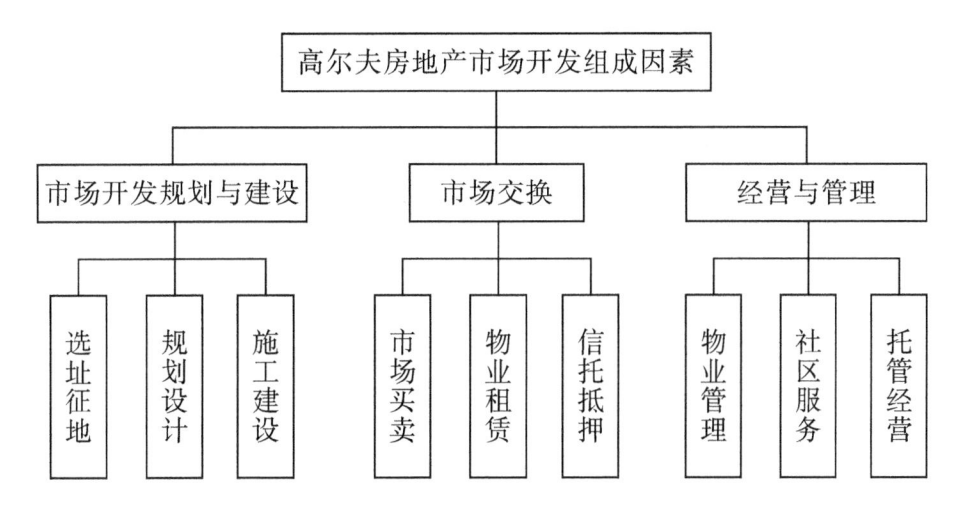

图7-3　高尔夫房地产市场开发运行构成要素

三、高尔夫产业衍生服务市场

高尔夫产业衍生服务市场，是一种在传统营销服务的基础上，运用现代网络技术平台和跨领域的生产技术能力及服务方式相结合，所形成的一种全新的高尔夫产业市场经营模式。当前中国高尔夫产业衍生服务市场企业经营类型如表7-3所示。

表 7-3 当前中国高尔夫产业衍生服务市场企业经营类型

类型	主要经营范围	主要功能
竞技经营型	高尔夫赛事策划与管理 高尔夫球场设计与建造 高尔夫俱乐部管理	突出高尔夫运动竞技属性的功能开发与市场运作
产品营销型	高尔夫产品营销策划与管理 企业文化发展咨询与策划 市场营销咨询服务与管理 企业经营托管与产业投资咨询	突出企业品牌和产品营销的市场开拓与市场策略的运作
综合开发型	高尔夫项目投资风险评估 高尔夫球场综合开发规划与设计 高尔夫"网络平台"专业服务 高尔夫产品市场营销咨询与服务	突出高科技技术手段的运用,跨行业、多领域地实施高尔夫社会资源的整合与开发

(一) 竞技经营型

　　这类企业特别重视高尔夫竞赛市场、高尔夫球场设计与建造,以及高尔夫俱乐部管理等领域的市场开发与运作。在市场的运作方式上,通过对大型高尔夫赛事活动（职业和业余）市场运作与管理,打造高尔夫竞技领域中的市场品牌,并依次作为向其他领域延伸开发的企业优势与专业水准。如"朝向"高尔夫管理集团。

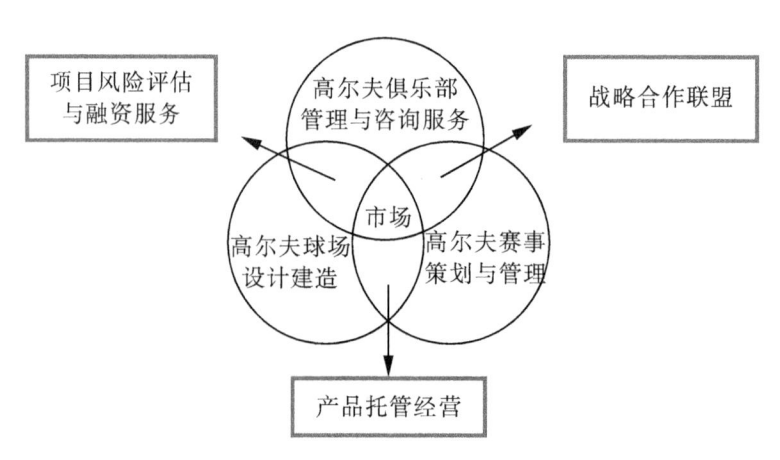

图 7-4 以高尔夫运动竞技属性为市场开发的经营结构

（二）产品营销型

这类企业突出以高尔夫企业的市场营销作为企业平台，并且把高尔夫相关企业的产品设计、市场开发、营销策划与经营托管、企业文化的构建与品牌打造等，作为企业的市场竞争优势。在传统营销服务的基础上，塑造在专业品质、服务观念、价值取向、市场操作等方面全新的市场形象，比如智赢盛世咨询顾问机构。

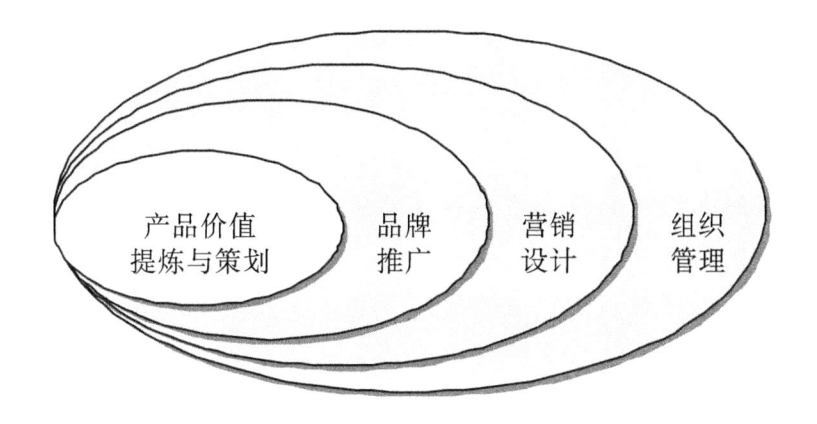

图 7-5 产品营销型"衍生服务"企业产品开发的基本过程

（三）综合开发型

这类企业突出以现代网络科技的技术平台作为企业市场拓展的基础和优势，并以庞大的网络资源优势，取得社会的广泛认同。这类企业突破了传统高尔夫经营与服务的市场模式，在高尔夫投资风险评估、高尔夫球场规划设计、产品设计与市场营销服务、企业经营管理网络平台设计等领域，形成了传统高尔夫服务企业所无法拥有的专业咨询"智能库"，如尊皇（国际）高尔夫科技开发有限公司、高尔夫1872等企业。高尔夫综合开发"衍生服务"企业市场服务平台如图7-6所示。

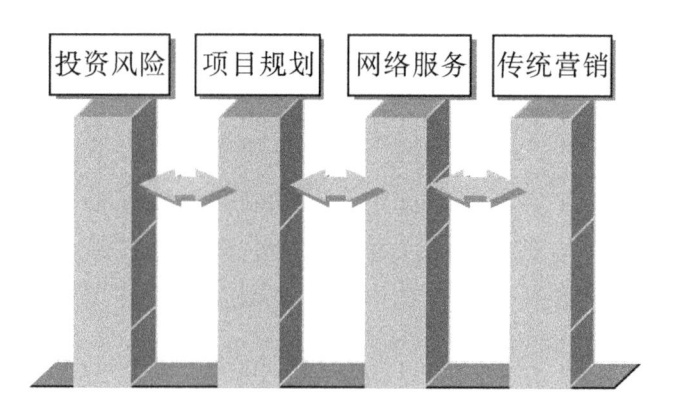

图 7-6　高尔夫综合开发"衍生服务"企业市场服务平台

本章小结：高尔夫产业，是以高尔夫文化为基础的各种社会生产与服务所形成的市场部门的集合，是一个多层次、多因素、动态发展的结构体系。虽然当前国内外并没有统一的高尔夫产业理论认识，但高尔夫运动产业化的社会发展已得到人们广泛的认同。高尔夫产业与现代体育产业有着深层次的社会联系，不仅具有现代体育产业社会发展的基本特征，也具有高尔夫产业自身发展中的特征。当前我国高尔夫产业市场形态，是以产业主体市场、产业边际市场、产业衍生服务市场这三个市场基本形态体现的。

思考题：
1. 体育产业定义与高尔夫产业定义释义。
2. 我国高尔夫产业市场形态的基本结构。
3. 高尔夫产业主体市场、边际市场、衍生服务市场定义。
4. 高尔夫产业主体市场的构成要素。
5. 我国高尔夫产业边际市场的构成要素。
6. 高尔夫产业衍生服务市场企业经营类型。

本章作者：姚远、吴亚初

第八章
高尔夫俱乐部概述

本章提要：早期的高尔夫俱乐部，是具有相同社会特质（社会地位、财富、身份等）和对高尔夫运动有相同兴趣与爱好的人自愿组成或加入、共担成本、具有一定的私密性质和小规模、非营利性的社会团体组织。从现代社会发展的经济角度来讲，高尔夫俱乐部虽然仍具有早期俱乐部历史文化的基本特征（会员制、私密性、小规模等），但是在现代社会经济快速发展的影响下，现代高尔夫俱乐部的内涵和外延，已经远远超越了早期高尔夫俱乐部的定义范畴。本章着重介绍现代高尔夫俱乐部的基本定义、性质，以及高尔夫俱乐部经营与管理的基本内容。

重要概念：高尔夫俱乐部；性质；经营；管理。

第一节 高尔夫俱乐部的定义、性质与功能

从历史文化的社会发展角度来讲，高尔夫俱乐部是西方俱乐部文化社会发展的分支；从现代社会经济发展的角度来讲，高尔夫俱乐部是高尔夫产业社会发展的重要组成部分，是人们体验和感受高尔夫文化的休闲娱乐与体质健康、竞技运动与社会交往，以及实现自我等各种文化消费的价值平台，是以高尔夫"文化产品"的生产与经营为核心，以服务于消费者对高尔夫文化消费需求为目的的企业经济体。

一、高尔夫俱乐部的定义

在汉语中，"俱乐部"（Club）一词是"舶来语"。俱乐部作为人类文明发展进程中的一种文化现象，最早起源于英国。但是，这种古老的社会文化至今并没有一个统一的认识。

（一）对俱乐部定义的认识

从现代社会经济与文化的发展来讲，对俱乐部的认识存在着狭义与广义两种认识方法：

从狭义的理解来讲，俱乐部是指有相同兴趣与爱好的人自愿组成或加

入、共担成本、具有一定私密性质、小规模、非营利性的会员制组织。这种认识是基于早期西方俱乐部文化社会发展形态的认同。对早期俱乐部的狭义认识，西方人侧重于强调俱乐部的主体参与群体具有相同的社会特质，即社会地位、职业、身份等，并由此来确定俱乐部的功能。而东方人则更偏重于对俱乐部的物质形态或非物质形态所形成的场所追求，是场所的形态决定了俱乐部的功能与活动参与主体。

从广义上讲，俱乐部是一种为满足人们社会交流与沟通需求，通过一定的组织方式所形成的一定范围内的社会环境，具有社会团体或组织的文化属性。从俱乐部的性质与功能来讲，早期的俱乐部是一种非营利性的会员组织，是一些具有相同特质或相似社会地位、经济收入、兴趣爱好、职业等，社会个体自发性、自愿参加的会员制组织。而我们今天所看到的各种名目的会员制组织，有的叫俱乐部，而有的不叫俱乐部。因此，我们也不能把那些会员制的组织都称为俱乐部，这是不符合社会发展实际的。比如，有些酒店也采取会员制的经营方式，但名称不叫俱乐部，而且会员并非酒店服务的主体，因此，酒店不能称为俱乐部。目前，我们国内的一些俱乐部不少属于这种性质，虽然都是围绕着会员制的经营模式做文章，但是它们并非具有俱乐部的基本功能与性质。因此说，俱乐部作为一种社会文化现象，不仅有着丰富的文化内涵，而且也存在着"与时俱进"的社会发展外延。

（二）对高尔夫俱乐部定义的认识

1735年苏格兰爱丁堡"伯吉斯（Burgess）高尔夫球友会"成立，被认为是世界上最早的高尔夫俱乐部。从时间上讲，"伯吉斯（Burgess）高尔夫球友会"的成立，正处在西方俱乐部文化的社会启蒙时期，应该说高尔夫俱乐部是西方俱乐部文化的重要组成部分和社会延伸。

目前人们对高尔夫俱乐部的理论认识并没有一个统一的定义。高尔夫俱乐部作为西方早期社会发展衍生出来的文化现象，有着特定历史背景下的文化特质。从历史文化的认识来讲，早期的高尔夫俱乐部，是具有相同社会地位、财富、身份，以及共同对高尔夫游戏的兴趣与爱好的上流社会的"贵族阶层"自愿组成或加入、共担成本、具有一定私密性质和小规模、非营利性的社会团体组织。而从现代社会发展的经济角度来讲，高尔夫俱乐部既有早期俱乐部历史文化的基本特征（比如会员制、私密性、小规模等），又有现代高尔夫产业化社会发展的经济特征（比如商业化经营、科学化管理等）。因此，现代高尔夫俱乐部的内涵和外延，已经远远超越了早期的高尔夫俱乐部的社会发展范畴。

根据历史文化与现代经济发展的社会特征的认识基础，所谓高尔夫俱乐部，是指社会团体或企业，为高尔夫消费者所设立的用于高尔夫运动实践和提供专门服务部门的通称。

二、高尔夫俱乐部的特征

无论是早期高尔夫俱乐部的启蒙，还是当代市场经济环境下高尔夫俱乐部的社会发展，高尔夫俱乐部始终是一种有着共同兴趣与爱好的社会个体进行交流与沟通的社会载体或人文环境。从早期的一些史料中我们不难发现，高尔夫俱乐部的早期萌芽具有自愿加入的会员制、共同特质、私密性与非营利性的性质。但是，随着社会分工的加剧，以及经济领域的社会生产与各种服务的兴起，进一步加速了高尔夫俱乐部作为一种社会行业的内部分化，并不断催生着高尔夫俱乐部在形式与内容上的变革，使其形成了虽然称谓相同，但性质不同、功能与作用各异的"高尔夫俱乐部文化"。因此，高尔夫俱乐部的性质既有俱乐部文化的普遍性，也有高尔夫运动社会实践的特殊性。

（一）普遍性

1. 会员制

高尔夫俱乐部作为当代非大众性的社团组织，"会员制"依然是高尔夫俱乐部组织的基本形态。高尔夫俱乐部以"会员制"的经营机制，就像一张无形的网将会员与非会员隔离开来，表明会员与非会员的不同身份与权益，使会员感受到一种优越感和归属感，从而使非会员身份的高尔夫消费者产生加入高尔夫俱乐部的动机与欲望。

2. 共同的兴趣与爱好

任何一种俱乐部的组织形态，无一不是以自愿加入俱乐部的相同志向、爱好与兴趣为基础。高尔夫俱乐部也不例外，它同样是以体验和感受高尔夫运动，或者以高尔夫运动作为高端休闲生活方式的价值取向而申请加入高尔夫俱乐部。早期高尔夫俱乐部（或高尔夫球友会）的会员，也许有着相同的社会地位、身份或财富的共同特质，使大家通过高尔夫俱乐部成为彼此之间社会交流的平台。而今天的高尔夫俱乐部，作为会员也许彼此之间并没有相同的职业与社会地位，个人财富也许不尽相同，但是对高尔夫运动的兴趣与爱好，或者通过高尔夫运动的锻炼使其成为休闲生活方式，成为新的历史时期人们参与高尔夫运动、加入高尔夫俱乐部的新的共同的社会特质。

3. 私密性

早期高尔夫俱乐部是通过会员自己管理的方式，实现会员之间相互交流与沟通，以及相互切磋高尔夫技术的平台。因此，高尔夫俱乐部的规模通常是按照俱乐部设施的承受能力、投资成本估算等相关要素，得出俱乐部会员人数的基数以及会籍价格。在此条件的制约下，一般情况都体现出俱乐部的会员数量规模较小，因而俱乐部会员的私密性也就较高。

现代高尔夫俱乐部虽然在其本质属性上与早期俱乐部有很大的变化，无论是俱乐部的经营目标还是经营规模，都对会员的私密性产生了很大冲击，会员的私密性也在下降，但是高尔夫俱乐部在当代社会中毕竟是一种高端的休闲与娱乐的社团组织，在一定程度上会员的私密性可以得到有效的保障。所以，私密性仍然是高尔夫俱乐部同其他高端俱乐部一样的共同特性。

4. 小规模

高尔夫俱乐部同其他行业的俱乐部一样，在其会员数量和规模的控制上，都表现出受俱乐部服务承受能力的制约。通常情况下，高尔夫俱乐部经营的主要服务型产品是为会员或消费者提供打球服务，因此，俱乐部一定会通过各种服务成本估算、安全保障建立、会员利益体现等多方面的考虑，把高尔夫球场所能承受的最大客流量（打球人数的饱和量）控制在合理的状态之下。否则，当会员的数量达到"拥挤"的时候，其会员的权益就必然受到影响。所以，控制适度的规模，是高尔夫俱乐部同其他行业俱乐部一样的共同特性。

（二）特殊性

1. 体验高尔夫运动的竞技性与娱乐性的双重感受

高尔夫作为现代竞技运动的组成部分，不仅具有一般竞技运动的特点，而且有以健康娱乐、户外消遣为主题的休闲运动的特征。因此，高尔夫俱乐部为其会员或其他消费者所提供的产品，也是紧紧围绕着高尔夫运动的竞技性与娱乐性而专门设计的服务内容。

2. 体验自我实现的心理愉悦

会员是高尔夫俱乐部会籍持有者的一种特殊标志和地位的象征。高尔夫俱乐部的"会籍"作为一种高端消费产品，当消费者取得会员资格时，无论是对自身财富的积累，还是个人事业绩效的评价，以及个人自我实现的目标都会产生一种成就感，而这种成就感实际上是消费者（会员）在自我实现心理感受过程中的一种心理愉悦。

3. 体验高端休闲生活方式的快慰

体验高尔夫运动的生物过程，感受高尔夫文化的人文魅力，是人们购买高尔夫俱乐部会籍的基本诉求。因此，高尔夫俱乐部为人们所提供的高端服务产品，为消费者体验高端休闲生活方式创造了消费平台。

4. 体验健康投资的价值

健康是当代人们生活的主题与基本诉求。投资的目的是为了获得利益，是一种积累；消费则多是为了享受，是一种消耗。在人们处于相对健康时，为健康而进行的支出，往往是一种健康投资。而在发生疾病时则是为了改善病症、恢复健康而进行的健康消费。可以说人们在一生中或多或少地都在为健康进行投资和消费，只是往往不太意识到而已。对健康的投资实际上是为了减少对健康的消费。在现代社会发展中，当人们的财富积累足以使人们可以选择不同的生活方式时，为健康投资似乎成为人们的普遍性的行为选择。人们通过高尔夫运动的实际参与和锻炼，身体健康有了明显的改善之后，这种为健康投资的价值取向，也就很容易被人们所接纳。

三、高尔夫俱乐部的功能

随着社会经济的发展，高尔夫俱乐部早期的定义范围也在市场经济大潮的冲击下，不断被延伸与拓展，因此，高尔夫俱乐部的功能也发生了一些更加适合市场发展需求的功能定位。

> **网络链接：**
>
> 俱乐部的起源
> baike.baidu.com/view/57060

（一）社交功能

高尔夫运动是一项高雅与文明、自律与诚信、交往与快乐的户外运动，具有典型的"绅士文化"行为特征。高尔夫俱乐部的社交功能，实际上是中世纪欧洲社会发展背景下的"绅士文化"社会制导作用的结果。早期高尔夫俱乐部（球友会）创立的初衷，就是人们通过打高尔夫球的娱乐方式，作为一种有别于其他社会交往的社交手段。因此，无论是早期高尔夫俱乐部的启蒙，还是现代市场经济与多元文化交融背景下社会发展对高尔夫俱乐部的影响，满足高尔夫爱好者或消费者的社会交往需求是高尔夫俱乐部的最为显著的功能体现。

(二) 休闲与娱乐功能

在现代社会发展进程中,"休闲"作为一种社会的表层文化,与人们的生活密切相关,并且正在以独特的方式影响和支配着社会公众的物质生活和精神生活的表现方式。高尔夫是极富休闲价值的户外运动,当人们把高尔夫运动作为一种高端休闲生活方式时,实际上就是将高尔夫的运动属性与休闲娱乐结合,并且将这种结合转化成了健康生活的"玩具"。高尔夫运动作为体育运动的组成部分,表现了一种"玩"的身体文化,人们以"玩"的方式,通过"玩"的体验,感受到了"玩"的快乐与愉悦。因此,现代高尔夫俱乐部作为一种承载体育基本功能的经营组织,休闲与娱乐是其最具有特色的功能价值。

(三) 投资增值功能

高尔夫俱乐部的主要产品就是"会籍","会籍"不仅是一种高端消费产品,更是一种具有投资意义的消费选择。"会籍"作为高尔夫俱乐部有限的、不可再生的资源,当购买了一家高尔夫俱乐部的会籍之后,既获得了可以长期打球的资格,又成为了高尔夫俱乐部不可再生的有效资源预期升值的占有者。所以,从高尔夫俱乐部的可利用的资源来讲,把不可再生的资源作为一种产品销售,必然会产生对投资者投资增值的心理诉求和欲望。因此,投资增值功能也是高尔夫俱乐部的基本功能。

(四) 实现自我功能

实现自我是人生的终极目标,也是人的一切社会活动的基本动力。高尔夫俱乐部虽然是现代市场经济中的一种企业经济体,但也承载着许多非经济因素可以替代的价值功能。作为高尔夫爱好者通过一定的经济方式成为俱乐部会员时,不仅是一种"会员"与"非会员"之间的身份区别,而且是一种地位与尊重、荣誉与联想、成功与自信、信誉与自律的价值体现,而这些价值的核心体验就是实现自我的人生终极目标。所以,现代高尔夫俱乐部作为市场经济下的经营组织,不仅延续了早期高尔夫俱乐部的基本功能,而且随着社会的发展实现自我价值,是满足自我实现的心理诉求和成就感的功能体现。

知识窗：

世界第一大高尔夫球场——中国观澜湖高尔夫俱乐部

观澜湖高尔夫球会1992年12月18日成立。具有216洞12个球场的规模，被"世界吉尼斯纪录组织"认定为世界第一大高尔夫球会，并取得连续12年高尔夫世界杯的主办权。观澜湖横跨深圳、东莞两地，拥有深圳、东莞、黎光、乡村四大会所，是以高尔夫为核心，集网球、壁球、台球、排球、羽毛球、健身中心、美食、SPA、儿童游乐场、度假物业为一身的大型综合体育休闲产业群。

观澜湖是中国最负盛名的国际赛事和国际体育文化交流活动的理想举办地，已经举行和迎接了50多次国际大赛与国际巨星造访活动，包括1995年高尔夫世界杯、2001年泰格·伍兹中国挑战赛及2002年发起创办的亚洲"莱德杯"——朝王杯亚日职业高尔夫对抗赛，以及2006年发起创立的莱德杯国家队与国际队对抗的友好杯暨国际经贸友好论坛。观澜湖将连续12年举办高尔夫世界杯、友好杯暨国际经贸友好论坛，以及亚太地区最高水平的业余赛事APGC锦标赛等国际体育盛事。

此外，观澜湖还先后荣获"鹏城十景"和中国最高等级AAAA旅游区等殊荣。2004年，在全球公认的"绿色奥斯卡"——国际花园社区评选中，观澜湖获国际花园社区金奖第一名和自然社区最高荣誉大奖。2005年，在国际地产"奥斯卡"——"宾利国际地产奖"评选中，获"世界最佳高尔夫发展奖"和"最佳中国地产发展奖"两项五星级大奖；同年在代表目前国际高尔夫旅游界最高荣誉的"全球高尔夫旅游大奖"评选中，获"全球最佳高尔夫旅游度假胜地"称号。观澜湖高尔夫球会是亚洲首家获得ISO14001环境管理体系认证的球会。观澜湖除了深圳高尔夫球会外，还在海南建造了融合万年火山岩地貌的特色高尔夫球场的高尔夫度假区，这个高尔夫度假区拥有海南岛上最新和全面的康乐及康体设施，包括海南唯一的火山岩主题水上乐园，

> 规模庞大且建有健身室、室内游泳池、儿童乐园、图书馆、画廊等的康乐中心、购物广场和高尔夫专卖店。2010年3月18日举行的2010博鳌国际旅游论坛海口高尔夫与旅游主题论坛上,确定海口观澜湖高尔夫球会成为论坛的永久会址。
>
> (资料来源:http://baike.baidu.com/view/301176.htm)

第二节 高尔夫俱乐部经营与管理概述

高尔夫俱乐部,作为现代市场经济体制下的企业经济体,从长期发展目标来讲,它的经营是一种事关俱乐部发展模式、发展方向、发展战略的重大决策性的问题;从俱乐部与会员(消费者)的权益与利益关系来讲,它的经营是一种将俱乐部资源合理开发、最大化利用,获取最大利益的产品设计与产品服务的基本过程。而高尔夫俱乐部管理,就是经营者依据俱乐部自身的资源环境,最大限度地将俱乐部的人力资源与财力达到合理配置与使用,最终实现俱乐部既定的市场经营目标。

一、高尔夫俱乐部经营定义与类型

(一)高尔夫俱乐部经营定义

所谓高尔夫俱乐部经营,是指俱乐部依据自身的资源和市场需求,对企业长期发展所进行的战略性规划和部署,以及发展目标和方针的战略决策与实施方法。高尔夫俱乐部的经营,既包含了经营目标与经营方针的确立(也称经营战略决策),也包括围绕目标实施过程中的经营方式与经营内容(也称经营战略实施),还包括俱乐部实施战略目标对各种资源合理使用与开发的经营核算(也称经营成本设计)等。

(二) 高尔夫俱乐部经营类型

高尔夫俱乐部是当代高尔夫产业主体市场的重要组成部分。在高尔夫产业整体发展的带动下，高尔夫俱乐部的企业经营类型也呈现出多元化的发展趋势。通常高尔夫俱乐部的分类方法如下。

1. 按高尔夫俱乐部经营理念分类

在现在市场经济的影响下，高尔夫俱乐部的经营作为一种市场行为，其经营理念受到俱乐部投资人与决策层对企业战略发展思路的影响与制约。因此，经营理念也就有所不同。

(1) 封闭型私人俱乐部

这种高尔夫俱乐部，是一种只针对本俱乐部会员服务的经营模式。这种俱乐部把传统高尔夫俱乐部的经营理念，作为企业经营的基本目标，坚持非营利性和私密性、小规模的经营模式。俱乐部从服务设施到服务标准与流程，使会员充分享受高档、至尊、豪华、优雅的服务品质。由于这类俱乐部只针对会员服务，加之发展会员的数量又受到企业经营规模的一定限制，因此，俱乐部会员的会籍销售成为企业的限量产品，使得这类俱乐部的会籍价格成为典型的高端产品。

(2) 开放型会员俱乐部

这类企业不仅继承了传统俱乐部的经营理念，也体现出为满足市场多元化的消费需求，所采取的是具有针对性的企业经营模式。这类俱乐部不仅以个人会籍销售来发展俱乐部的高端客户（会员），而且也面对非会员的普通消费和不同消费层面的产品设计。

(3) 公众高尔夫俱乐部（或球场）

公众高尔夫俱乐部（或球场），通常情况下没有俱乐部"会籍"产品，一般也不发展会员，是面向社会公众开放的休闲娱乐的体育设施。这类企业的消费价格也远远低于其他类型的高尔夫俱乐部，通过"薄利多销"来维持企业经营成本。从某种意义上讲，公众高尔夫俱乐部（或球场）是真正实现高尔夫运动社会化发展的基本保障，但是，目前这类球场在国内的发展数量还十分有限。

2. 按高尔夫俱乐部经营主体分类

高尔夫俱乐部经营的主体是千差万别的高尔夫球场，高尔夫球场的自然形态与人文设计的统一和融合，是球场所在不同的地域位置所决定的，因此也必然会体现出不同地域位置高尔夫俱乐部的不同经营与管理模式。

（1）乡村旅游度假型高尔夫俱乐部

乡村旅游度假型的高尔夫俱乐部，通常位于旅游胜地或远离城区。风景秀丽、景观怡人是这类俱乐部的最大特点。俱乐部通常配置较为齐备的酒店服务设施，供会员与一般消费者使用。作为高尔夫旅游爱好者和商务往来的高尔夫社交活动，这类俱乐部是首选的去处。

（2）都市休闲娱乐型高尔夫俱乐部

都市休闲娱乐型的高尔夫俱乐部，通常位于城市开发区或城乡结合部。俱乐部旗下的高尔夫球场，由于地处城郊位置，其设计风格是根据俱乐部的土地资源而"量身定做"。球场造型、景观造型、植被与障碍（水塘）等，均体现出人文设计理念，以及满足于消费者休闲娱乐的基本需求。

（3）锦标赛型高尔夫俱乐部

锦标赛型的高尔夫球场，首先体现的是能够满足职业比赛所需要的球道长度，以及符合职业比赛需求的球场难度。这类高尔夫俱乐部通常以承办大型高尔夫职业赛事或其他赛事活动而著名，俱乐部的其他服务设施以及俱乐部管理人员，都具有良好的高尔夫专业知识与赛事运作和管理能力。承办大型职业赛事，成为这类俱乐部在产品运营中一个主要的市场卖点。

（4）复合型高尔夫俱乐部

复合型的高尔夫俱乐部，是集旅游度假、都市休闲娱乐和举办各种大型高尔夫比赛为一体。这类俱乐部通常不仅具有高端的会员酒店，而且还具备高端休闲消费与旅游度假所需要的配套服务设施。同时，还具有承办各种职业与业余比赛的专业团队与服务设施等，如深圳观澜湖高尔夫俱乐部就属于此类。

二、高尔夫俱乐部经营内容

高尔夫俱乐部作为社会特殊领域中以服务产品开发为核心的企业经济体，其市场经营内容，是围绕着人们以体验高尔夫运动的基本过程，以及以高尔夫运动为载体所延伸出的各种附加功能为产品设计对象。

(一) 会籍产品

所谓会籍（membership），是指高尔夫俱乐部根据本企业章程，消费者经过一定的手续（买卖关系）而取得高尔夫俱乐部成员（会员）资格的通称。消费者取得会籍资格之后，其身份就成为俱乐部的会员，会员凭"会员卡"以示区别于非会员（普通消费者）身份。一般来讲，高尔夫俱乐部会籍产品系统主要由如下产品组成：

1. 个人会籍

个人会籍，是指会籍资格的拥有者为个人。个人会籍，是高尔夫俱乐部会籍产品系统中的重要部分，也是俱乐部经营与销售的重点产品。通常高尔夫俱乐部个人会籍有主会籍与附属会籍，并且大都采用记名式方法。

主会籍是指拥有会籍资格的本人，具有继承、转让与退会的权益。而附属会籍，一般是由主会籍持有者的配偶或年满16岁以上子女拥有。根据高尔夫俱乐部的企业经营性质与经营理念的不同，有些高尔夫俱乐部一个主会籍可以拥有1~2名附属会籍。附属会籍在使用权限上，尤其是在时间上与主会籍相比存在着很大差异性。比如在使用时间上，有些俱乐部限定附属会籍只能在非节假日和周一至周五使用；也有些俱乐部在附属会籍的有效期限上也有规定，比如附属会籍可以在规定的时间内转为主会籍，如果没有转为主会籍，将视为放弃转换权益，该附属会籍的使用权不再有效等。

2. 公司会籍

公司会籍，是指由企业（或单位）出资购买的会籍。公司会籍产品，根据高尔夫的不同营销策略，公司会籍也有不同的产品设计和不同的产品价格。通常情况下，高尔夫俱乐部的公司会籍主要包括记名会籍、不记名会籍C、双提名会籍，以及多提名会籍等。

3. 时限会籍

时限会籍，是指会籍的享有权限在时间上有具体要求的会籍产品。时限会籍是最能体现高尔夫俱乐部经营策略与企业资源优势的产品，它是俱乐部根据企业自身的资源状况，在不影响个人会籍和公司会籍拥有者消费权益的前提下，所设计的特殊会籍产品。在这类产品的设计中，不同风格与特色的高尔夫俱乐部对产品的称谓也有所不同，体现了高尔夫俱乐部对这类产品主要销售群体的倾向性，如商务会籍（即平日会籍）、情侣会籍、亲子会籍、晨早会籍、"灯光"会籍等等。这些会籍产品均是根据俱乐部的现有资源，对非高客流时间段所开发的具有针对性的产品设计。

4. 年限会籍

年限会籍，是指会籍的使用有一定的年度限期，会籍拥有者在规定的年限内可以享有个人会籍的基本权益。这类产品一般是高尔夫俱乐部在特定时期推出的带有促销性质的会籍产品，其目的是通过这类会籍的促销活动，使消费者逐步成为俱乐部的终身会员的经营目的。比如俱乐部通过推出一年会籍、五年会籍、十年会籍等，使消费者可以在拥有的消费权益时限内，享受会员待遇。同时也可以通过补交费用成为俱乐部终身会员。

5. 共享会籍

共享会籍，是指俱乐部与俱乐部之间会籍资源共享的会籍产品。这类会籍一般是数家高尔夫俱乐部联盟，或一个企业有几家高尔夫俱乐部，会籍拥有者可以共享不同俱乐部资源。共享会籍一般有时间或次数上的消费限制，甚至在价格上差异也很大。作为共享会籍的高尔夫俱乐部，设计这类产品的目的就是体现企业资源整合与有效利用的经营目的。

（二）非会籍产品

非会籍产品是指高尔夫俱乐部在会籍产品营销之外，为满足非会员消费需求而设计与开发的相关产品。这些产品主要有如下形式。

1. 果岭费

果岭费，是针对非会员消费者打球时所收取的打球基本费用，是高尔夫俱乐部为非会员消费者提供的一项服务产品。果岭费既是一种打球收费价格的企业行为，也是企业所开发的一种面向市场的服务产品。

2. 果岭券

果岭券，是指俱乐部为消费者设计的果岭费代用券。也就是消费者事先购买与果岭费使用价值相同的代用券，再用代用券消费打球。果岭券实际上属于果岭费的促销产品，即消费者一次买一定数量的果岭券可以享受优惠价格。

3. 会员酒店打球消费券

会员酒店打球消费券，是指一些具有会员酒店的高尔夫俱乐部，为入住酒店的客人所设计的一种打球服务产品。即客人入住会员酒店之后，可以享受会员嘉宾的打球消费优惠。

4. 会员嘉宾

会员嘉宾，是指高尔夫俱乐部为非会员的特殊客人打球所提供的一种服务产品。对于一些纯会员制的高尔夫俱乐部，会员嘉宾通常是由会员带领，与会员一同打球的客人。

(三) 团体产品

团体产品，是指高尔夫俱乐部为一次性消费达到一定规模消费人数，所专门设计的服务产品。通常情况下，团队产品主要包括如下产品。

1. 高尔夫旅游团队产品

高尔夫旅游，是现代高尔夫运动社会发展进程中，悄然兴起的一种高尔夫消费方式。尤其是地处旅游开发区的高尔夫俱乐部，由于具有一般休闲旅游的基础设施，开发高尔夫旅游也就会成为俱乐部产品设计与市场开发的重点。对于高尔夫俱乐部来讲，由于不属于专门从事旅游产品市场开发的企业，因此，在高尔夫旅游产品设计与开发方面，通常会根据俱乐部的经营理念与市场经营的倾向，酌情接待高尔夫旅游团队。

2. 高尔夫比赛产品

高尔夫比赛产品，通常是指俱乐部为一定规模（参赛人数）的业余比赛所设计的专门赛事组织与服务的产品，比如某企业为了答谢客户，请高尔夫俱乐部为此组织一场邀请赛，而赛事组织是高尔夫俱乐部的基本职能，因此，俱乐部为该企业"量身定做"一场高尔夫邀请赛。高尔夫俱乐部对赛事产品的设计与开发，具有不同性质（职业与业余）、不同规模和不同组织形式、不同赛事组织目标等在产品价格上的差异性。

三、高尔夫俱乐部管理定义与特征

（一）高尔夫俱乐部管理定义

高尔夫俱乐部管理，是指企业对所拥有的内部资源与外部环境状态，进行有效的计划、组织、领导与控制，并实现俱乐部既定目标的基本过程。

内部资源。是指高尔夫俱乐部所具有的对外经营的基础与条件，这些基础与条件既包括物质形态下的高尔夫球场、会所、酒店、专卖店等基本服务设施，也包括非物质形态下的人力资源现状与配置等。

外部环境状态。是指俱乐部所处的地域位置的自然特征与社会人文特征的基本情况。内部资源与外部环境是俱乐部管理过程中的重要依据与基本对象。

计划。是俱乐部管理过程的起始点。计划按重要程度来讲，可以分为俱乐部战略计划与执行计划（也称作业计划）；按时期界限来讲，又可以分为长期、中期、短期计划，以及年度、季度、月份计划等；按照计划内容的明确性也可分为具体性计划与指导性计划等。

组织。是俱乐部管理的基本结构，是经营与管理者为了实现俱乐部既定的目标，按俱乐部已确定的各项规则和程序，专门设置的不同层次的岗位及其有相应人员隶属关系的基本架构。

领导。是俱乐部管理组织内部为实现经营与管理的预定目标，领导者运用其企业（或上一级管理者）赋予的权利和自身的专业能力与管理水平影响被领导者的行为，并将其导向组织目标的过程。

控制。这里是指管理者对俱乐部员工的业务活动所进行的监督，判定各职能部门是否正朝着既定的目标健康地向前发展，并在必要的时候及时采取矫正措施。

（二）高尔夫俱乐部管理特点

1. 管理目标的明确性与协同性

高尔夫俱乐部管理的基本目标是将俱乐部资源的最大化利用，不断提高企业经营效益和服务质量。实现这个目标，必须有效地组织各个职能部门按照不同的职责与分工，确立分项管理目标，并建立不同职能部门的目标体系。而这些目标体系的建立又具有明确的指向性，即俱乐部在一定时期的总体管理目标（如年度目标、季度目标等）。因此，高尔夫俱乐部管理，决不是只针对某一个职能部门，各职能部门的管理也不能独立于俱乐部管理整体目标之外，而应当使各职能部门管理服务于俱乐部整体目标的需求。

2. 管理组织与企业规模的一致性

在高尔夫俱乐部的实际经营过程中，不同类型与不同经营规模的高尔夫俱乐部，需要建立起与其相适应的管理组织。只有建立起合理的、符合企业经营规模的管理组织架构，才能做到"人尽其才，物尽其用"，才能使企业的经营绩效，在有效性的管理基础上，取得最大的且合乎企业自身利益的管理成效。

3. 管理职责的多样性与规范性

在高尔夫俱乐部的经营与管理过程中，各个职能部门的职责与工作服

221

务内容存在着很大的差异性，无论是事关球场品质的草坪部（也称场地部），还是关乎俱乐部服务质量的球童部；无论是体现俱乐部专业水平的竞技部，还是表现俱乐部市场开发能力的会员部等，各部门的管理职责各不相同，但都需要按照不同的管理者的职责确立符合本部门实际需要的管理规范。

4. 管理方法的灵活性与人本性

高尔夫俱乐部作为服务性的企业经济体，"会员至上、服务至上"是俱乐部一切管理措施的重要体现。但在管理方法上由于各个管理职能部门的差异性，其管理方法也就"因人而异"。有些部门需要通过规范的操作流程提高管理效率，而有些部门则需要通过激励措施来提升服务质量。而所有各项工作的落实，最终都需要通过具体的执行人员来达到管理目标，因此，坚持管理方法的人本性又成为带有普遍性的管理方式。

四、高尔夫俱乐部管理组织类型

从高尔夫俱乐部的市场运作与经营管理来讲，企业建立什么样的组织结构、进行怎样的资源配置和职权分配、体现何种方式的内部联络与沟通机制，都关系到企业管理的水平和管理目标的完成程度，并且直接影响到俱乐部不同层面管理人员自主权利的大小与功能的发挥。通常情况下高尔夫俱乐部管理的组织类型主要有如下几种形式。

（一）直线型的组织结构

直线型组织结构（图8-1）源于军队的管理组织结构，是一种自上而下的责任和权利的线性分配，职权直接从高层开始向下"流动"（传递、分解），经过若干个管理层次达到组织最低层。其特点是：上下级关系明确，权利集中和责任分明，指令统一，联系简捷，便于信息的上传下达和及时反馈。但是，这种组织结构在现实中也暴露出明显的不足和弊端，如：同一管理层面各职能部门缺乏横向协调关系，各部门职能受上一级管理者的影响与制约，其管理人员的自主性和创造性受到限制。因此，直线型组织结构通常适用于中小型的高尔夫俱乐部管理。

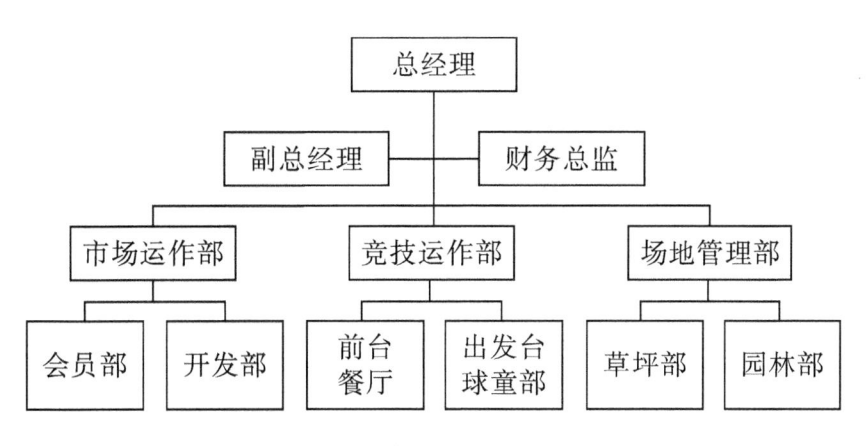

图 8-1　直线型的高尔夫俱乐部管理组织结构

（二）直线职能型的组织结构

直线职能型组织结构（图 8-2），是指高尔夫俱乐部最高管理层下设多个专业部门，各个部门依据不同的管理职能实施相对独立的运作。这种组织结构的特点是：以直线为基础，在各级业务主管之下设置相应的职能

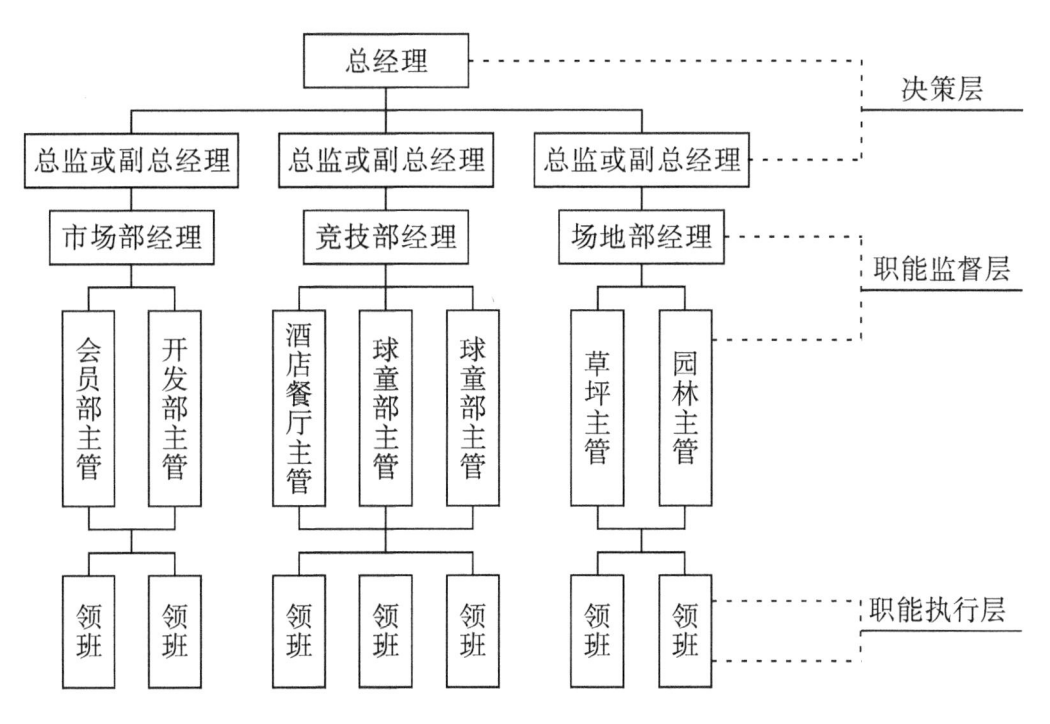

图 8-2　直线职能型的高尔夫俱乐部管理组织结构

223

部门从事专业管理，作为该级业务主管的参谋，实行主管统一指挥与职能部门参谋-指导相结合。在直线职能型结构下，下级机构既受上级部门的管理，又受同级职能管理部门的业务指导和监督。各级业务领导人逐级负责，高度集权。因而这是一种按照高尔夫俱乐部经营管理职能划分部门，并由最高管理者直接指挥各职能部门的体制。

这种管理组织结构的优点在于：与直线型组织结构相比，既保持了直线型结构集中统一指挥的优点，又吸收了职能型结构分工细密、注重专业化管理的长处，从而有助于提高管理工作的效率。不足之处在于：属于典型的"集权式"结构，权力集中于最高管理层，下级缺乏必要的自主权；各职能部门之间的横向联系较差，容易产生脱节和矛盾。这种组织结构多见于中大型高尔夫俱乐部的管理组织。

（三）集团职能型的组织结构

集团职能型的组织结构（图8-3），是指大型企业的最高管理决策层下，设多个生产、开发和管理的机构，这些管理机构各自成一个独立的管理体系，从他们的生产、开发与管理职能出发，形成符合本生产部门管理

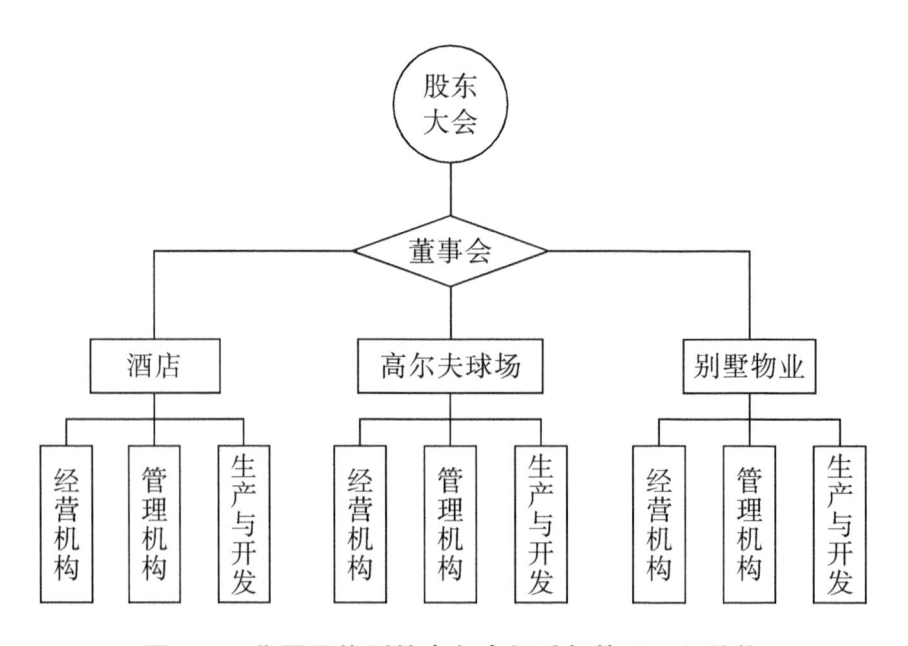

图8-3 集团职能型的高尔夫俱乐部管理组织结构

发展方向及管理目标的人员组织机构和管理机制。这种组织机构，通常是企业的经济形式和企业发展方向，是多方合作多元化发展的大型高尔夫俱乐部的管理模式。其特点是体现了"企业发展集团化、领导决策整体化、内部管理分散化、管理方法个性化"的企业发展管理模式与组织结构。比如：深圳观澜湖高尔夫俱乐部，不仅具有世界第一规模的高尔夫球场，而且房地产开发、五星级酒店、健康娱乐中心、会员别墅、亚洲最大的网球中心、高尔夫专业练习场、高尔夫学院、多功能高尔夫用品专卖商场等，形成了一个产业化程度高、经济关联性大的企业管理模式，进而形成了集团化运作，股东大会监管下的董事局（或董事会）领导决策、不同生产和管理机构分散化管理的企业发展模式。

集团职能型的组织管理结构，除了具有直线职能管理组织结构的管理特点外，在企业的宏观发展管理上，更多的是体现了"整体决策、分散管理、统一思想、协调运作"的管理理念。

知识窗：

会员制与会员卡

会员制是一种人与人或组织与组织之间进行沟通的媒介，它是由某个组织发起，并在该组织的管理运作下吸引客户自愿加入，目的是定期与会员联系，为他们提供具有较高感知价值的利益包。一般情况下，企业通过提供一系列的利益来吸引客户自愿加入，这一系列的利益称为客户忠诚度计划。而加入会员制组织的客户称为会员，会员制组织与会员之间的关系通过会员卡来体现，会员卡是会员进行消费时享受优惠政策或特殊待遇的"身份证"。

会员卡，泛指普通身份识别卡，包括商场、宾馆、健身中心、酒家、俱乐部等消费场所的会员认证，其用途非常广泛，凡涉及需要识别身份的地方，都用身份识别卡。

本章小结：高尔夫俱乐部是现代高尔夫产业主体市场的经济核心，也是高尔夫文化社会发展的重要承载体。现代高尔夫俱乐部既有早期高尔夫俱乐部文化的普遍性特征，也有现代经济发展进程中商业化的特殊性特征。高尔夫俱乐部的功能也在社会交往、休闲娱乐、投资增值、实现个体自我价值等方面表现出其独特的功能。高尔夫俱乐部的经营是以服务性产品的设计与开发为核心，而高尔夫俱乐部的管理则是一个多层次、多因素的管理系统。从管理的组织结构类型来讲，主要包括直线型管理组织结构、直线职能型管理组织结构和集团职能管理组织结构等。

思考题：
1. 高尔夫俱乐部的定义、特征与功能。
2. 高尔夫俱乐部经营的定义、内容与类型。
3. 高尔夫俱乐部管理的定义与特点。
4. 高尔夫俱乐部管理的组织结构的主要表现形式。
5. 高尔夫俱乐部管理系统组成结构。

本章作者：李康、吴亚初

第九章
我国高尔夫运动发展现状与趋势

本章提要：我国高尔夫运动的启蒙始于上世纪80年代中期，经过近30年的发展，目前已经初步形成了职业、业余、青少年赛事的基本体系，并举办了一些大型国际高尔夫赛事，中国高尔夫运动的社会发展成绩得到了世界高尔夫各级管理组织的认可。本章着重介绍我国高尔夫运动管理组织、竞赛组织与裁判管理的现状及发展趋势。

重要概念：中国高尔夫球协会；管理组织；发展现状；发展趋势。

在绵绵五千年的中华文明史中，虽然曾有过类似高尔夫运动的"捶丸"游戏，但现代高尔夫运动在中国的发展与世界高尔夫运动相比，则显得缓慢和滞后。20世纪80年代，随着中国的对外开放和经济改革，高尔夫运动作为一种"外来文化"植入了这片古老的土地。1984年，广东中山温泉高尔夫球会的建成开业，拉开了中国现代高尔夫运动发展的序幕。之后，在不到三十年的发展进程中，中国高尔夫运动的发展已经取得了可喜的成绩。我国高尔夫球运动员在一些国际比赛中也崭露头角，取得了不俗的成绩，我国也承办了一些国际的大型赛事。这些成绩是令世人瞩目和称赞的，在不到三十年的时间里，我们走过了高尔夫运动发达国家几百年的历史发展过程，这不能不说是世界高坛史上前所未有的奇迹。

第一节 我国高尔夫运动管理组织

目前我国高尔夫运动的管理组织，主要有政府职能管理组织与社会团体两个不同性质的管理组织：政府职能管理是以国家体育总局为最高行政管理机构，各省市政府下设体育局或相应管理委员会，并设立一定的管理机构；社会团体管理，是由中国高尔夫球协会，以及各省市高尔夫球协会社团进行。

一、国家体育总局

目前我国高尔夫运动的最高政府行政管理机构是国家体育总局小球运

动管理中心。它是国家体育总局职能管理机构，分管着高尔夫、保龄球、地掷球、台球、藤球、橄榄球、板球、壁球 8 个项目，这 8 个项目设全国性单项运动协会的常设办事机构，并赋予其对所属运动项目全面管理的职能。这个中心下设办公室、运动一部、运动二部、运动三部、运动四部、经营开发部 6 个中层机构及高尔夫球国家队。中心负责上述 8 个项目的全国竞赛、训练、普及推广和社会化、产业化发展工作。

小球运动管理中心全面负责所管运动项目的业务管理，研究和制定所管运动项目的发展规划、计划和方针政策；负责和指导所管运动项目的普及和优秀运动队伍建设以及后备人才的培养，指导所管运动项目俱乐部的建设与发展，管理所管运动项目的国家队；研究制定并组织实施所管运动项目的全国竞赛制度、计划、规则和裁判法，负责全国竞赛的管理，制定全国比赛规程，审定运动成绩；负责运动员的注册、转会和运动员、教练员、裁判员技术等级评定工作；负责运动员、教练员奖励实施工作；组织所管运动项目的科学技术研究和科技服务；负责教练员、裁判员的业务培训，积极开展宣传工作和出版刊物；开展国际交往和技术交流，提出所管运动项目的国际活动和交流计划，组织实施参加国际竞赛队伍的组织、集训和参赛事项；负责和指导在我国举办的国际比赛的审批和组织工作；负责与所管项目有关的竞赛、健身、培训、咨询等体育市场管理，规范管理体育经营行为，积极开展与所管项目有关的经营和服务活动，充分利用所管项目的优势，广开经费来源渠道，增强自我发展的活力和后劲；搞好所管运动项目协会的组织建设，广泛联系和团结社会各界人士，充分发挥协会的桥梁和纽带作用。

二、中国高尔夫球协会

中国高尔夫球协会（CGA），是中华全国体育总会下属的单项协会，也是国家体育总局小球运动管理中心直属单项运动管理的代言机构。该协会成立于 1985 年，第一任主席是荣高棠。中国高尔夫球协会是代表中国参加国际高尔夫组织及相应的国家高尔夫活动的唯一合法组织，是国际高尔夫球联合会（IGA）和亚太高尔夫球联合会（APGC）的会员。按照国际体育竞赛惯例，任何一项体育竞赛活动，代表一个国家或地区最高的组织机构是本国或地区的单项运动协会或联合会，因此，中国高尔夫球协会（CGA）实际上就是我国高尔夫运动发展的最高组织机构。

中国高尔夫球协会（CGA）设以下 10 个管理委员会：

职业球员管理委员会；业余球员管理委员会；女子球员委员会；青少年发展委员会；竞赛与规划委员会；差点委员会；公共关系发展委员会；场地管理委员会；老年工作委员会；新闻委员会。

协会的宗旨：

团结全国高尔夫球工作者、运动员和爱好者，指导发展中国的高尔夫球运动，促进全国高尔夫球队伍的精神文明建设；推动高尔夫运动的普及和技术水平的提高；增进与各国、各地区高尔夫球协会和组织的交流和友谊；加强与国际高尔夫组织的联系与交流。

协会的职责：

宣传和普及高尔夫球运动，负责协调组织全国性的各类、各级高尔夫竞赛和训练工作。组织举办国际性比赛，促进国际交流；拟定有关高尔夫球教练员、运动员管理制度，制定高尔夫球运动员、教练员，裁判员技术等级制度。组织教练员、裁判员、运动员的培训工作；负责运动员资格审查和处理。开展与项目相关的经营活动。

当前中国高尔夫球协会组织结构：

名誉顾问：	田纪云	胡启立	李铁映	热地	
顾　　问：	张百发	韩伯平	王兆海	张昭若	厉有为	刘泽彭
	李昌安	何光暐	于振武	张尉文	许德利
主　　席：	袁伟民				
副 主 席：	胡家燕	何慧娴	王　伟	邢运明	王立伟	李大正
	张建新	徐正国	张洪涛	范晓军	吴建华	张小宁
特邀副主席：	王　军	贺　平	朱树豪	魏家福	宋建民	林天福
司　　库：	杨　杰				
秘 书 长：	张小宁				
副 秘 书 长：	王延梅	宋迎春	庞　政	张　智	宋亮亮

中国高尔夫球协会组织结构如图 9-1 所示。

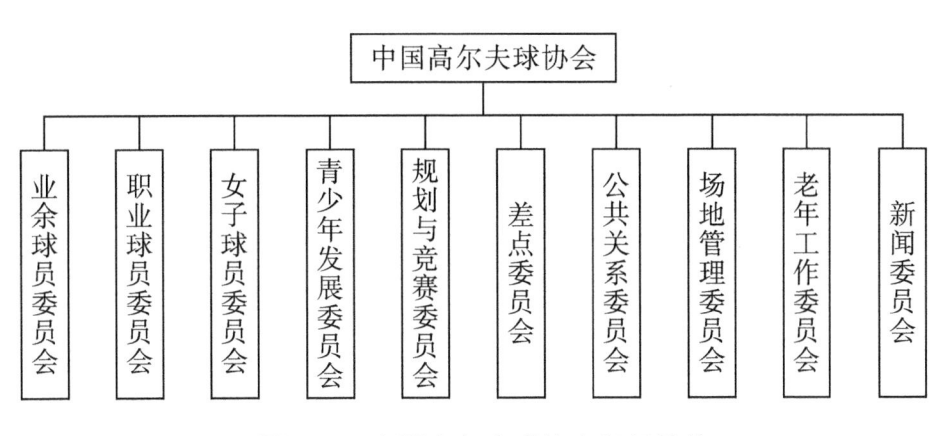

```
                    中国高尔夫球协会
        ┌────┬────┬────┬────┬──┬──┬────┬────┬────┬────┐
       业  职  女  青  规  差  公  场  老  新
       余  业  子  少  划  点  共  地  年  闻
       球  球  球  年  与  委  关  管  工  委
       员  员  员  发  竞  员  系  理  作  员
       委  委  委  展  赛  会  委  委  委  会
       员  员  员  委  委      员  员  员
       会  会  会  员  员      会  会  会
                  会  会
```

图 9-1　中国高尔夫球协会组织结构

三、各省市高尔夫球协会

随着高尔夫运动在我国的开展，凡是有高尔夫球场的省市，都先后建立了本地区的高尔夫球协会，如广东、北京、上海、天津、海南、云南、福建、江苏、山东、河北、辽宁、四川、重庆等省市。并且，高尔夫运动较为发达的省份还建立了诸多市级的高尔夫球协会，比如广东省的广州市高尔夫球协会、珠海市高尔夫球协会、深圳市高尔夫球协会等。随着当地高尔夫球场的不断建成和相继开业，地方高尔夫球协会——挂牌成立。

我国各省市高尔夫球协会从发展的隶属关系上讲，在业务管理上是由中国高尔夫球协会指导并协调发展，在行政管理上是受省体育行政管理部门领导的体育社团组织。市高尔夫球协会从发展的隶属关系上讲，在业务管理上是由省高尔夫球协会指导并协调发展，在行政管理上是受市体育行政管理部门领导的体育社团组织。地方高尔夫球协会的基本宗旨是：负责本地区高尔夫球运动的竞赛管理；指导高尔夫球运动的健康有序地发展；协调各个高尔夫球会（俱乐部）的发展关系；发现和培养高尔夫球后备人才；组织当地的各种高尔夫球赛事活动；加强与兄弟高尔夫球协会的联系和对外交流合作；促进当地大众体育和全民健身活动的广泛开展；推动当地高尔夫球运动的社会化和产业化发展的社会进程。

我国各地区高尔夫球协会的相继建立和不断发展，是我国高尔夫运动社会化和产业化发展的重要社会基础，也是我国高尔夫运动技术水平和高尔夫运动的社会普及率不断提高的基本保障。这些协会的成立，不仅使本地区的高尔夫运动的发展有了规范的管理组织，更为重要的是它极大地推动了当地高尔夫运动的社会化发展和产业化发展的进程，有力地培养和发展了当地的社会高尔夫消费群体，促进了区域性的经济发展。

相关知识：

国家体育总局

国家体育总局，英文名称为 General Administration of Sport，其前身是 1952 年 11 月 15 日成立的中央人民政府体育运动委员会，1998 年 3 月 24 日改组为国家体育总局。经中编办批准，国家体育总局内设办公厅、政策法规司、群众体育司、竞技体育司、青少司、体育经济司、人事司、对外联络司、科教司、宣传司、机关党委、纪检监察局、离退休干部局 13 个职能厅（司、局）。国家体育总局下设 22 个有关运动项目管理中心，以及教学、科研、反兴奋剂、社会体育指导、体育彩票管理、体育基金、中国体育报业总社等单位。

国家体育总局的主要职责：

（一）研究制定体育工作的政策法规和发展规划并监督实施。

（二）指导和推动体育体制改革，制定体育发展战略，编制体育事业的中长期发展规划；协调区域性体育发展。

（三）推行全民健身计划，指导并开展群众性体育活动，实施国家体育锻炼标准，开展国民体质监测。

（四）统筹规划竞技体育发展，研究和平衡全国性体育竞赛、竞技运动项目设置与重点布局；组织开展反兴奋剂工作。

（五）管理体育外事工作，开展国际间和与香港特别行政区、澳门特别行政区、台湾地区的体育合作与交流；组织参加和举办重大国际体育竞赛。

（六）组织体育领域重大科技研究的攻关和成果推广。

（七）研究拟定体育产业政策，发展体育市场；制定体育经营活动从业条件和审批程序。

（八）负责全国性体育社团的资格审查。

（九）承办国务院交办的其他事项。

中华全国体育总会

中华全国体育总会（简称全国体总），英文译文 ALL-CHINA SPORTS FEDERATION（缩写 ACSF）。由原中华全国体育协进会改组而来，1952年在北京成立。1954年中华全国体育总会得到国际奥委会承认。1979年，全国体总和中国奥委会分立。

中华全国体育总会是中华人民共和国全国群众性的体育组织，是党和政府联系体育工作者的纽带，是依法成立的非营利性的社团法人。

中华全国体育总会宗旨是：联系、团结运动员和体育工作者，努力发展体育事业，普及群众体育运动，提高全民族的身体素质；不断提高运动技术水平，攀登世界体育高峰；促进社会主义物质文明和精神文明建设，为建设中国特色的社会主义服务。为实现祖国和平统一与增进世界人民的友谊服务。中华全国体育总会同中国奥林匹克委员会密切合作，联系香港特别行政区、澳门特别行政区、台湾地区同胞及海外侨胞中的体育界人士。本会一切活动遵守中华人民共和国宪法、法律、法规和国家政策，遵守社会道德风尚，以党的基本路线为指导，按照《中华人民共和国体育法》和我国发展社会主义体育运动的方针、政策开展工作。

中华全国体育总会及其活动，接受其业务主管单位国家体育总局及社团登记管理机关中华人民共和国民政部的业务指导和监督管理。

第二节　我国高尔夫运动竞赛组织与裁判管理

高尔夫运动作为现代竞技运动的组成部分，无论社会发展形态怎样，其核心仍然是以竞技运动的基本手段与方法，来表现高尔夫运动的本质属性。因此，高尔夫运动的竞赛组织，以及围绕竞赛活动所必需的裁判工作的管理，是高尔夫竞技工作开展的重心。

一、竞赛组织管理

（一）职业赛事管理体系

我国职业高尔夫运动发展的历史进程还比较短，1994年4月，经国家体委批准，中国高尔夫运动开始实施有计划的发展职业高尔夫球的竞赛组织工作。在中国高尔夫球协会的主持下，出台了《中国高尔夫球运动实行职业化制度的具体方案》，并进行了我国首批职业高尔夫球员的资格考试，产生了5男1女的中国第一批职业高尔夫球员，这标志着中国高尔夫球运动的发展进入了一个新的时代。1995年创办了第一届中国男子职业巡回赛。

目前，我国职业高尔夫球运动的竞赛组织与管理已逐渐实现了与国际职业高尔夫球竞赛组织与管理的接轨。并制定了一系列竞赛组织与管理的规章制度，如《中国职业高尔夫球运动员考试办法规定》《中国职业高尔夫球教练员考试办法规定》《中国职业高尔夫球比赛的积分排名办法》《中国职业高尔夫球员赴境外参赛的管理规定》以及《中国高尔夫球业余运动员、教练员转为职业运动员的管理规定》等。

在竞赛的组织方面，我国职业高尔夫球比赛也已经实现了按照世界职业高尔夫球比赛的通用方法，制定了各项赛事活动，如中国职业高尔夫球锦标赛、中国职业高尔夫球巡回赛、中国职业高尔夫球精英赛等。随着我国职业高尔夫运动的不断发展，国际性的职业比赛活动也把中国作为亚洲地区重要的一站，如VOLVO中国公开赛、汇丰高尔夫世界锦标赛

(WGC)、欧米茄观澜湖高尔夫世界杯、别克高尔夫挑战赛、LPGA 巡回赛、欧洲女子职业高尔夫巡回赛、韩巡女子赛、亚洲杯锦标赛、奥迪高尔夫精英赛等。

职业高尔夫运动的发展，代表着一个国家和地区高尔夫运动发展的最高水平。而我国目前职业高尔夫运动的整体发展水平与发达国家相比还有较大差距，但个别球员的技术水平已达到世界级职业排名标准，如我国男子职业球员梁文冲等已经跻身世界职业球员前 60 名，女子职业球员冯珊珊已经跻身世界职业球员前 20 名。

高尔夫职业赛在中国已经开展了近 20 个年头，为中国选手打造了练兵的平台，虽然近些年我国也涌现出了一些跻身世界职业球员靠前排名的球员，但国内的职业赛事体系尚未健全，缺少梯次，尚缺从中国高尔夫巡回赛到观澜湖世界杯和汇丰世界锦标赛之间的衔接赛事，使得从初级直接到顶级，不利于我国选手的成长。从 2010 年起，中高协配合高尔夫球入奥，整合高尔夫球赛事，推出"大中巡赛"，根据中国职业高尔夫球巡回赛的架构，将建立职业挑战赛、职业精英赛、职业公开赛、职业锦标赛和世界顶级高尔夫球职业赛共五个层次的赛事体系。新推出的五级赛事体系奖金依次提高，水平也逐级上升，符合国情和高尔夫运动发展规律。

(二) 业余赛事管理体系

我国目前业余高尔夫球比赛的赛事活动，在不同的技术层面可谓种类繁多，赛事频繁。业余高尔夫球比赛球员的参赛身份没有严格的技术等级要求，参赛球员的身份完全取决于竞赛组委会的规程规定。为了进一步完善我国高尔夫球业余竞赛体系建设，鼓励我国业余运动员积极地参加比赛，提高竞技水平，通过运动员的业余赛事积分排名，更加真实、客观地反映该选手年度的竞技状态和水平及获得参加相应高级别赛事的机会，根据我国国情和高尔夫球项目的发展特点，中国高尔夫球协会制定了《中国高尔夫球业余积分排名办法》，以达到结构清晰、层次分明，使之更加科学合理。

根据国际、国内赛事的水平、级别不同，我国共设 A、B、C、D、E、F 共六个级别的积分（初始积分标识为 N）。

A 级：世界杯、世界业余锦标赛、公开赛、精英赛、冠军赛等。

积分：N×3.5+奖励分 50。

B 级：

1. 亚运会

积分：N×3+奖励分 30。

2. 洲际业余锦标赛、公开赛、精英赛、冠军赛等

积分：N×2.5+奖励分 20。

C 级：业余公开赛、国家间对抗赛（可积分赛事）等。

积分：N×2+奖励分 10。

D 级：

1. 全国体育大会

积分：N×1.5+奖励分 5。

2. 全国业余锦标赛、精英赛、冠军赛、团体赛、邀请赛等

积分：N×1.5。

E 级：中国业余巡回赛等。

积分：N×1。

F 级：全国高尔夫球希望赛、中高协认证的次级巡回赛等。

积分：N×0.8。

虽然目前我国业余高尔夫比赛的种类繁多，但根据不同情况，赛事的组织与管理体系大致可以分为以下四类。

1. 全国性的业余高尔夫球比赛

这类比赛主要是由中高协主办和审批，以及由企业和地方高协所承办的各种全国性的业余高尔夫球赛事活动。目前全国性业余高尔夫球赛事主要有：全国业余高尔夫球锦标赛、全国业余高尔夫球公开赛、全国青少年高尔夫球锦标赛、全国青少年高尔夫球冠军赛、全国业余高尔夫球巡回赛、全国业余精英赛、全国业余高尔夫球希望赛。希望赛是国内最基础的业余赛事，旨在为广大业余球员搭建更广泛、更基础、更开放的业余赛事平台，以进一步提高我国业余高尔夫球员的水平，促进和推动我国高尔夫运动的普及和发展。

2. 联谊性的各类邀请赛

这类比赛的组织形式丰富多彩、灵活多样。通常由地方高尔夫球协会和当地企业共同主办。比赛的宗旨体现以沟通感情、增强友谊、娱乐发展为基本指导思想。目前，这类比赛在我国影响力比较大的赛事有"海峡杯"高尔夫邀请赛、"三九杯"名人高尔夫球邀请赛和"贺龙杯"高尔夫球邀请赛。

3. 区域性的业余球员排名赛或锦标赛

这类比赛通常是地方高协为发展和提高本地区业余球员的技术水平，尤其是发现和培养青少年后备人才而定期举办的业余高尔夫球赛事，比赛的方法一般是按照三轮或四轮个人比杆赛的总杆成绩进行排名。

4. 全国高校高尔夫球比赛

这类比赛主要由中高协、教育部全国大学生体育协会主办和审批，由全国各高校或者中小学正式在籍学生参与的一项赛事。中国大学生高尔夫运动的发展尚处于起步阶段，虽面对重重的困难，但从未停止过前进的脚步。自2008年首届赛事以来，已成功举办了2009"卓越杯"中国大学生高尔夫邀请赛暨第26届世界大学生运动会高尔夫项目选拔赛、2010两岸四地大学生高尔夫球邀请赛、2010"卓越杯"全国大学生邀请赛、2013和2014年中国大学生高尔夫锦标赛，通过中国大学生高尔夫邀请赛和锦标赛的选拔组建的中国大学生高尔夫国家队，出征西班牙第十三届世界大学生高尔夫锦标赛，获得了可喜的成绩。

经过近三年的成功运作，中国大学生高尔夫邀请赛逐渐向巡回赛迈进，在赛事规模、竞技水平、参赛人数、宣传推广等方面都取得了长足的进步，是迄今为止的中国最高水平的大学生高尔夫赛事。

赛事秉承全面普及和推广中国大学生高尔夫运动、提高高尔夫素质教育水平、加快高校高尔夫文化教育事业的开展的宗旨，在致力中国大学生高尔夫运动发展的有识之士的积极努力与倡导下，在教育、体育及社会各界的关心与支持下，全力以赴地发展中国大学生高尔夫运动，使中国大学生高尔夫运动朝着专业化、国际化与规模化的方向稳步、健康地发展，定能完善中国高水平高尔夫运动员教育培养的体系，长远地、根本地为中国高尔夫运动的发展做出应有的贡献。

> **知识窗：**
>
> 业余球员的定义
>
> 　　业余球员是指不以取得报酬或营利为目的而参与高尔夫球运动的人员，并且除此规定之外，也不以其高尔夫球技能或声望教授高尔夫球或参加其他活动而接受酬劳。根据《高尔夫球规则》（Golf Rules）规定，业余身份是业余高尔夫球员参加高尔夫球比赛资格的一般基本条件。如果违反了规则的规定，可能要被剥夺作为业余高尔夫球员的身份，不再有参加业余高尔夫球比赛的资格。
>
> 　　高尔夫规则之所以要明确业余高尔夫球员的身份，其目的和精神就是要保持业余高尔夫球员和职业高尔夫球员之间的区别，尽量避免在高尔夫运动中无控制地赞助和金钱刺激的泛滥，使业余高尔夫球员能够主要通过高尔夫规则和差点来自我管理，从而使所有业余高尔夫球员都能够充分享受高尔夫运动的乐趣。

二、裁判员的组织管理与晋级考试方法

（一）裁判员的组织管理

中国高尔夫球协会下属的竞赛委员会负责裁判员的培训和管理工作，高尔夫球裁判员的技术等级分为国际级、国家级、中级、初级。中国高尔夫球协会负责裁判员的考核和审批，并推荐国家级裁判员参加国际裁判员

培训班，通过考核者将成为国际级裁判员。

为加强中国高尔夫球项目裁判员队伍的建设，健全裁判员管理体制，经国家体育总局批准，中国高尔夫球协会于 2003 年颁布了《中国高尔夫球项目裁判员管理办法（试行）》。目前采用的是中国高尔夫球协会和英国（R&A）合作培养高尔夫裁判员的机制。

中国高尔夫球协会每两年对国家级裁判员进行注册。注册期为偶数年的 12 月 1 日至次年 1 月 31 日。中级、初级裁判员应到省（市）级体育局进行注册，并在中国高尔夫球协会备案。裁判员必须持有经过注册的裁判员等级证书方能参加各级高尔夫球比赛的裁判工作。裁判员应树立爱岗敬业、公正无私的工作作风，遵守职业道德和裁判准则，维护公正、公平、公开的竞赛环境。

各级裁判员审批部门至少每两年举办一次裁判员的业务培训，并对本部门所管辖的裁判员进行考核。建立和健全裁判员的监督机制，加强对裁判员的管理，在比赛期间由主办单位组织参赛单位和参赛球员对裁判长和裁判员进行监督和评议，并填写"高尔夫球裁判员监督表"。各省市体育主管部门以及高尔夫球协会，依据本办法制定相应的实施细则，并开展高尔夫球裁判员的选拔和培训工作。

（二）裁判员的晋级考试方法

目前，我国高尔夫裁判员考试为初级、中级、国家级和国际级四个等级，初级分华南区、中西中南区、华东和华北几个区域，一年进行 5~6 期不等的培训考核。中级考试每年分南北区域各进行一次，最后进行一次国家级考试，择优推荐进行国际级裁判员培训考核。国际级裁判员考试每年 2 月前后在英国圣安德鲁斯皇家古老高尔夫球俱乐部举行，全球每个国家或地区限额 2 名。

考试依初级—中级—国家级—国际级递进。初次报考人员只能报考初级裁判员，在考核合格后才能依次报考高一级别的裁判员，即报考国家级考试的人员只有通过了初级、中级考试才可以参加。初级高尔夫裁判员只是作为一个普及性质的培训，要求并不是很高。初级考试只是考核规则的基本内容：各个主要的规则点的判罚、规则号。中级考试要求则深入一些，特别是判例书的学习，要求对判例很熟悉，能够从给出的题目中找出对应的判例号，如 13-2/C。国家级的考试要求的内容和初级、中级的一样，但是难度增加了，特别是判例。申请国家级裁判员和申请国际级裁判员都必须参加中国高尔夫球协会所组织的考试，考试内容包括：

1. 理论。高尔夫球规则，竞赛组织等有关内容。
2. 实践。临场比赛的实际裁判能力。
3. 外语。高尔夫球项目的常用英语及裁判用语。

在试题的语言方面，初级考试英文部分占 10%，中级考试英文部分占 35%，国家级英文部分占 65%。

人物介绍：

中国国际裁判李今亮

李今亮（图 9-2），1972 年生，山西省平定县人，教育学博士。1996 年 7 月至 2006 年 8 月在北京体育大学小球教研室任教，先后担任助教、讲师、副教授、硕士研究生导师。

2006 年 8 月至 2008 年 10 月在北京奥组委体育部担任乒乓球项目综合事务经理，出色地完成了北京奥运会和残奥会乒乓球的竞赛组织工作。现在北京体育局工作，担任北京市高尔夫球队领队。

图 9-2　2006 年 8 月，李今亮在第 138 届英国公开赛中

李金亮高尔夫裁判工作主要经历：

2006 年 2 月以优异成绩通过 R&A 在苏格兰圣安德鲁斯举办的 Referee School 考试，获得国际裁判员资质。至今已经拥有 50

> 余场国内、国际大赛的执裁经验，其中包括 2005 年 Johnnie Walker 精英赛、大众中国大师赛、汇丰冠军赛；2006 年汇丰冠军赛、多哈亚运会；2007 年北京公开赛；2008 年世界杯。多次担任国内各类高尔夫大赛的裁判长，包括第三、第四届全国体育大会、首届全国团体赛等；2006 年至 2009 年担任国内最重要的男子职业赛事——欧米茄中国巡回赛的裁判长；2009 年应邀执裁英国公开赛，成为历史上第一位执法高尔夫球大满贯赛事的华人；2010 年 11 月担任广州亚运会高尔夫球比赛的副裁判长。主持翻译了 2008 版《高尔夫球规则》；担任中高协裁判员培训项目讲师组组长。著有《高尔夫下场学规则》等著作。

第三节 我国高尔夫运动发展趋势

目前我国高尔夫运动的整体发展，已基本形成了青少年—业余—职业三个较为完整的赛事体系。随着中国经济实力的不断增强，以及高尔夫球进入夏季奥运会的社会带动，中国高尔夫运动必将得到更加快速的发展。

一、职业高尔夫运动

我国高尔夫球协会推出的"大中巡赛"概念，将建立职业挑战赛、职业精英赛、职业公开赛、职业锦标赛和世界顶级高尔夫球职业赛事共五个层次的赛事体系，五级赛事体系奖金依次提高，水平也逐级上升，这符合国情和运动发展规律。纵观我国职业高尔夫运动的发展，今后将呈现以下趋势。

（一）打造明星球员

培养中国球员成为未来的明星球员将作为重点，我国会先把侧重点放在举办由中低奖金组成的巡回赛，并且把培养中国球员成为未来的明星球员作为现阶段的目标，逐步提升整个巡回赛的水平，使其最终成为具有国际影响力的职业巡回赛。

（二）注重品牌效应

更加注重举办大赛造品牌，继续尽可能多地举办高素质的有影响力的国际性赛事，通过这些赛事不但可以让本土职业选手在竞争中加速发展，让企业学习到国外先进的赛事组织和管理方法，而且邀请世界高坛顶尖好手，以明星效应提高赛事人气及媒体和观众的关注度，使中国高尔夫与世界接轨，缩小中国高尔夫和世界的差距，推动中国高尔夫的发展。

（三）职业球员赛教结合

我国职业球员"边教球边参赛"的现象将在相当长的一段时间存在。目前，我国在册的职业球员为100人左右。但由于经济方面的原因，大多数职业球员所面临的生存压力非常大。我国的高尔夫球场几乎都是私人球场，以会员专享型球场居多，打一场球的费用很高，少则几百，多则上千。中国职业球员要想保住自己的职业，就必须经常练球，提高技术水平。而太大的练球费用，又使经济条件不够好的职业球员很难承受，以致有一部分球员不得不一边教人打球赚取练球费用，一边参赛，练球时间得不到保障，这也是比赛水平上不去的主要原因之一；还有一部分球员，为了生活，干脆转为职业教练员，教人打球，不再参加比赛或者很少参加比赛，致使在册职业球员的实际参赛人数下降。在中国，职业球员因迫于经济压力，边教球边参赛的现象非常普遍，可称作"中国式职业模式"。而在国外，是看不到这种现象的。国外的职业球员是不教球的，因为如果职业球员教球的话，一方面会挤占自己的练球时间和休息恢复时间，会转移自己的专注力；另一方面，教球时面对水平参差不齐、错误动作百出的学员，久而久之，职业球员自己的击球动作和竞技状态也会受到影响，对自身职业的发展极为不利。中国职业球员既是球员，也是教练员，身兼两职，实属无奈。可以说，经济方面的困顿，是造成中国职业球员少、职业球员生存压力大和成绩提升慢的主要原因。由于我国国情原因，职业球员"边教球边参赛"的现象在相当长的一段时间仍将存在。

（四）本土市场化发展加强

赞助商的资金赞助对培育职业赛事市场，对促进职业高尔夫运动的发展，有着莫大的关系。职业高尔夫水平越高的地区，职业赛事市场越成熟，赞助商与职业球员的双赢格局越牢固。美国等职业高尔夫运动发达的国家，市场运作非常成熟。由于高尔夫运动所蕴含的巨大商业回报，包括奢侈品等高档品牌商在内的许多生产商都非常乐意赞助高尔夫赛事和高尔夫球员。美国PGA巡回赛是全球顶尖的赛事之一，由于高水平的比赛及高水平球员的影响力，吸引了大批的高尔夫球迷，而高尔夫球迷中富人很多，且不乏各国政要和世界顶级富人，这一阶层强大的消费购买力，使赞助商不仅能得到广泛有效的品牌宣传，也收获了潜在的购买市场，商业回报显著。美国知名杂志《运动商业期刊》》（Sports Business Journal）2003年做的一份调查报告显示，赞助商满意PGA巡回赛的表现，而且满意度在美国职业联赛中高居首位。

目前，在我国举行的职业赛事，特别是欧巡赛和亚巡赛，多为国外著名赞助商冠名赞助。国内一些企业已经有借高尔夫职业赛提升自身品牌的意识。比如TCL集团、美的集团、华彬集团等企业已经积极赞助国内职业赛事。随着高尔夫回归奥运会，随着高尔夫教育的开展和高尔夫文化的传播，更多企业会领悟到借高尔夫职业赛提升自身品牌的意识，他们会认识到赞助高尔夫赛事将会达到广泛的宣传效果，因此，由国内企业赞助的本土职业赛事市场会逐渐发展起来。

（五）协会职能得到增强

高尔夫比赛是个人项目的比赛，没有教练员，没有陪练者，没有赛后技术统计，也没有赛后指导和总结。职业球员往往比赛下来找不出问题所在，缺乏科学的赛前安排及赛后恢复，没有清晰明确的训练目标和计划等，显得有些杂乱无章，随意而为。而世界高水平职业球员大都有自己的专门教练员，指导、规划球员的比赛和训练，像老虎伍兹，不仅有自己专门的挥杆教练员，还有体能教练员、营养师和专业球童等。而我们国家的张连伟连一个专业球童都没有，差距显而易见。

鉴于此，中高协或者各地方高协的职业球员管理机构（也可以是民间赞助的机构）可为职业球员提供帮助，帮助职业球员提高理论、技术和战术水平。比如：定期举行一些交流会，每年或者每半年举行一次职业球员的评奖会或者总结会，邀请所有职业球员参加，搭建起一个球员间相互学习交流的平台，通过经验交流、相互指点、共享比赛信息等，互相协助提高；邀请国内外的专家教练，进行讲学或者技术指导，给中国职业球员把脉，帮助他们找出问题，对症下药；举办一些高尔夫文化、礼仪、规则、心理等方面的讲座活动，提升职业球员对这项高雅运动的认识，坚定他们的职业信念。通过这些有效的管理，帮助职业球员提高理论、技术和战术水平，尽快出成绩；同时通过交流，增进球员之间的感情，使他们的职业生涯不感觉孤单。有效的管理，有利于主管部门更好地把握市场，推进职业运动的发展。

二、业余高尔夫运动

我国业余高尔夫运动是高尔夫运动整体发展的重要组成部分。随着世界范围内高尔夫运动的蓬勃开展，我国业余高尔夫运动的发展水平也是与时俱进，在不少业余比赛中，球员的技术水平也已达到了相当高的职业水准，出现了"业余比赛职业化"的发展势头。当然，业余比赛毕竟是非职业化的，参赛球员的人员结构，毕竟是参差不齐，成绩悬殊也很大。而且，比赛的性质也取决于比赛组织者的意图和目的。从总体上讲，业余比赛也是在执行高尔夫球规则的基础上表现出它与职业比赛的许多不同点。由于业余高尔夫球比赛球员的参赛身份没有严格的技术等级要求，所以，目前不管是全国性的业余赛事、区域性的业余赛事、企业的邀请赛或联谊赛还是会员月例赛，我国业余高尔夫球比赛的赛事活动在不同的技术层面可谓种类繁多，赛事频繁。加之高尔夫运动被称为是一项需要时间磨砺的运动，相对篮球、足球等高强度竞技运动项目来说，高尔夫运动又是一项竞技寿命更长的休闲运动，六七十岁的老人都可以参与竞技娱乐，现今，古稀老人驰骋在高尔夫球场的现象并不鲜见。因此，目前我国业余高尔夫市场呈现一片繁荣景象。业余高尔夫运动的开展将呈现以下发展趋势。

（一）业余高尔夫运动向大众化方向发展

高尔夫休闲运动符合人们体育健身的需求，符合社会发展的需要，符合政府体育事业发展方向。所以，高尔夫运动是一种现代休闲体育的方式，它不仅能够达到强健体魄的要求，还是一种健康的积极的生活方式，完全符合我国经济社会发展的需要。随着国民经济的快速发展，相信不远的未来，中国高尔夫运动必将脱掉"贵族"的帽子，走入平常百姓家。

（二）业余赛事体系的建立进一步完善

2009年，中高协开始加大对中国高尔夫业余赛事体系的建立和完善，以适应高尔夫回归奥运怀抱后中国高尔夫人才梯队建设的发展需要。全国业余高尔夫球希望赛是中高协2009年推出具有战略意义的全新赛事，是一项为中国高尔夫储备奥运人才的战略植根计划，旨在搭建一个更加广泛、更具基础、更加开放的业余赛事平台，以推动中国高尔夫运动普及和推广。与此同时，希望赛也是中国优秀青少年选手通向职业生涯的桥梁赛事，在中国高尔夫职业、业余和青少年三级赛事体系中肩负着承上启下的作用。

三、青少年高尔夫运动

任何一项体育运动，青少年的训练水平与发展基础都是这项运动整体发展的重要保障。随着中国高尔夫运动的社会化发展，青少年高尔夫运动也得到了广泛的社会重视。中国的高尔夫球运动如果能够"从娃娃抓起"，从小就开始高尔夫运动兴趣培养与正规化的训练，中国将来还会有更多好的高尔夫球手出现。

当前，我国青少年高尔夫运动和赛事的发展进程，远不能与职业赛事，甚至是与面向业余爱好者的商业赛事相比。其中很重要的一个原因就在于"商业化"。按照国际惯例和我国的规定，业余赛事和青少年赛事都不能按照职业赛事的商业化方式运作，获奖球手没有奖金，也不能以参赛为途径参与商业活动，从赞助商和承办方的角度来讲，也没有如职业赛事和商业赛一样巨大的商机可图，如果举办大型职业赛和商业赛可以通过坚持的市场培养过程最终实现商业利益，那么举办青少年赛事则需要更长久的坚持，更大的诚意。下一代高尔夫运动员的成长需要赛事的磨炼，但目前国内青少年赛事的数量和质量却远远不能满足这一要求，更多时候，那些潜力无限的小球手只能在家庭力量的支持下，作为散落在民间的个体成长。有实力的父母可以把孩子送到海外学习、参赛，这样当然可以成就个别小球手的成长，但对于中国青少年高尔夫运动的整体水平，却总是缺少合适的机会来检验和呈现。在这样的现实情况下，大规模、成体系、能持续举办的青少年高尔夫赛事就显得尤其难能可贵了。纵观青少年高尔夫运动今后的发展，将会出现如下发展趋势。

(一) 高尔夫课程将进入学校课堂

高尔夫这项运动所倡导的诚信、自律的精神是人类社会所需要的，也是我们学校教育所需要的。在学生中推广和普及高尔夫运动和高尔夫文化教育，将高尔夫诚信、自律、毅力培养、礼仪遵守、智慧、策略运用、心理、心态控制的精髓运用于学生诚信品质的培养、社会责任担当、团队合作、沟通技能等综合素质的提高有较好的作用。所以，各级学校会利用学校教育和科研的力量介绍和推广高尔夫运动，在有条件的大、中、小学将开设高尔夫运动课程，特别是高校中开设高尔夫课程，更多的青少年将会了解高尔夫、认识高尔夫。

(二) 青少年训练基地将受到社会各界的重视

我国已经举办了一些青少年高尔夫赛事，如全国青少年锦标赛、汇丰青少年冠军赛、广东青少年公开赛、张连伟杯、尼克劳斯青少年锦标赛等，但是只靠举办青少年赛事来在青少年中推广高尔夫运动还是远远不够的，还必须有社会组织机构力量的支持。

目前，我国已经有一些为青少年高尔夫发展做出重大贡献且具有推动性及带有公益性质的基金机构或协会组织机构，比如中国运动员教育基金青少年高尔夫学院、华人青少年高尔夫俱乐部、安徽黄山高尔夫青少年培训中心、中高协-南山高尔夫球学校、广州高协青少年高尔夫球队、中信银行青少年高尔夫系列活动、中高协-汇丰中国青少年高尔夫发展计划等，这些机构提供全部资金支持，包括提供免费教材，主要面对6~18岁从零起步的孩子，使有天赋和潜力而没有钱的孩子也能有学习高尔夫的机会。通过夏令营等多种形式的短期培训，让小球手们在高尔夫运动的基本技术、规则、礼仪等方面形成初步认识，同时注重培养青少年选手的诚实、信任、关爱、尊重、公正及责任等方面的优良品质，引导他们正确地认识高尔夫运动本质与内涵，提高他们对这项运动的参与兴趣。随着人们对高尔夫运动的逐渐认识，随着更多的社会团体对青少年高尔夫运动发展的赞助与支持，将有更多的青少年高尔夫训练基地建立。

(三) 完善培养体系，推进社会普及

高尔夫运动是一项技巧性很强的运动，对体能体质的要求没有足球、篮球等那么高，是一项比较适合亚洲人体型的运动项目。纵观我国的竞技运动项目，在技巧性的小球运动方面大都有骄人的成绩，比如乒乓球、羽毛球等项目。所以，我们国家将会有计划地建立和完善青少年高尔夫培养体系。重视青少年高尔夫运动的开展，将能从根本上推进我国高尔夫运动的社会化发展。

本章小结：在不到三十年的时间里，虽然我们走过了高尔夫运动发达国家几百年的历史发展过程，也取得了可喜的成绩，但我们在高尔夫运动的管理组织、竞赛组织、人才培养及普及度等方面与高尔夫发达国家相比仍有较大的差距。这需要我们不断地吸取发达国家的经验，加强研究，宣传和推广高尔夫运动文化。足球是巴西的文化，篮球是美国的文化，乒乓是中国的文化，文化的就是世界的，只有潜移默化地让大众接受高尔夫，从而走进高尔夫，大众高尔夫之日才有日可期。

思考题：

1. 我国高尔夫运动管理组织的现状。
2. 我国高尔夫协会的宗旨和职责。
3. 我国高尔夫球职业赛事体系。
4. 业余高尔夫赛事的举办对我国高尔夫运动的普及和发展有何作用？
5. 我国青少年高尔夫运动发展趋势。

本章作者：蔡林、许军

参考文献

[1] 马克思恩格斯全集：第3卷 [M]. 24.

[2] 吴亚初. 体育院校通用教材 高尔夫概论 [M]. 北京：人民体育出版社，2011.

[3] 张晓春，吴亚初. 现代高尔夫运动中国源流考 [J]. 北京体育大学学报，2007，30（9）：1259.

[4] 王庆伟. 论西方发达国家职业体育制度的源起及其变迁 [J]. 西安体育学院学报，2004，21（2）.

[5] 体育院校成人教育协作组. 体育院校函授教材 运动训练学 [M]. 北京：人民体育出版社，1999：264.

[6] 约翰·斯坦布莱德. 高尔夫规则与礼仪 [M]. 曾婷婷，译. 北京：机械工业出版社，2008：10.

[7] 史蒂夫·内维尔. 高尔夫完全手册 [M]. 刘丽，译. 哈尔滨：黑龙江科学技术出版社，2007：5.

[8] 姚春. 高尔夫名具鉴赏宝典 [M]. 上海：上海科技出版社，2007：12.

[9] 陈晓，李兴林，等. 高尔夫球运动教程 [M]. 上海：同济大学出版社，2006：10.

[10] 吴克祥，袁铁坚. 高尔夫球会管理 [M]. 天津：南开大学出版社，2009：1.

[11] 阳承胜，等. 高尔夫球场树木设计及选择 [J]. 北方园艺，2002（3）：32-33.

[12] 尹淑霞，等. 北方高尔夫球场草坪草种的选择与配比 [J]. 草原与草坪，2003.

[13] 俞孔坚，等. 一个小庭院的设计——北京西洼高尔夫会所 [J]. 中国园林，2002.

[14] 张景纯. 高尔夫球场建设与管理 [M]. 哈尔滨：黑龙江人民出版社，1995.

[15] 张文英. 高尔夫运动与风景园林纵横谈 [J]. 中国园林, 1997 (3): 53-57.

[16] 钱平. 高尔夫俱乐部设计浅谈 [J]. 时代建筑, 1997 (4): 30-32.

[17] 孙树中, 等. 浅探高尔夫球场的绿化 [J]. 河北林学院学报, 1996 (11): 91-93.

[18] 何玉如. 高尔夫球场设计 [J]. 建筑创作, 1998 (1): 33-35.

[19] 北京百慕高尔夫集团 [J]. 企业纵横. 1999 (4).

[20] 北京百慕航材高科技股份有限公司（百慕高科）创立并挂牌 [J]. 材料工程, 2000 (6).

[21] 世界政坛高尔夫球手们 [J]. 领导文萃, 2006 (8): 167-171.

[22] 国家统计局, 高尔夫产业经济中心. 2008年中国高尔夫市场研究咨询报告 [R]. 2008.

[23] 李子超, 韩烈保. 高尔夫旅游研究现状探究 [J]. 特区经济, 2009, 5: 153-154.

[24] 王飞加, 陈恩玉. 我国高尔夫旅游市场经营现状的研究 [J]. 广州体育学院学报, 2008, 5 (28): 37-41.

[25] 谢培山. 高尔夫文化与经济管窥 [J]. 全国商情, 2009, 10: 7-8.

[26] 高文宇. 试论青少年心理健康教育的目标和途径 [J]. 中国科教创新刊, 2007.

[27] 黎吉权. 浅谈高尔夫运动对心理健康的影响 [J]. 科教文汇, 2009, 3: 284-285.

[28] 郁小平, 夏洪胜. 高尔夫球运动对我国社会经济发展的促进作用 [J]. 天津体育学院学报, 2004, 19 (3).

图书在版编目(CIP)数据

高尔夫运动导论 / 吴亚初，魏忠发主编. —北京：人民体育出版社，2015
ISBN 978-7-5009-4761-5

Ⅰ.①高… Ⅱ.①吴… ②魏… Ⅲ.①高尔夫球运动—教材 Ⅳ.①G849.3

中国版本图书馆 CIP 数据核字(2014)第 304842 号

*

人 民 体 育 出 版 社 出 版 发 行
北京京华虎彩印刷有限公司印刷
新 华 书 店 经 销

*

787×1092　16 开本　17 印张　263 千字
2015 年 10 月第 1 版　2015 年 10 月第 1 次印刷
印数：1—500 册

*

ISBN 978-7-5009-4761-5
定价：50.00 元

社址：北京市东城区体育馆路 8 号（天坛公园东门）
电话：67151482（发行部）　　邮编：100061
传真：67151483　　　　　　　邮购：67118491
网址：www.sportspublish.com

（购买本社图书，如遇有缺损页可与邮购部联系）